我们这样读经典

——"融合式"整本书阅读的探索与实践

刘 艳 主 编

赵 鑫 副主编

首都师范大学出版社

CAPITAL NORMAL UNIVERSITY PRESS

图书在版编目(CIP)数据

我们这样读经典:"融合式"整本书阅读的探索与实践/刘艳主编. —北京:首都师范大学出版社,2024.3

ISBN 978-7-5656-7812-7

Ⅰ.①我… Ⅱ.①刘… Ⅲ.①阅读课—教学研究—初中 Ⅳ.①G633.332

中国国家版本馆 CIP 数据核字(2024)第 010355 号

WOMEN ZHEYANG DU JINGDIAN

我们这样读经典
——"融合式"整本书阅读的探索与实践

刘　艳　主编　赵　鑫　副主编

责任编辑　刘　耘

首都师范大学出版社出版发行

地　址	北京西三环北路 105 号	
邮　编	100048	
电　话	68418523(总编室)　68982468(发行部)	
网　址	http://cnupn.cnu.edu.cn	
印　刷	北京印刷集团有限责任公司	
经　销	全国新华书店	
版　次	2024 年 3 月第 1 版	
印　次	2024 年 3 月第 1 次印刷	
开　本	710mm×1000mm　1/16	
印　张	17.75	
字　数	326 千	
定　价	55.00 元	

编 委 会

序　言

　　阅读是丰富精神世界、陶冶高尚情操的捷径，经典是建筑心灵殿堂的基石。经典历经时光的洗礼，凝聚了古今中外的智慧、情感，阅读经典让我们更好地接受文化的熏染，实现文明的传承，让我们完成生物个体与人类群体的精神融合。每个人既是他（她）个人，又不仅仅是他（她）个人，每个人既活在当今，又不仅仅活在当今。

　　"读经典、读名著"能成共识、致美致雅，但名著众多，选择即非易事；"网读"快捷，碎片繁杂缠心；诱惑种种，难以专注经典。于是，"多读"难成现实，"名著"常置高阁。据 2023 年 4 月中国出版研究院的调查显示，我国成年国民每年人均纸质图书阅读量不足 5 本，其中经典比例可想而知。在中国这个阅读传统悠久的国家里，不少人已不再有耐心看完一本书，更遑论阅读经典了。中学阶段，学生心智已开，求知若渴，乃人生中激发阅读兴趣、培养阅读习惯、开阔阅读视野的黄金时期。此时不读，正如庄稼抽秆拔节之时缺乏营养滋补，将造成终生缺憾。

　　基于这种认识，为落实立德树人根本任务，北京八中的语文老师们，长期致力于引导学生识经典、读经典、品经典活动。他们历时 10 年开展整本书阅读的行动研究：2012—2015 年，研究"阅读活动"和"读写一体化"实施策略；2015—2018 年，构建整本书阅读课型及课程体系；2018—2022 年，着眼学生终身阅读的发展需求，形成"线上＋线下＋自主"的融合式大阅读体系。

　　这是在信息技术与学科教学深度融合的理念下，以学习者为中心，以促进学生自主发展、促进公平而有质量的教育为目标的创新研究。首创"线上＋线下＋自主"的融合式阅读理论，研发辅助整本书阅读的线上平台，并发挥信息技术优势，建立多维评价体系，提供及时准确的个性化指导，动态作用于阅读全过程。

　　该课题成果发挥了优质教育资源的辐射作用，以共建共治共享拓展整本书阅读教学的新局面，形成教育的新场景、新样态。为整本书阅读教学提供实践示范，为推动有质量的教育做出贡献。

　　这本书，正是北京八中语文教育中整本书阅读教学创新实践的成果沉淀。

　　一本本经典，就是一座座宝藏，里面蕴含了太多供我们品鉴的营养。

学生们做调查，写报告，做演讲，排戏剧……听、说、读、写、思融为一体，师长亦是学长，教师丰富的学养与学生敏锐的体验相得益彰，教师与学生成为平等的学伴，教育的生成体现得充分而到位。

教育对人的未来、情感和灵魂的影响是最宽泛和最持久的。教育是科学，总有规律可循；教育是艺术，在于致美创新。"整本书阅读"校本课程研究作为学校层面的研究，虽然不能解决所有关于阅读的难题，但在阅读流程的梳理、阅读过程的管理、阅读效果的保障等方面取得了初步的成果，为整本书阅读教学的未来奠定了坚实的基础，提供了可借鉴的经验。

雏凤试鸣，响微音清；研究初探，质纯态成。

是为序。

北京八中校长　王俊成

前　言

一、探索不止，初心依旧

读书，是每个语文老师心底永恒的情结。我们不仅自己阅读，关键还要引领孩子们爱上阅读、学会阅读，在读写结合中促进有质量的表达，为终身学习奠定坚实的基础。

回忆十几年前，总被家长问道："我家孩子不喜欢读书怎么办？""我家孩子爱看书，可是作文成绩不理想，又是怎么回事？"虽说阅读不能仅功利地指向于立竿见影地取得理想成绩，但当阅读不能内化为品质，不能有效促进学生语文素养的发展，这难道不是语文老师劝人读书最为苍白无力的时刻吗？

这些问题促使我们始终思考两个问题：如何激发学生的阅读兴趣？如何将"选书、阅读、质疑、思考、输出"培养为一种能力，让整本书阅读成为促进学生语文素养的显性因素，甚至内化为内在动力，长久持续地作用于人生？也许，为解决这些疑问产生的巨大动力，才是我们"整本书阅读教学"十年研究初心依旧的原因。

也正是因为有如此初心的凝聚，有学校各级领导的关怀与重视，我校整本书阅读教学的研究，由两个教学班推广为整个年级的课题研究，再由一个年级发展为语文教研组全体教师的努力方向，研究团队日渐壮大……时至今日，我们受邀为河北固安、贵州赫章、山东德州等市县进行30余场专题报告，课题组提出的"融合式"整本书阅读理念及课题成果已辐射全国30余所学校。

十年探索，初心不变。始终将阅读目的（为什么读）、阅读内容（读什么）、阅读方法（怎么读）、阅读评价（如何通过评价促进阅读）的贯通协调发展作为研究重点。课题成果2017年、2021年两次获得"北京市基础教育教学成果"二等奖；2014年、2021年两次获得"北京市基础教育课程建设优秀成果"二等奖；2015年、2022年两次荣获"西城区教育教学优秀成果"一等奖；2019年受邀参加"第五届中国教育创新成果公益博览会"；2021年获评"北京市教育信息化优秀案例"，并推荐参加教育部举办的"全国基础教育信息化应用展示交流活动"；2022年该成果还获评由北师大和联合国教科文组织教育信息技术研究所主办的"第五届全球未来教育设计大赛"教师赛道一等奖。该课题研究2020

1

年立项为北京市教育信息化"双百"示范课题，2021 评为首批"双百"优秀课题，2021 年又立项为北京市教育科学"十四五"规划课题。

《义务教育语文课程标准（2022 年版）》落地，在"课程内容"中，将"整本书阅读"作为"拓展型学习任务群"，强调"引导学生在语文实践活动中，根据阅读目的和兴趣选择合适的图书，制订阅读计划，综合运用多种阅读方法阅读整本书；借助多种方式分享阅读心得，交流研讨阅读中的问题，积累整本书阅读经验，养成良好阅读习惯，提高整体认知能力，丰富精神世界"。课标中强调的这些内容不仅为我们的研究进一步提供了理论依据，也为我们后续的研究指明了更加明确清晰的方向。

二、为整本书阅读教学走过的十年

研究的缘起，是一场年级的读书报告会。2012 年，我校语文组老师们组织全年级开展了"全班共读一本书"的活动，并在共读的基础上召开了一次年级范围的共读分享报告会。对于整本书阅读教学的重视程度远非今日的十年前，这场读书报告会被不断地"升级"，最终成为一次全区语文学科的观摩活动。活动结束后，学校科研室的领导鼓励我们说："整本书阅读的活动，如果能做成课题研究，并且持续不断地做下去，会更有价值和意义！"

探索之路由此打开：

2012—2015 年，研究的第一个阶段。这一阶段，着眼于培养学生的自主阅读能力，融合课内外资源，建立整本书阅读活动体系。

北京八中历来有重视阅读的好传统，借助学校不断创新的办学理念，我们制定了初中阶段三个年级经典阅读的分级目标，设计各个年级包含"核心""拓展"和"推荐"的阅读书目。我们以每周一节的阅读课为切入点，将"自主阅读""全班共读""专题研究"活动相结合，完善学生阅读档案，探索"过程性评价"与"终结性评价"相结合的阅读课程评价体系。

在这一阶段中，着力研究"读写一体化"在经典阅读中的应用策略，包括"圈点批注读书法""摘录品析读书法""心得式读书笔记法""小组共读探究法"等不同模式。通过读中写作、读后写作，启发学生带着思考去阅读与表达，实现读与写的相互促进，在鲜活的语言实践中全面提升语文素养。

三年实践，学生的读书兴趣得到了极大的激发：阅读不再流于形式与情节的满足，有了深读的意识，阅读后的专题研究，促进了思考和写作的语文实践活动。

但是实践中，教师的指导还不成体系，学生的阅读方法明显不足，共读过程中，因为学生阅读速度、理解深度有较大差异，造成周期很难控制。针对以上问题，我们开启第二阶段研究。

2015—2018 年，研究的第二个阶段。这一阶段，重点研究教师的指导，建立整本书阅读课程体系，促进"教读"到"自主阅读"的迁移，满足学生终身学习的发展需求。

这三年时间，我们以统编教材规定的整本书篇目为课程内容，制定课程体系，探索名著导读课、过程指导课，分享拓展课课型的实施策略，提升学生的阅读能力，形成阅读方法，以此促进自主阅读的有效迁移。

表 1　整本书阅读的目标和策略

课型	目标	策略
名著导读课	1. 让学生对作品产生兴趣；给予一定的方法导引，读有所获，读书有法； 2. 通过"导"来帮助学生建立良好的阅读习惯。	1. 有激趣、设疑、赏析、对话、对比等多种方法； 2. 导读前做学情调研，根据名著作品的特点及学生学情的现状，具体选择导读方法。
过程指导课	1. 梳理情节、理解人物、品味语言； 2. 提升学生阅读长文本的能力； 3. 习得长文本阅读的方法。	1. 充分进行学情调研，了解学生认识障碍； 2. 通过跳读、选读、研读等不同方式，对重点人物、重要情节进行梳理归纳； 3. 指导学生注重语言品析。
分享拓展课	1. 在初读的基础上分享阅读感受与收获； 2. 学会思考与表达； 3. 在分享的碰撞中加深、拓宽对文本的理解。	1. 可以有朗诵、改编戏剧、专题探究展示、辩论赛、续写作品、给同名影视作品配音等不同形式； 2. 教师还可以从主题、专题、语言、表现手法等多个角度，带领学生深度理解品味。

又一个三年的实践结束了，对于整本书的阅读，因为有了配套课程的跟进，使得学生的阅读更有规划，对于不同文体的作品，学生获得了更多的阅读策略方法指导，阅读课上学生的专题讨论也更集中、更有效。

但是实践中，我们也发现，当整本书阅读课程化后，每周一次的阅读课，阅读过程中很多即时性问题不能得到解决。整本书阅读教学周期长、反馈慢、交流讨论不够充分等问题亟待改进。这些问题成为第三轮实践研究的动力。

2018—2022 年，研究的第三个阶段。这一阶段为解决学生阅读整本书周期长、反馈慢、交流讨论不够充分等问题，2017 年底，在我教学的两个班级尝试以微信群的方式实现师生共读，探索导读、测评和分享三阶段的线上阅读流程。囿于微信群功能限制，2018 年初，我们课题组自主研发了信息化软件成果"真读平台"。经历数次技术改进，我们逐步实现了阅读导言、答题、交流分享、视频微课、智能推送、学生数据统计、阅读自习室等功能，构建了"教学评"一体化的阅读软件体系。

三年时间，我们丰富了以统编教材必读书目为核心的阅读资源库。资源库中的每本书都根据内容字数、情节逻辑进行了阅读微课的进度划分，在每日课程中设计相应的导读微课和在线测评，完善并规范线上平台资源建设。

在信息化与学科教学融合的背景下，如何让信息技术真正助力教育的高质量发展和学生终身发展的需求成为本阶段重点研究的问题。课题组积极探索"线上与线下""教读与自读"双融合的整本书阅读教学体系，厘清"线上"和"线下"各自的学习内容，并在此基础上，研究如何完成由教师"教读"向学生"自读"的有效迁移。

在此研究阶段，我们采用"线上平台"与"阅读课堂"双轨并行的方式进行阅读指导，"线下"课堂表现、小组合作活动等过程性评价与"线上"依托信息平台的数据评价并存；评价类型中，"自主阅读"的过程性评价也作用于整本书阅读。此外，以上评价类型中，还有不同评价主体的参与：学生自己、同伴、教师及家长。

如何建立科学精准的评价体系，如何协调不同评价主体、不同评价方式的比例及组合路径，异质多元的评价方式如何切实提高学习者的综合阅读能力，成为未来三年的研究方向。

由此，第四轮研究便逐渐展开——"教学评"一体化的融合式整本书阅读体系的建构。这一阶段力求探索异质多元评价方式的精准实施，实现对"教"和"学"的有效促进。

三、本书撰写中的几个重点问题

1. 关于"融合式"整本书阅读教学体系

"融合式学习"（Blended Learning）。学者 Michael Orey[1] 将"融合式学习"定义为各种技术、媒体、人力资源等在教学活动中的优化组合、融合运用。著名教育技术专家、上海师范大学教授黎家厚认为，"融合式学习"是指对所有的教学要素进行优化选择和组合，以达到教学目标。

我们将"融合式学习"的理念发展为"双融合"，即在整本书阅读过程中实现"线上与线下融合""教读与自读融合"。

"线上与线下融合"是充分发挥线上阅读平台的资源及软件功能，将线下的"教学评"活动（导入激趣、方法传授、问题研讨、专题赏析、成果展示、自我评价、小组评价、教师评价等）与线上的"教学评"活动（任务确定、微课指导、讨论分享、在线测评、资源共享、能力分析等）进行深度融合，并以此促进学生的自主阅读行为，提升学生阅读素养，满足学生终身学习需求。

---

[1] Orey M. Definition of Blended Learning［EB/OL］.［2012-10-04］. http：//mikeorey. myweb. uga. edu/blended Leaming.

就课程而言，线上学习包括作家介绍、写作背景、创作缘由、文学史地位、作品评价以及与文本相关的文学文化现象；线下学习包括基于学情反馈的阅读探讨、专题学习、方法传授以及交流分享。线上学情反馈是线下阅读课程的基础；线上微课学习、在线测评、记录疑问，是线下阅读课"专题研究"、深化讨论的基础和延伸；线下学习，是线上学习的深化与聚焦，而线下阅读课堂因课时有限，无法完全实现的资源学习、交流分享等，又可通过线上学习灵活地满足每位学习者的需求。

"教读与自读融合"是在线上线下"融合式阅读"教学之后，学生将选择书目、查阅相关资料、制订阅读规划、课堂习得的阅读方法等应用于自主阅读的全过程，从而提升自主阅读兴趣，提高自主阅读能力，形成个性化阅读体验，促进阅读素养的发展，实现阅读讲授与自主阅读的深度融合。

所以，在这本书"教学设计"的撰写中，真实呈现了"线上与线下""教读与自读"的双融合设计，希望能为更多一线老师提供借助现代信息技术破解教育问题的实践思路。

2. 基于大单元视域下的整本书阅读教学

2015年第二轮实践开始，课题组老师们尝试以一本书为教学内容的单元学习课程设计。在此过程中，积极探索基于学生疑点的整本书阅读教学指导系统。通过学情收集，将教师的指导建立在学生需求与疑问的基础上，精心设计读前导读、读中推进、读后研讨。当然2018年运用信息平台后，采用"线上平台"与"阅读课堂"双轨并行的方式，更便于收集、归纳学生疑问，更加强化了"以问题为导向"的整本书单元学习体系。

随着《义务教育语文课程标准（2022年版）》落地，为落实语文学科核心素养而进行的"大概念""大单元""学习任务群"等实践探索，也为整本书阅读的大单元教学提供了理论及实践的有力支撑。

课题组老师们梳理原有的以一本书为教学内容的单元学习课程体系，在"大概念"与"学习任务群"视域下，将统编教材初中阶段必读的12本名著进行系统梳理。以"语言建构与运用""审美鉴赏与创造""思维发展与提升""文化继承与理解"语文学科四个核心素养为上位的学科大概念；以"拓展型学习任务群"中"整本书阅读"为中位的学科大概念；课题组老师们根据每本书的文学体裁、学生的学情基础、语文本体知识等要素，将每本书进行深度研读，自下而上抽绎归纳，最终确定每本书的"基本问题"。

书稿的初稿完成于2020年，2022年在新课标的指导下，课题组的老师们历时四个月对书稿内容进行重新修订，改动之大，说是"重写"也不为过。特别是提取每本书"基本问题"的过程极其艰难，从2022年11月到2023年2月，大大小小的视频会议不知开过多少次，从小范围的示例讨论到课题组所有成员参与的讨论，再到按照作品类型分类的专题小组，四个月的时间里，元旦、农历小年、除夕、立春、正月十五……记忆里这些美好的日子，课题组的老师们都是在线上讨论中度过，让人倍感亲切与温暖。

如"古典小说组"的老师们在对《西游记》《水浒传》《儒林外史》进行研讨时有两点发现，对提炼每本书的基本问题起到了关键作用。第一点，这三部作品在统编教材中分别出现在七年级上册、九年级上册、九年级下册，阅读要求呈现由易到难的梯度，如《西游记》在教材中首先被定位于"有趣"，同时提到"故事引人入胜""善于塑造人物"，对于思想性则根据青少年特点，定义为"励志故事"，可以说《西游记》的阅读要求符合七年级学生特点，重点在于读懂有趣的故事；九年级上册的《水浒传》，教材则将阅读要求重点落实在人物形象上，关注众好汉"之间的共性和个性"，关注刻画人物的手法以及每类人物对于表达小说主旨的作用，可见同样是古典小说，《水浒传》的阅读更为深入、更为聚焦；九年级下册的《儒林外史》"并没有贯穿全书的中心人物和主要情节""表现的是普通士人日常生活中的生存状态与精神世界"，所以这本书的阅读重点在于"深邃的主旨"和讽刺的艺术手法。第二点，这三部作品与教材内部的关联非常紧密，《西游记》安排在七年级上册第六单元之后，第六单元的学习重点是"想象"，对于《西游记》，"鲁迅先生称之为'神魔小说'，林庚先生称之为'童心之作'，是中国古典文学中最富有想象力的作品之一"，这样的安排有利于学生将从教材习得的能力运用于整本书阅读。同样，九年级上册第六单元"明清小说"的学习也会对其后出现的《水浒传》的阅读提供学情基础，九年级下册的第二单元有《孔乙己》《变色龙》等篇目，学生对于小说主旨以及艺术手法的学习，会对本册教材中安排的《儒林外史》的阅读起到支架作用。除以上两点思考外，我们还考虑到以学生的问题为导向，充分研究了三个学段的学情分析，最终我们尝试对三部古典小说的基本问题进行如下提炼：《西游记》是"如何精读和跳读相结合，读懂古典小说中的故事"；《水浒传》是"怎样从古典小说的情节安排手法，全面理解人物形象"；《儒林外史》是"在讽刺类文学作品中，通过分析讽刺手法加深对主旨的理解"。

再如，同为现代小说，《骆驼祥子》《海底两万里》《钢铁是怎样炼成的》《简·爱》分别出现在七年级下册、八年级下册、九年级下册，在不同的学段阅读小说，除了对于小说内容、情节、人物、主题做全面了解外，每个学段重点突破小说的哪些要素？掌握阅读小说的哪些方法？既要考虑书册本身可提供的语文知识本体，又要考虑书册与教材单篇文章可能建立的知识关联；既要兼顾不同学段间语文本体知识的相互关联，又要考虑学生掌握技能的渐进过程。对于这些问题，课题组老师们在撰写时，力求对每本书的"基本问题"做出回应。

学习语文是螺旋式渐进的过程，希望我们的研究是将这种螺旋与渐进的知识体系更清晰化，为学生的读，也为教师的教，提供一些积极的探索。

3. 整本书阅读教学"教学评"一体化的探索

"线上与线下融合""教读与自读融合"的"双融合"体系中，评价主体多元，评价方式多样，是《义务教育语文课程标准（2022年版）》中强调的"加强语文课程评价的整体性和综合性。注重评价主体的多元与互动，以及多种评价方式的综合运用，充分利用现代信息技术促进评价方式的变革"的具体实施。

在"融合式阅读"的评价体系中，注重不同主体（学生自己、同伴、教师及家长）的评价相融合，"线下"课堂表现、小组合作活动等过程性评价与"线上"依托信息平台的数据评价相融合。"线下"对学生的阅读能力、参与度、反思能力和合作能力等方面给出不同维度的评价，"线上"以语文关键能力的具体指标为依据，运用信息技术形成在线测评报告。一方面对学生的阅读素养进行综合判定，形成评估报告；另一方面对学生的阅读发展给出指导性意见。各维度评价互为补充，充分融合，实现对"教"和"学"的有效促进。

所以，建立科学精准的评价体系，协调不同评价主体、不同评价方式的比例及组合路径，运用异质多元的评价方式切实提高学习者的综合阅读能力，最大限度地促进语文素养的全面发展，是本研究重点突破的问题。我们在书册案例的撰写中，也注重凸现这一重点，希望得到各位同人的批评指正！

十年实践探索，用一本书呈现还远远不够，因为很多鲜活、生动的场景无法用文字再现。回顾过往，深切感怀，是国家倡导的"深化教育教学改革""信息技术与教育教学深度融合"为探索者指明了方向，是北京八中这片沃土呵护了教育者的梦想，是各级领导的大力支持与帮扶给予我们不断前进的勇气和力量！本书作为北京市教育科学"十四五"规划2021年度一般课题《融合式阅读："线上＋线下＋自主"相融合的整本书阅读教学实践研究》（CDDB21247）课题成果，凝聚了所有课题实验学校老师们的智慧。参与本书撰写的，主要是北京八中课题组的老师们，此外还有近几年参与课题研究的来自北京市第一六一中学、北京市第三十五中学、北京市育才学校、北京市第八十中学嘉源分校的四位老师。成书过程中，我们还得到许多一线老师、教研员以及专家、学者的帮助，在此，一并表示由衷感谢！

"不忘初心，方得始终。"在语文教学研究之路上，我们愿与更多同行携手并进，深耕整本书阅读教学，助力青少年成长！

刘艳

2023 年 9 月 20 日

目　录

"朝花"意趣盎然，"夕拾"思想深邃

——《朝花夕拾》融合式大单元教学设计

北京市第三十五中学　吕雪梅

一、推荐版本

人民文学出版社教育部统编《语文》推荐阅读丛书版本。这一版本的正文文本及注释源自 2005 年人民文学出版社版本《鲁迅全集》，版本完善，校勘精良，注释详尽准确。卷首配有"导读"，介绍作者生平、写作背景、作品成就与特点；卷末附"知识链接"，提示知识要点，引导学生更加充分、深刻地理解作品。另外选取丰子恺、赵延年等名家的插图或摄影作品点缀书中，给人以美的享受。为帮助大家拓展阅读，又附录了《社戏》《秋夜》《雪》《风筝》《记念刘和珍君》等鲁迅先生的其他名作及"阅读参考"。

二、内容简介

(一)作品简介

《朝花夕拾》原名《旧事重提》，收录了鲁迅于 1926 年创作的十篇回忆性散文。这些散文皆作于 1926 年，就时间顺序来看，反映鲁迅童年生活的共六篇，即《狗·猫·鼠》《阿长与〈山海经〉》《二十四孝图》《五猖会》《无常》《从百草园到三味书屋》；反映鲁迅少年和青年时代生活的共四篇，即《父亲的病》《琐记》《藤野先生》以及《范爱农》。这十篇散文勾勒了鲁迅从记事开始经过求学到刚参加工作不久时的人生轨迹。这些文字原是在《莽原》上陆续登载的，编成集子时，鲁迅才把它更名为《朝花夕拾》。

在《小引》中，鲁迅说："前两篇写于北京寓所的东壁下；中三篇是流离中所作，地方是医院和木匠房；后五篇却在厦门大学的图书馆的楼上，已经是被学者们挤出集团之后了。"这十篇散文就是这样辗转数地写完的。这是为什么呢？

20 世纪 20 年代中期，鲁迅先后经历了"女师大风潮"、"三一八"惨案等。他自己不但被革职，而且还上了军阀政府的黑名单。原来，在女师大学潮中，鲁迅公开支持学生的行动，遭到了所谓"正人君子"的污蔑和诽谤。1926 年 3 月，北洋军阀政府枪杀进步学生，造成了举国震惊的"三一八"惨案，鲁迅因写了《记念刘和珍君》等系列文章支持学生的正义斗争，揭露当局罪行，受到北洋军阀政府的通缉。为了避难，鲁迅先后避居在山本医院、德国医院、法国医院等地。在法国医院时，鲁迅曾经住在兼作木工房的杂物间。1926 年 8 月，鲁迅离开北京到厦门大学任教，但学校死气沉沉的氛围让他深感失望，而且被厦门大学教授顾颉刚等人"敬鬼神而远之"，安排在图书馆的楼上。

（二）阅读价值

北京大学语文研究所所长温儒敏在评价这部书时说："在爱与死的反顾里，既弥漫着慈爱的精神与情调，显露了鲁迅心灵世界最为柔和的一面，又内蕴着深沉而深刻的悲怆，这形成了《朝花夕拾》的特殊韵味。"作者在回忆往事之时不忘思考当下现实，于夹叙夹议中流露出自己的真挚情感，使作品呈现出一种情与理的审美价值。

作为青少年，阅读《朝花夕拾》，我们能够体会到鲁迅先生在日常生活中细致的观察力，还可以跟着他的文章学习布局谋篇，推敲用词的写作能力。我们还会感受到他对于时事的洞察和对问题的深入分析，他的人格魅力会让我们的精神世界日益丰富。我们要感受鲁迅先生的精神，并把此精神传承下去，成为一个有追求、有理想、有情怀的人。

三、学情分析

1. 从教材安排来看，统编语文教材七年级（上）第一单元为写景散文，通过揣摩和品味语言感知作者的情感。第二单元为叙事散文，通过抓重点句，把握主要内容，体会作者情感。这两个单元的学习都为散文集《朝花夕拾》的阅读提供了知识基础。

2. 从作品本身来看，《朝花夕拾》所处时代与今天有一定的距离感，书中有很多文白夹杂的语言，给学生的阅读造成了一定的障碍；加之作品产生在一定的时代背景之下，可能造成学生阅读过程中出现理解断层。

3. 从文体特点来看，《朝花夕拾》为回忆性散文集，双重叙述视角的把握是阅读的核心，即"小鲁迅"当时的经验眼光和"大鲁迅"目前观察往事的角度。借助"问卷调查"，我们发现初一学生阅读的兴趣更多集中在作者笔下有意思的人和事上面，容易忽视文中议论性的语句。学生们对于文字背后所蕴含的情感不易察觉，现实感悟更无法进一步理解。

四、阅读策略

《朝花夕拾》是统编教材初中阶段推荐的第一部文学名著。对于七年级的学生而言，鲁迅的经典名著无疑是一个挑战。因此，《朝花夕拾》的"名著导读"目标设定为"消除与经典的隔膜"。一方面，要消除学生与《朝花夕拾》的隔膜，与鲁迅的隔膜；另一方面要借着《朝花夕拾》的阅读，掌握一定的阅读方法，从而更好地亲近名著，培养终身阅读的好习惯。

(一)梳理概括有趣情节，消除抵触心理

《朝花夕拾》是一部回忆性散文集，首先学生要读出鲁迅先生记忆中难以忘怀的那些人和事。在阅读的过程中，学生很容易发现：原来鲁迅先生也有自己喜欢的小动物，也有自己喜欢看的书和不喜欢做的事情……他其实跟大家一样有着贪玩的心理，有着鲜明的爱憎。文中这些贴近学生学习和生活的内容，很快就会激起学生的阅读兴趣，从而更好地拉近了学生与作品、学生和作者之间的距离，阅读便成为一种自主性的行为。

(二)精读批注重要内容，建立阅读信心

作为语言大师，鲁迅先生的文章状人形象，状物逼真，状景生动。鲁迅先生的笔下有很多形象鲜明的人物，如睡觉成"大"字的阿长，眼球白多黑少的范爱农等。他的笔下还有很多栩栩如生的景和物，如肥胖的黄蜂，轻捷的叫天子，缘腿而上的小隐鼠……学生从他细腻的描写中，可以认识到个性鲜明的人，也可以感受到作者童年的温馨和美好。其实，不仅仅是描写，他作品中的修辞、对比等艺术手法恰到好处的运用，都可以让我们更好地体会作者的真情真意。在批注的过程中，学生就会发现：原来我们离鲁迅先生是那样近，他的态度、他的情感都流露在字里行间，异常清晰地呈现在大家的面前。

(三)查阅关联背景资料，感知深邃思想

在阅读过程中，需要借助资料查阅相关的社会历史背景，可以帮助学生更好地走近作者和作品，理解作者的创作意图。例如《狗·猫·鼠》一文中，鲁迅反反复复提及的"名人名教授"到底是谁？提及他们的目的是什么？他们与这篇文章的写作到底有什么关联？借助相关资料，同学们就可以更好地理解这篇文章背后的深意，感受到作者对于这些人的深深的厌恶之情。另外，对作品中的一些文化典故的查阅探究，也可以帮助学生深入地了解作者的爱憎，比如作者用白描手法刻画了范爱农的眼睛，"眼球白多黑少，看人总像在渺视"，"瞪着他多白的眼"……在《晋书·阮籍传》中，"籍又能为青白眼，见礼俗之士，以白眼对之"。白眼的背后，是对礼俗的蔑视。鲁迅先生对范爱农这个人物的肯定与赞许由此可见一斑。

五、大单元教学设计

(一)本册书基本问题

如何借双重视角阅读回忆性散文集。

(二)阅读目标

1.梳理作者对自己童年生活及经历的回忆，感受记忆中的这些人与事对作者的影响。

2. 细读文本中的关键句，关注作者"当下的思考感悟"，体会作者个性化的语言和文字背后独有的情思。

3. 借助背景资料，走近作者和作品，更好地体悟作者的情感变化，感受作者思想的深邃。

（三）大单元教学设计框架图

"朝花"意趣盎然，"夕拾"思想深邃——《朝花夕拾》大单元教学设计			
基本问题	如何借双重视角阅读回忆性散文集		
学习进程	读前指导（1课时）	读中指导（2课时）		读后分享（1课时）
学习目标	1.通过对标题和《小引》解读，初步把握全书主要内容；2.了解回忆性散文双重视角的主要特征。	1.梳理文章主要任务及其相关事件，体会作者的爱憎；2.了解这些人对作者成长的影响及意义，体会作者情感。	1.关注作者双重视角下对同一事件的不同情感认知；2.体会作品中作者深邃的思想以及对时事的批判。	1.关注单篇和整本书之间的关联；2.进一步感知作者温馨的回忆与理性批判的相互交融。
典型任务	线上：1.学生完成《朝花夕拾》调查问卷；2.线上微课导读，自主阅读及检测。 线下：1.结合《小引》部分内容，了解本书题目深意；2.借助相关资料，了解文章写作背景。	线上：线上微课导读，自主阅读及检测。 线下：1.精准批注作者笔下的主要人物，分析人物的精神品质及对作者的影响；2.体会作者的情感。	线上：线上微课导读，自主阅读及检测。 线下：1.抓住文中关键语句进行深入分析，体会双重视角下作者的不同情感；2.感受作者的批判精神。	线上：选取自己感兴趣的角度，借助相关资料，完成探究。 线下：围绕主题，交流分享自己的探究成果。
学习评价	1.了解《朝花夕拾》的创作背景；2.整体感知回忆性散文的特点。	1.能够结合情节或描写手法，分析人物形象；2.感知作者的爱憎情感。	能够结合文中关键语句，分析双重叙述视角下作者的不同情感。	1.探究主题鲜明；2.能结合相关背景和文本对自己的主题进行有条理的阐述。
作业设计	1.自主阅读全书；2.阅读过程中，关注自己感兴趣的内容，为最后的探究分享做准备。	关注鲁迅成长过程中的人以及对他的影响，为自己的探究分享做准备。	关注鲁迅成长过程中的事情以及对他的影响，为自己的探究分享做准备。	完善自己的探究结果，结成班级作品集。

图 1　大单元教学设计框架图

六、课时教学设计

表1 阅读任务一

课堂学习	1. 阅读《小引》部分内容，结合新旧题目，大体把握全书内容； 2. 了解回忆性散文双重视角叙述的主要特征。
线上学习＋ 自主阅读	1. 完成调查问卷； 2. 线下阅读并完成线上测试题。

读前指导课教学设计

准备环节：查找背景资料

查找相关资料，了解《朝花夕拾》的创作背景。

环节一：析题目变化，晓背后深意

1.《朝花夕拾》原名《旧事重提》，收录了鲁迅于1926年创作的十篇回忆性散文。这十篇散文勾勒了鲁迅从记事开始经过求学到刚参加工作不久时的人生轨迹。你认为这两个题目哪个更好一些呢？

作者把旧事喻为"朝花"，朝则暗含着本书是对旧时之事的回忆，花则写出了作者所忆之事的美好和值得捡拾。

朝花（美好）——▶儿童视角

夕拾（期待）——▶成人视角

2. 作者在《小引》中有这样一句话："带露折花，色香自然要好得多，但是我不能够。"请结合相关背景，谈谈你对这句话的理解。

环节二：明写作视角，悟情感变化

《朝花夕拾》是一部回忆性散文集，既然是回忆，作者一定有当时的心境和后来的心态，二者是不能混为一谈的。所以我们在阅读的过程中一定要关注这两种视角的转换，从而更好地把握作者的写作主旨，理解作者的情感。

例如在《阿长与〈山海经〉》一篇中，作者从儿童视角追忆了关于阿长的很多细节，喜欢切切察察，睡觉成"大"字，熟悉很多"我"不喜欢的"规矩"等，这些在儿童时期"我"的眼里是极为厌恶的。但是到了现在再去追忆她的时候，鲁迅对于曾经的这些"恶习"又多了几分同情，作为挣扎在社会底层的封建女性，她难以摆脱千百年来形成的封建传统所造成的问题——迷信、愚昧、缺乏文化知识等，但是她却热爱生活，顽强地生活着。这就是两个视角对于同一内容的不同情感。

环节三：温馨回忆处，理性批判时

《小引》中写道："我有一时，曾经屡次忆起儿时在故乡所吃的蔬果：菱角、罗汉豆、茭白、香瓜。凡这些，都是极其鲜美可口的；都曾是使我思乡的蛊惑。后来，我在久别之后尝到了，也不过如此；惟独在记忆上，还有旧来的意味留存。他们也许要哄骗我一生，使我时时反顾。"谈谈你对这句话的理解。

自古以来，很多文人墨客对于现实社会感到失望的时候常常会借助美好的回忆或理想作为自己的精神寄托。但是鲁迅却始终保持着清醒的头脑，对故乡的思念和对现实的厌恶使他一直在思考，然后透过自己的文字去唤醒、去战斗、去改变。

环节四：拓展训练

依据阅读计划，每天两篇，完成对全书的阅读。阅读过程中，学生进行联想式批注，寻找自己生活中与鲁迅经历的相似之处，进一步与文本和作者进行对话。

学习评价

表2 《朝花夕拾》读前指导课学习评价表

评价项目		批注内容	情感感悟	表达交流
评价要求		批注经历与鲁迅有相似之处	对自己的经历有感悟	表达清晰流畅
评价人	同学			
	老师			

作业展示

鲁迅笔下的百草园是多姿多彩的，有碧绿的菜畦，紫红的桑葚；有油蛉和蟋蟀的音乐会；也有又酸又甜的覆盆子。在这里，鲁迅度过了他快乐的童年生活。我也有一个这样的"秘密基地"，那是老家门前的一条小溪。溪水清浅，夏天我喜欢坐在溪边，把脚放在清凉的水里，欢快地摆动着，溅起一片片的水花，在阳光下闪耀出光彩。

（北京市第三十五中学2019级初中8班　丁伊然）

表3　阅读任务二

课堂学习	第一课时： 精读主要人物相关情节，借助塑造人物手法，把握人物性格特征，感知他们在作者成长过程中的重要意义，体悟作者情感。
	第二课时： 借助关键语句，分析双重叙事视角下，作者对同一事件的不同感受及情感。
线上学习＋ 自主阅读	线下阅读并完成线上测试题。

读中指导课教学设计

第一课时

环节一：梳理鲜明的人物形象

在鲁迅先生的记忆深处有着很多的人物影像：淳朴善良的长妈妈，方正的寿镜吾先生，有人情味的"活无常"，毫无民族偏见的藤野先生……当然也有装腔作势的"名医"，阴险虚伪的衍太太……作者在这些人物身上寄寓了鲜明的爱憎，表达了自己的人生态度。

环节二：分析主要人物的性格特征

借助不同的人物塑造手法，分析下面三个片段中人物的性格特征。

片段一

过了十多天，或者一个月罢，我还很记得，是她告假回家以后的四五天，她穿着新的蓝布衫回来了，一见面，就将一包书递给我，高兴地说道：

"哥儿，有画儿的'三哼经'，我给你买来了！"

我似乎遇着了一个霹雳，全体都震悚起来；赶紧去接过来，打开纸包，是四本小小的书，略略一翻，人面的兽，九头的蛇，……果然都在内。

（选自《阿长与〈山海经〉》）

片段二

我疑心这是极好的文章，因为读到这里，他总是微笑起来，而且将头仰起，摇着，向后面拗过去，拗过去。

（选自《从百草园到三味书屋》）

片段三

（甲）这藤野先生，据说是穿衣服太模糊了，有时竟会忘记带领结；冬天是一件旧外套，寒颤颤的，有一回上火车去，致使管车的疑心他是扒手，叫车里的客人大家小心些。

（乙）我交出所抄的讲义去，他收下了，第二三天便还我，并且说，此后

7

每一星期要送给他看一回。我拿下来打开看时，很吃了一惊，同时也感到一种不安和感激。原来我的讲义已经从头到末，都用红笔添改过了，不但增加了许多脱漏的地方，连文法的错误，也都一一订正。这样一直继续到教完了他所担任的功课：骨学、血管学、神经学。

（选自《藤野先生》）

在以上三个片段中，作者借助不识字的长妈妈给"我"买来了心心念念的《山海经》这一情节，通过描写寿镜吾先生的肖像和动作，以及对藤野先生前后的对比，我们看到了一个善良的，对"我"有着无微不至爱的阿长，见到了一位读书极其投入的寿老先生，也认识了一位不拘小节但是治学严谨的藤野老师，在这些手法的背后，是作者所寄寓的深沉的情感，是怀念，是敬重，也是感激。

在鲁迅先生的眼中，师长、同学都是值得自己怀念的，尤其是那些正直的人，为社会的变化和发展在执着地努力的人，在他们身上可以看到人性的光芒。

环节三：绘制人物图谱，感知形象特征

塑造人物形象的方法有很多，在《朝花夕拾》一书中，我们可以借助不同的方法来认识鲁迅先生笔下的这些人，理解他的情感态度。我们就以绘制"人物图谱"的方式来了解作者笔下的人物形象及作者的情感态度。

示例：

表4 《朝花夕拾》人物图谱

人物基本情况	事件	形象特征	作者情感
寿镜吾——鲁迅先生的第一个老师，是城中极方正、质朴、博学的人。	"我"问先生"怪哉虫"	稍显迂腐	作者对寿镜吾老先生是极为敬重的。
	先生教"我"读书对课	教学循序渐进	
	先生召回偷玩的学生	严格却不严厉	
	先生读书	热爱投入	

环节四：拓展训练

结合自己喜欢的人物形象进行图谱的绘制，小组内沟通交流，然后修改。

学习评价

表5 《朝花夕拾》读中指导课学习评价表（一）

评价项目		情节内容	性格特征	作者情感
评价要求		情节概括准确	能够借助不同手法把握人物性格特征	分析准确
评价人	同学			
	老师			

作业展示

表6　学生作业展示表

人物基本情况	事件	形象特征	作者情感
范爱农，鲁迅的朋友，与鲁迅在日本留学时相识。一位觉醒的知识分子，坦率正直，追求自由，但无法在黑暗的旧社会立足。	同乡会争执	冷静、爱国	同情、悼念、深深思念
	酒楼叙旧	爱国，有进步思想	
	报馆案风波	爱国、愤世嫉俗	

（北京市第三十五中学 2020 级初中 10 班　陈一诺）

第二课时

环节一：梳理回忆中的事情

回忆性散文常常采用双重叙事视角，因此我们能在文章里发现两个"我"——"童年的我"和"成年的我"。接下来，我们一起来阅读《朝花夕拾》中的回忆片段，探究"童年的我"和"成年的我"对同一事件的不同印象和态度，从而了解从童年到成年"我"的成长。

大家谈谈鲁迅笔下回忆的那些事儿……

环节二：抓关键词句，看事件不同视角

片段一

自从所谓"文学革命"以来，供给孩子的书籍，和欧、美、日本的一比较，虽然很可怜，但总算有图有说，只要能读下去，就可以懂得的了。可是一班别有心肠的人们，便竭力来阻遏它，要使孩子的世界中，没有一丝乐趣……

我所收得的最先的画图本子，是一位长辈的赠品：《二十四孝图》。这虽然不过薄薄的一本书，但是下图上说，鬼少人多，又为我一人所独有，使我高兴极了。那里面的故事，似乎是谁都知道的；便是不识字的人，例如阿长，也只要一看图画便能够滔滔地讲出这一段的事迹。但是，我于高兴之余，接着就是扫兴，因为我请人讲完了二十四个故事之后，才知道"孝"有如此之难，对于先前痴心妄想，想做孝子的计划，完全绝望了。

（选自《二十四孝图》）

片段二

"去拿你的书来。"他慢慢地说。

这所谓"书"，是指我开蒙时候所读的《鉴略》，因为我再没有第二本了。我们那里上学的岁数是多拣单数的，所以这使我记住我其时是七岁。

我忐忑着，拿了书来了。他使我同坐在堂中央的桌子前，教我一句一句地读下去。我担着心，一句一句地读下去。

两句一行，大约读了二三十行罢，他说：

"给我读熟。背不出，就不准去看会。"

他说完，便站起来，走进房里去了。

我似乎从头上浇了一盆冷水。但是，有什么法子呢？自然是读着，读着，强记着，——而且要背出来……

我至今一想起，还诧异我的父亲何以要在那时候叫我来背书。

（选自《五猖会》）

1. 用红笔圈画文段中作者当时的感受，体会"小鲁迅"的情感态度。

2. 用蓝笔圈画文段中作者现在的感受，体会"大鲁迅"的情感态度。

《二十四孝图》是作者所收得的最先的画图本子，作者从听故事前的高兴到听故事的扫兴，最终到做孝子计划的绝望。站在"小鲁迅"的角度，这本书打破了"我"孝顺父母的美好愿望。而在"大鲁迅"看来，那些"别有心肠"的人们，借孩子们喜欢看的有图的读物来恐吓他们，也是在戕害白话文学运动。

看五猖会在作者心中也留下了难以磨灭的印象。"我"马上就要去看五猖会了，笑着跳着，但是等来的却是父亲要求背诵《鉴略》，而且下达了指令，背不出来就不准去看会。"我"忐忑着，担着心，连诵读的声音都发着抖，虽然书背下来了，最终踏上了看五猖会的旅程，"我"却没有那么高兴了。以至于"我至今一想起，还诧异我的父亲何以要在那时候叫我来背书"。站在"小鲁迅"的视角，我们很容易体会到一个孩子对五猖会的神往和背书时的担心焦虑；站在"大鲁迅"的角度，我们才能感知作者对父亲的教育方式的追问，这是对儿童教育的理性思考。

环节三：筛选批注，沟通交流

学生自己进行默读，结合自己感兴趣的事情，抓住关键词句进行批注，感受作者不同叙述视角下的不同情感。小组间进行交流。

1. 选取文本中印象最深的事情，用简洁的语言进行概括。

2. 用不同颜色的笔，圈画并分析双重视角下作者不同感受的语句。

3. 根据表格，整理成文。

环节四：拓展训练

表7 《朝花夕拾》双重视角分析表

儿童视角	事件：	成人视角
相关语句：		相关语句：
情感感受：		情感感受：

学习评价

表8 《朝花夕拾》读中指导课学习评价表（二）

评价项目		情节概括	信息筛选	体悟情感
评价要求		情节概括完整	准确筛选出能够体现作者不同时期情感态度的文字	分析合理
评价人	同学			
	老师			

作业展示

"五猖会"乃是当地的迎神赛会，游行的人们扮成各种各样的角色，抬着神像，敲锣打鼓，浩浩荡荡地走过。在"小鲁迅"的心目中，是"儿时所罕逢的一件盛事"。为了看会，家里早早做了准备，当天清早，七岁的鲁迅蹦蹦跳跳地催着仆人快些搬东西。正在气氛一派欢愉时，鲁迅的父亲突然命令他去拿书来，背不出，就不许去看会。书的内容佶屈聱牙，"小鲁迅"完全不明白这些文字的意思，却还是读着，读着，而且要背出来。虽然最终背完了书，可对赛会的期待，也在不解、委屈和疑惑中烟消云散了。

在诸多对于童年的温情回忆中，以作者的诧异结尾的《五猖会》，无疑是独特的一篇。鲁迅先生出生于1881年的晚清，当时，思想文化的新风潮还没有感染旧中国，所以他幼时接受的是旧式的私塾教育。盛会当前，却被父亲强制背书，在今天的"大鲁迅"看来，是对孩子天性的泯灭。玩乐本就是孩童的天性，最天真烂漫的年纪，面对着社会上新奇的人事风物，自然会心生向往与期待。而反观父亲的态度，虽然让儿子背了书，却背得囫囵吞枣、不明其意，还使儿子丧失了对于盛会的兴致，没有实际的教育意义。

一本《朝花夕拾》，让我们得以从冰山一角窥见这位大文豪的童年。一颗小小的种子，在七岁孩童的心底生了根。一位伟大的作家用他手中的笔，对禁锢思想、压抑天性的封建教育做出了反抗。他的名字，那个被后人所传颂、称赞的名字，叫鲁迅。

（北京市第三十五中学2019级初中7班　李奕宣）

表9 阅读任务三

课堂学习	1. 关注单篇与全书之间的内容关联； 2. 小组合作，针对自己感兴趣的话题进行研讨，确定自己的探究主题； 3. 感受过往经历对于作者成长的重要意义。
线上学习＋自主阅读	线下阅读并完成线上测试题。

读后分享课教学设计

环节一：探究单篇与全书的内容关联

《朝花夕拾》里面的十篇散文，作者为什么按照下面的顺序排列呢？让我们一起走进文本，找到它们之间的相互关联。

《狗·猫·鼠》（长妈妈一脚踏死了我的隐鼠）

《阿长与〈山海经〉》（长妈妈给"我"买来《山海经》，此后"我"就更其搜集绘图的书）

《二十四孝图》（"我"所收得的最先的画图本子，是一位长辈的赠品《二十四孝图》）

《五猖会》（迎神赛会）

《无常》（在迎神赛会上，"我"和许多人所最愿意看的，却在活无常）

童年←——《从百草园到三味书屋》——→少年青年

《父亲的病》（父亲断气前，衍太太催促"我"大声叫"父亲"）

《琐记》（回忆了和衍太太之间的一些事情。结尾写到要到日本去留学）

《藤野先生》（到日本留学，在仙台遇到了藤野先生）

《范爱农》（到日本留学，在东京认识了范爱农）

环节二：关注双重叙述视角的交织

在《朝花夕拾》这本书中，虽然十篇文章记录的是不同的人和事，但是在篇目之间又有其共通的内容。比如在《琐记》《藤野先生》两篇文章中，我们可以梳理出鲁迅先生的求学之路；在《狗·猫·鼠》《阿长与〈山海经〉》《从百草园到三味书屋》中，我们又多次看到了长妈妈的影子……不同篇目中的相关内容都可以成为我们探究本书的主题。大家也可以谈一谈，在你阅读的过程中，对哪一个内容深有感触。

预设：鲁迅先生的老师。

鲁迅先生笔下的民风民俗。

鲁迅先生小时候的兴趣爱好。

鲁迅先生的教育观。

……

站在回忆者的视角，鲁迅先生的批判态度和战斗精神很好地展现在文章之中，有对道貌岸然的"学者们"的批判，有对众多封建制度下的落后礼教和习俗的抨击，还有对儿童教育的思考。当然，作者也展现了回忆中的人和事所给予他的温暖和力量以及继续前进的勇气。

不同的主题内容我们要关注作者双重叙述视角的交织，这样我们才能更好地读懂《朝花夕拾》，读懂鲁迅。

环节三：示例选题的生成过程

活动一：确定选题，关联篇目

选题：鲁迅的求学之路

关联篇目：《琐记》《藤野先生》

活动二：结合选题，细化内容

1. 结合文本，梳理出作者的求学之路及转变的原因。

想要离开 S 城，而且南京雷电学堂无须学费—觉得学堂"乌烟瘴气"，不大合适，转入矿路学堂—读到赫胥黎《天演论》中的新思想，决定到东京留学—因为对留学生看樱花、跳舞等行为的失望去往仙台—因"匿名信"事件和"看电影"事件决定离开仙台。

2. 结合《呐喊〈自序〉》，理解作者辗转求学的深刻缘由。

鲁迅的变化大致经历了三个阶段，从逃往异地学洋务，再到出国学医，最后离开仙台弃医从文。这些变化的背后是作者自我思想成熟的一个过程，是一种拯救国民的责任感。

活动三：深化选题，剖析视角

分别从回忆的视角和现实的视角来谈鲁迅的求学之路。

在鲁迅先生的求学之路中，他回忆了自己冲破封建束缚，为追求新知识，离家求学至出国留学的生活经历；也追述了自己弃医学文的思想变化。我们看到了一个救国救民的"大先生"形象，充满着强烈的爱国主义思想。而今的鲁迅，回忆起这一过程，更加坚定地循着求知与真理的方向勇敢前行。

环节四：小组合作确定探究主题

大家对自己选择的主题内容进行分类，同一类选题的同学为一组，从不同的视角对主题内容进行组内讨论。

1. 大家出示各自的选题，选题相同的同学结成一组；

2. 小组讨论分析，根据示例逐步丰富小组选题的具体内容；

3. 将散乱的内容按照清晰的思路结构进行梳理，关注两个视角的交融。

环节五：拓展训练

完成本组主题内容的探究，形成文字，准备交流。

学习评价

表 10 《朝花夕拾》主题内容探究表

评价项目		选题	内容	视角	表达
评价要求		选题明确	内容全面、充实	有双重视角	表达流畅，没有语病；结构合理，层次清晰；书写整齐，无错别字。
评价人	同学				
	老师				

13

作业展示

鲁迅先生的"真性情"

初读《朝花夕拾》，是在小学三年级。对于那时的我来讲，有些文章读起来兴趣盎然，有些却晦涩难懂，最多只是被百草园里那些有趣的场景吸引。再读《朝花夕拾》，已是初中，细细品来，却能读出不同的味道。这时的鲁迅先生时而是个斗士，时而是个孩童，时而充满了对封建社会的批判与讽刺，时而饱含着对底层劳动人民的同情。十篇小文，短小精悍，语言平实，文笔细腻，让我深切感受到了鲁迅先生的"真性情"。

鲁迅先生的"真性情"体现在对儿时童趣的回忆中。观菜畦、吃桑葚、拔何首乌、摘覆盆子、雪中捕鸟、与昆虫游戏、听"美女蛇"的传说……哪一件事情不让生活在现代大都市的我们神往？百草园，无疑是最让人感到放松、无忧无虑的地方。带着这份向往，我也有幸来到了鲁迅的故乡绍兴，来到了百草园和三味书屋。园子虽然不大，但书屋陈列整齐、古朴，且是原汁原味。对照书中文字——"不必说碧绿的菜畦、光滑的石井栏、高大的皂荚树……"先生以一个孩童的视角记述自己儿时的快乐场景，语言颇有童趣，也让我们觉得"睚眦必报"的鲁迅甚是可爱。而细细品味文中的细微之处，又无一不透着一份"真"，一份对自然、对天性、对生命的本真。

鲁迅先生的"真性情"体现在对封建社会的无情抨击里。"孝"是儒家思想的核心，但鲁迅先生认为孝道应该更加人性化，而不是愚昧和荒诞的。《二十四孝图》中，先生借"老莱娱亲""郭巨埋儿"的故事彻底批判了封建社会的迂腐孝道，更表达了对普通民众麻木的愤懑和同情。在《狗·猫·鼠》中，先生直面黑暗，运用了大量的反语和曲笔，以物喻人，进一步揭示了那些表面革命，实际却压迫人民的反动派，读起来让人酣畅淋漓、大呼过瘾。而在《父亲的病》中，那个假冒名医、谋财害命的庸医也着实让人恨得牙根痒痒："医能医病，不能医命，对不对？""可医的应该给他医治，不可医的应该给他死得没有痛苦。"这其中的问题鲁迅先生是在问自己，更是在问这个世界。也许，对于初中生的我们来说，还不太能深切理解鲁迅先生的思想，但我能从这一段段平实的文字中读出一种隐藏的愤怒。"真的猛士，敢于直面惨淡的人生，敢于正视淋漓的鲜血……"与鲁迅先生的其他文章相比，《朝花夕拾》里对封建制度的批判确实温和了许多，也许是因为这是鲁迅先生对青少年时期的回忆，不忍为其增加太多灰暗的色彩。但先生敢于说真话，直面问题的真性情依旧让我十分动容。

鲁迅先生的"真性情"体现在对不同人物的感情和态度上。长妈妈是对鲁迅影响很大的一个人，"她生得黄胖而矮""常喜欢切切察察""睡觉时在床中间摆一个'大'字"，还偷偷弄死了鲁迅的隐鼠。在她身上，有着农村妇女迷信、粗俗、狭隘的一面，但是她质朴、善良、爱护鲁迅。她为小鲁迅买到了他梦寐以求的《山海经》，她给小鲁迅讲各种有趣的故事，她让小鲁迅吃福橘，保佑平安。因为长妈妈的存在，鲁迅的童年充满快乐和温暖。长妈妈过世时，鲁迅先生的悲伤和愧疚之情更让我们感受到这份真挚的感情。对长妈妈的怀念和感激有多深，对衍太太的厌恶和憎恨就有多深。衍太太是一个两面三刀、心思阴险的笑面虎。在《父亲的病》《琐记》两篇文章中，鲁迅都提到了她。从教鲁迅刺激病中的父亲，到让小孩子们打旋子、教唆鲁迅偷东西造谣言，鲁迅先生一步步看清了衍太太的人品，表现了强烈的憎恨和厌恶，也让我们看到了一个爱憎分明的鲁迅先生。

这就是我眼中的《朝花夕拾》，这就是我眼中的鲁迅先生。

（北京市第一六一中学 2020 级初中 1 班　张博雅）

七、自主阅读迁移指导

（一）阅读策略

1. 关注单篇与全书关系，把握写作意图。

《朝花夕拾》是由十篇散文组成，但是作为一本书却是一个有机的整体。其中许多人物、事件都在不同的篇目中出现。我们运用单篇与整本书关联阅读的方式，把相关的内容进行串联，从而更深入地了解鲁迅对于某一方面生活的记录。比如在《朝花夕拾》中鲁迅就多次提到绍兴当地的民风民俗。这样的关联可以帮助我们更好把握人物、事件的全貌，理解作者的情感态度，洞察作者的写作意图。

2. 紧扣重要的人和事，品析情感内涵。

散文的第一要素是表现自我的真情实感。在《朝花夕拾》一书中，作者将独特的情感体验倾注于写作的人、事、景、物中，看似单纯的故人往事背后，实则隐藏着作者喷薄欲出的深厚情感。我们可以借助作者个性化的描写，分析人物形象，感悟作者寄寓在他们身上的人性之美和情感之美。

3. 区分过去和现在叙述视角，深入理解文本。

《朝花夕拾》是一本回忆性散文集，这一文体特征决定了它的双重叙述视角，因此也就会呈现出两个不同空间、不同时间的写作角度。作者既以过去经历者的视角进行叙述，又以现在回忆者的视角进行叙述。一方面展现了作者的童年生活、身边的亲人朋友等，充满着童真童趣和真挚的情谊；另一方面又展现了作者对现实的映射和批判。

（二）推荐书目

1.《白洋淀纪事》（孙犁）

《白洋淀纪事》是孙犁创作的小说、散文的结集，主要表现了抗日战争和解放战争时期，冀中、冀西地区人民的斗争和生活，赞颂了他们热爱祖国、淳朴善良、机智勇敢等精神品质，深情讴歌了战争年代的人情美、人性美。冀中平原是孙犁的家乡，白洋淀是他生活和战斗过的地方，孙犁用富有诗情的笔调描绘他熟悉的草木湖泊，以白描手法刻画自己的父老乡亲，用革命乐观主义精神讲述他们的故事，赋予白洋淀以英雄的气质和浪漫的色彩。

2.《湘行散记》(沈从文)

自 21 岁走出湘西，远赴北京，湘西就成为沈从文始终魂牵梦萦，并在自己的文字中反复述说的对象。有人说，沈从文"20 岁以前生活在沅水边的土地上；20 岁以后生活在对这片土地的印象里"。在《湘行散记》这部散文集里，有湘西的现实和历史，作者的见闻与回忆，美丽纯净的牧歌情感与包含着深切忧患的思索，如同相互对立而又交织的音乐主题一般，共同构成了一首深沉奇丽的乐曲。

《湘行散记》是关于湘西自然与人融合的史诗，它不但有"诗"，更有"思"，即对湘西自然、历史、文化与生命存在的反省与咀嚼。

八、附录

《朝花夕拾》调查问卷

同学们好！本次调查主要目的在于了解大家对《朝花夕拾》这本书的知识储备情况，以便更有针对性地进行导读活动，请大家根据自己的实际情况，认真答题。

1.《朝花夕拾》的作者是(　　　)

A. 沈从文　　　B. 朱自清　　　C. 鲁迅　　　D. 周作人　　　E. 不知道

2.《朝花夕拾》发表时的原名是(　　　)

A. 追忆往昔　　B. 旧事重提　　C. 呐喊　　　D. 晨光夕忆　　E. 不知道

3.《朝花夕拾》的文体是(　　　)

A. 小说　　　　B. 散文　　　　C. 诗歌　　　D. 话剧　　　　E. 不知道

4. 以下哪篇文章不是出自《朝花夕拾》(　　　)

A.《藤野先生》　B.《范爱农》　C.《狗·猫·鼠》　D.《故乡》　E. 不知道

5. "朝花夕拾"的意思是早上开的花黄昏时来拾，这里指鲁迅先生人到中年回忆童年时期、少年时期、青年时期的人和事。作者说，这些文章都是"从记忆中抄出来"的"回忆文"。你对这本书感兴趣吗？(　　　)

A. 非常感兴趣　　　　B. 有点儿兴趣　　　　C. 毫无兴趣

6. 你喜欢鲁迅这个人吗？为什么？

7. 如果你已经读过《朝花夕拾》，其中的哪一篇文章给你留下了深刻的印象？谈谈原因。

从神魔仙境步入童心世界，
借精跳之法走进古典小说

——《西游记》融合式大单元教学设计

北京市第八中学 马 楠

一、推荐版本

吴承恩所著的《西游记》是我国古代第一部浪漫主义章回体长篇神魔小说，约成书于明代中叶，自问世以来在民间广为流传，各式各样的版本层出不穷。明代刊本有六种，清代刊本、抄本也有七种，典籍所记已佚版本十三种。

此次我们选择人民文学出版社 2020 版作为推荐版本，这版《西游记》初版于 1955 年，1979 年又做了一次重新排版，校订了部分文字，增补了注释，使其质量有了很大提高。这个整理本对《西游记》的普及做出了重要贡献，流传广泛，影响巨大。

到 2020 年，这一版本的《西游记》已累计加印 70 余次，可谓经历了时间的检验，疑难字句注释准确，更是初中生在进行《西游记》原著阅读时的最优选择，非常有助于初读学生领悟我国古典小说的艺术魅力。

二、内容简介

(一)作品简介

《西游记》是中国古典四大名著之一，自问世以来在中国及世界各地广为流传。小说主要描写了孙悟空出世及大闹天宫后，遇见了唐僧、猪八戒、沙僧和白龙马，西行取经，一路降妖伏魔，经历了九九八十一难，终于到达西天见到如来佛祖的故事。《西游记》想象瑰奇，描写灵动，为读者呈现了师徒四人西行路上和穷山恶水、妖魔鬼怪斗争的精彩历程，为读者呈现了众多生动有趣的经典故事，塑造了许多灵动鲜活的经典人物，更高昂地赞颂了取经人排除艰难的战斗精神，是中国文学史上的一座艺术巅峰。

(二)阅读价值

作为中国古典四大名著之一，《西游记》凭借着非凡的想象，为万千读者建构出独具中国特色的神魔仙境和奇幻世界，创造了众多妙趣横生的经典故事和灵动鲜活的人物形象，文学价值极高，思想底蕴深厚，故而在中国文学史，甚至世界文学史上，均有着举足轻重的地位。经典之作历久弥新，更常读常新，其永恒的经典魅力也必然需要一代又一代的读者去阅读、挖掘和传承——这是《西游记》带给无数读者的价值所在。

对于初中阶段的学生而言，《西游记》的阅读安排在统编教材七年级上册第六单元，是初中学段安排的第一部长篇古典小说。从这个意义上来说，《西游记》开启了每一位初中学生阅读和品鉴古典小说的大门，能够让他们在奇幻的神魔仙境中插上想象的翅膀，在曲折跌宕的故事中感悟成长的奥秘，在西游英雄的经历中发掘人性的光彩。在长篇巨著的阅读中品味古典小说的无限魅力——这是《西游记》带给无数少年读者的价值所在。

三、学情分析

吴承恩所著的《西游记》流传甚广，深受人们喜爱，它曾经被绘成了连环画，制作成了动画片，也被拍成了各种版本的电视剧、电影等，加之小学阶段也有取材自《西游记》的经典课文，所以，大部分学生对《西游记》中的经典故事和主要人物并不陌生，这为七年级开展《西游记》的整本书阅读教学提供了非常好的认知基础。

然而，《西游记》教学的难点也刚好就在此处。首先，学生对《西游记》并不陌生，甚至对其中的很多故事情节和人物形象早已有了基本定型的认识和看法，可谓是带着已有经验走入课堂的，如何引导学生不囿于这些固定化的已有经验，深入《西游记》原著，形成新的感悟和理解，这是教师在进行教学时应当思考的重要问题。

其次，《西游记》原著成书年代毕竟距离学生时代久远，语言风格也并不贴近学生的现实生活，其中又涉及一些复杂的儒、释、道思想，极易削弱学生仔细阅读原著的兴趣，而学生对故事本身的已有了解也会让他们错误地以为无须阅读原著。如何引导学生耐下心来带着兴趣阅读，带着方法阅读，带着感受阅读，从而打开古典小说阅读的大门，这也是《西游记》整本书教学的难点所在。

同时，教师在进行《西游记》整本书教学时还应当关注其文体属性。《西游记》是学生进入初中阶段后阅读的第一部长篇古典小说，关于小说阅读，小学五六年级的语文教材均有所涉及，对于一些经典短小的现当代小说，学生具备一定的阅读基础，可以梳理一些清晰简明的故事情节，分析一些性格鲜明的人物形象。但对于古典小说的阅读，仍然是学生阅读的难点，小学教材也选入了一些古典小说篇目，如《猴王出世》《草船借箭》等，但均为删节或改写版，如何引导学生阅读原版的长篇古典小说，并能够以《西游记》为基础打开学生阅读更多古典小说的大门，是教师在进行《西游记》整本书阅读教学时应当思考的。

四、阅读策略

(一)精读和跳读相结合

精读指向细腻的感受、透彻的理解和广泛的联想，要求读者细读、精思、鉴赏。如孙悟空"三调芭蕉扇""三打白骨精""真假美猴王"等经典情节，学生应仔细阅读，厘清故事的来龙去脉，阅读时注意关注人物命运的发展变化，思考人物的精神品质，对故事中的细节加以分析和鉴赏。至于跳读，则是指主动地舍弃、有意地忽略，以求更高的效率。在阅读中，学生可以根据实际情况，跳过与阅读目的无关或自己不感兴趣的内容，也可以跳过某些不太精彩的故事情节。对于像《西游记》这样的著作，推荐学生将精读和跳读这两种方法结合使用。

(二)批注阅读法

批注阅读法是指学生在自主阅读时，对文章进行深入思考、分析、比较归纳，并学会用线条、符号或简洁的文字加以标注的读书方法。在阅读《西游记》时，学生应学会对需要精读的故事进行批注式阅读，这可以有效地帮助学生在繁杂的故事中对情节发展、人物形象、背景环境等做出深入思考。

(三)对比阅读和跨界阅读法

《西游记》曾经被改编成多个版本的连环画、电影、电视剧等艺术作品，这就为学生突破学科边界，突破纸质媒介进行跨界阅读和对比阅读提供了可能性。在跨界和对比过程中，学生可以对比细节，发现差异，体会不同艺术形式在表现人物、设置情节方面的特色，从而更容易提高他们深入原著，品评人物的兴趣。

五、大单元教学设计

(一)本册书基本问题

如何将精读和跳读相结合，读懂古典小说中的故事。

(二)阅读目标

1. 能够学会精读和跳读相结合的阅读方法，读懂《西游记》中的故事。

2. 能够精读、精思、精赏，深入分析《西游记》中那些引人入胜的故事情节。

3. 在引人入胜的故事中品味书中栩栩如生的人物形象。

4. 能够调动自己的体验，发挥想象，对《西游记》有更加深入的理解。

(三)核心任务

年级将举办"西游巡演"活动，请你发挥想象，合理虚构，为《西游记》再创作一个取经路上的新故事，并带着你的新故事参加这场"西游巡演"。要求：

1. 故事的情节要符合《西游记》的整体风格，人物的表现要符合其性格特征。

2. 故事最终的呈现形式可以有文章、短剧、评书、相声等多种形式。

(四)大单元教学设计框架图

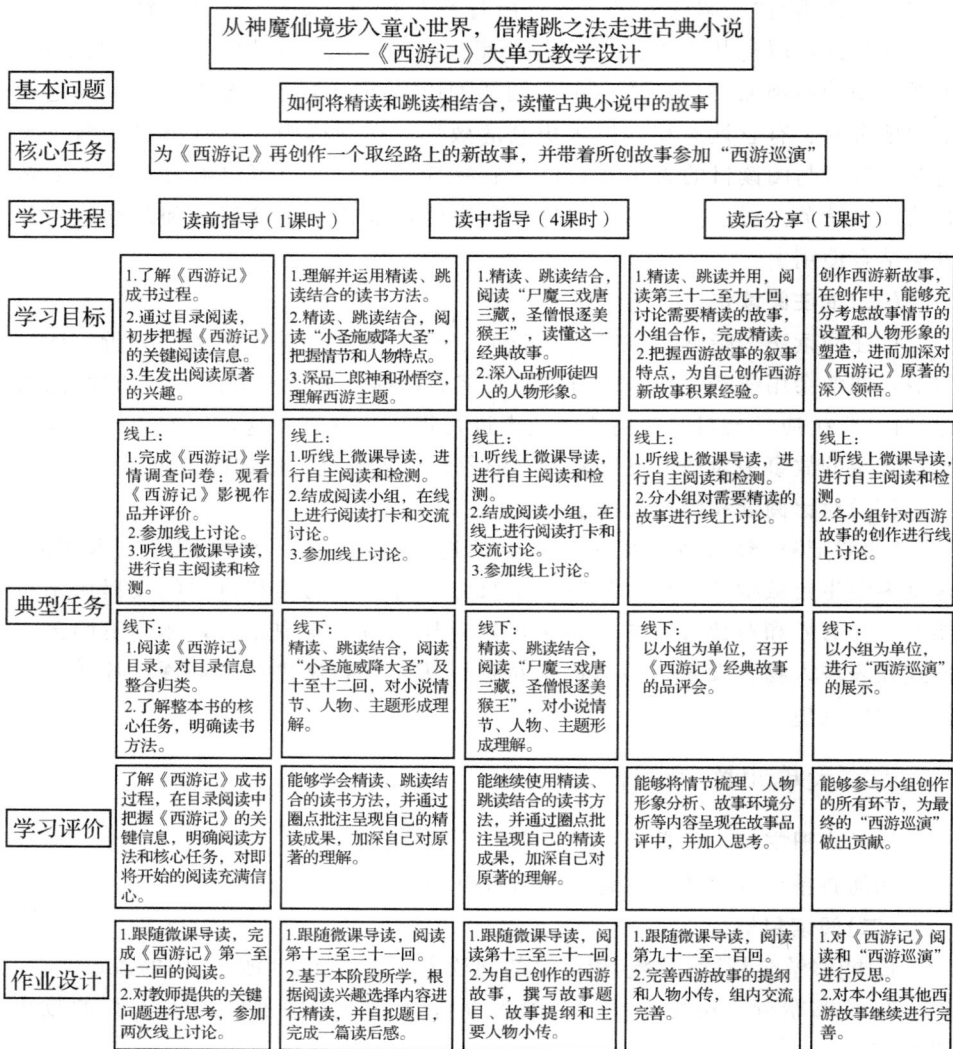

从神魔仙境步入童心世界，借精跳之法走进古典小说
——《西游记》大单元教学设计

	读前指导（1课时）	读中指导（4课时）			读后分享（1课时）
基本问题	如何将精读和跳读相结合，读懂古典小说中的故事				
核心任务	为《西游记》再创作一个取经路上的新故事，并带着所创故事参加"西游巡演"				
学习进程	读前指导（1课时）	读中指导（4课时）			读后分享（1课时）
学习目标	1.了解《西游记》成书过程。2.通过目录阅读，初步把握《西游记》的关键阅读信息。3.生发出阅读原著的兴趣。	1.理解并运用精读、跳读结合的读书方法。2.精读、跳读结合，阅读"小圣施威降大圣"，把握情节和人物特点。3.深品二郎神和悟空，理解西游主题。	1.精读、跳读结合，阅读"尸魔三戏唐三藏，圣僧恨逐美猴王"，读懂这一经典故事。2.深入品析师徒四人的人物形象。	1.精读、跳读并用，阅读第三十二至九十回，讨论需要精读的故事，小组合作，完成精读。2.把握西游故事的叙事特点，为自己创作西游新故事积累经验。	创作西游新故事，在创作中，能够充分考虑故事情节的设置和人物形象的塑造，进而加深对《西游记》原著的深入领悟。
典型任务	线上：1.完成《西游记》学情调查问卷；观看《西游记》影视作品并评价。2.参加线上讨论。3.听线上微课导读，进行自主阅读和检测。	线上：1.听线上微课导读，进行自主阅读和检测。2.结成阅读小组，在线上进行阅读打卡和交流讨论。3.参加线上讨论。	线上：1.听线上微课导读，进行自主阅读和检测。2.结成阅读小组，在线上进行阅读打卡和交流讨论。3.参加线上讨论。	线上：1.听线上微课导读，进行自主阅读和检测。2.分小组针对需要精读的故事进行线上讨论。	线上：1.听线上微课导读，进行自主阅读和检测。2.各小组针对西游故事的创作进行线上讨论。
	线下：1.阅读《西游记》目录，对目录信息整合归类。2.了解整本书的核心任务，明确读书方法。	线下：精读、跳读结合，阅读"小圣施威降大圣"及十至十二回，对小说情节、人物、主题形成理解。	线下：精读、跳读结合，阅读"尸魔三戏唐三藏，圣僧恨逐美猴王"，对小说情节、人物、主题形成理解。	线下：以小组为单位，召开《西游记》经典故事的品评会。	线下：以小组为单位，进行"西游巡演"的展示。
学习评价	了解《西游记》成书过程，在目录阅读中把握《西游记》的关键信息，明确阅读方法和核心任务，对即将开始的阅读充满信心。	能够学会精读、跳读结合的读书方法，并通过圈点批注呈现自己的精读成果，加深自己对原著的理解。	能继续使用精读、跳读结合的读书方法，并通过圈点批注呈现自己的精读成果，加深自己对原著的理解。	能够将情节梳理、人物形象分析、故事环境分析等内容呈现在故事品评中，并加入思考。	能够参与小组创作的所有环节，为最终的"西游巡演"做出贡献。
作业设计	1.跟随微课导读，完成《西游记》第一至十二回的阅读。2.对教师提供的关键问题进行思考，参加两次线上讨论。	1.跟随微课导读，阅读第十三至三十一回。2.基于本阶段所学，根据阅读兴趣选择内容进行精读，并自拟题目，完成一篇读后感。	1.跟随微课导读，阅读第十三至三十一回。2.为自己创作的西游故事，拟写故事题目、故事提纲和主要人物小传。	1.跟随微课导读，阅读第九十一至一百回。2.完善西游故事的提纲和人物小传，组内交流完善。	1.对《西游记》阅读和"西游巡演"进行反思。2.对本小组其他西游故事继续进行完善。

图1 大单元教学设计框架图

六、课时教学设计

表1　阅读任务一

线上调查	完成《西游记》学情调查问卷；对《西游记》经典影视作品进行评价。				
任务布置	查阅《西游记》成书的相关资料。				
课堂学习	1. 了解《西游记》的成书过程，加深对《西游记》原著的了解。 2. 通过目录阅读，初步把握《西游记》的关键阅读信息。 3. 能够基于自己的已有经验，生发出阅读《西游记》原著的浓厚兴趣。				
线上学习＋自主阅读	时间：1天	线上微课导学：1节	线下自主阅读：《西游记》序言、绘本、经典影视作品	自主检测：客观题＋主观题	线上讨论：一次线上讨论：你曾从哪些途径了解过《西游记》？是否喜欢《西游记》，为什么？

读前指导课教学设计

环节一：交流反馈，引入原著阅读

交流总结同学们喜欢《西游记》的几大原因：故事生动有趣，人物灵动鲜活，想象神奇丰富，降妖除魔令人振奋……

交流总结同学们了解《西游记》的途径：绘本、动画片、影视作品、青少年读本……

总结：作为中国古典四大名著之一，《西游记》一直备受万千读者的喜爱，其经典魅力到底源自何处？我们尚需回归原著，一探究竟。

环节二：成书之路，激发阅读兴趣

请学生展示课前搜集的有关《西游记》成书的相关资料，教师加以补充，从而带领学生感受一部经典名著的诞生之路，激发学生阅读原著的兴趣。

环节三：始于目录，开启原著阅读

清代学者王鸣盛先生在《十七史商榷》中说："反读书最切要者，目录之学。名目录，方可读书，不明，终是乱读。目录之学，学中第一要紧事，必以此问途，方能得其门而入。"

教师提示：目录是指书籍正文前所载的目次，是揭示和报道图书的工具，它按照一定的次序编排而成，是整本书中的重要组成部分，目录阅读，是整本书阅读的重要环节。

初读《西游记》目录，小组讨论：读《西游记》目录，你有何有价值的发现？请将你的发现进行归类整合，并加以记录。

表 2 品读目录，开启阅读

所阅目录（请将你有所发现的目录，记录在此）	所得发现（请将你的发现进行归类整合，记录在此）

总结一：依靠目录，划分结构

前七回讲述孙悟空的身世和大闹天宫的故事；

第八至十二回介绍唐僧，交代西天取经的由来；

第十三到一百回是小说主体，讲述唐僧师徒西天取经的故事。

总结二：把握目录，知晓时代

从"唐太宗地府还魂"可以看出《西游记》的故事发生在唐代。

时代补充：西游故事是根据唐朝玄奘和尚去印度取经的故事想象出来的。玄奘把自己沿途的经历口述出来，他的徒弟帮他整理成了一本《大唐西域记》，明代的吴承恩从这本书中取材，又结合一些民间传说和元杂剧，再加上自己的想象，写成了这部脍炙人口的奇书。

总结三：洞悉目录，梳理情节

通过阅读目录，能大致知道书中发生了哪些经典故事，比如：大闹天宫、三调芭蕉扇、三打白骨精、真假美猴王等。

总结四：体味目录，把握人物

唐僧的称谓有：三藏、玄奘、金蝉子、唐长老；悟空的称谓有：美猴王、行者、大圣、心猿、弼马温；八戒的称谓有：悟能、木母；沙和尚的称谓有：悟净。

通过阅读目录，还可以从一些词语中读出师徒的性格特点，如：从"官封弼马心何足"的"心何足"中读出了孙悟空不满足现状，不断努力的性格特点；从"心猿妒木母"中读出悟空争强好胜的特点；从"三藏不忘本"中，读出唐僧严守戒律、立场坚定；从"尸魔三戏唐三藏，圣僧恨逐美猴王"中，读出唐僧忠奸不分，好坏不辨；从"八戒义激美猴王"中，读出八戒很聪明很机智；等等。

环节四：明确方法，展示核心任务

《西游记》阅读的核心任务：年级将举办"西游巡演"活动，请你发挥想象，合理虚构，为《西游记》再创作一个取经路上的新故事，并带着你的新故事参加这场"西游巡演"。

为了更好地完成这个任务，我们必须足够了解《西游记》原著中记述的那些故事。

提供阅读方法：如何读懂《西游记》的故事呢？我们推荐大家使用精读和跳读相结合的方式。这种阅读方法我们在前面的"阅读策略"中讲过，这里就不再赘述。

环节五：拓展训练

跟随微课导读，完成《西游记》第一至十二回的阅读，并参加两次线上讨论。

第一次讨论问题：为了读懂《西游记》中的故事，请你在实际的阅读经历中关注自己"精读"了哪些内容，"跳读"了哪些内容，并思考如何将"精读"和"跳读"运用到古典小说的阅读中。

第二次讨论问题：

问题一：阅读第一至十二回，你认为孙悟空是一个怎样的人？有人说，他占山为王，又大闹天宫，他是坏人，你觉得呢？

问题二：精读第六回，并分析这一回出现的新人物二郎神，他是一个怎样的人？

问题三：开篇七回主要写猴王出世及其大闹天宫之事，看似与"西游""取经"主题关系不大，可以删去吗？

问题四：你怎样看待《西游记》中的唐太宗？

学习评价

表3　《西游记》读前指导课评价量表

评价指标	评价标准	评价等级			
		优秀（9—10分）	达标（8—9分）	待改进（6—8分）	需急救（6分及以下）
资料搜集	能在课前完成《西游记》成书的相关资料查询，并加以整理，积极在课堂上进行发言和展示。				

续表

评价指标	评价标准	评价等级			
		优秀 (9—10分)	达标 (8—9分)	待改进 (6—8分)	需急救 (6分及以下)
目录阅读	能认真阅读《西游记》一百回目录，并认真思考，对在目录中发现的重要信息加以整合归类，与组员互相沟通探讨，形成关于目录的阅读成果。				
总分					

表4　阅读任务二

线上打卡	结成阅读小组，在线上进行每日阅读打卡和阅读交流。			
课堂学习	1. 对精读和跳读相结合的阅读方法形成初步的理解，并能够运用到自己的阅读中。 2. 精读和跳读相结合，阅读"小圣施威降大圣"这一故事情节，引导学生初步认识《西游记》情节的一波三折和人物的灵动鲜活。 3. 深入品析二郎神和孙悟空的人物形象，对西游主题形成初步的理解。			
线上学习＋ 自主阅读	时间： 5天	线上微课导学： 每日1节	线下自主阅读： 第一至十二回	自主检测： 客观题＋ 主观题	线上讨论： 进行两次线上讨论，讨论话题为上一阶段布置的典型问题。

读中指导课教学设计

第一课时

环节一：交流讨论成果，思考读书方法

精读和跳读并用是我们阅读《西游记》这部古典小说的关键读书方法，如何使用这一读书方法，同学们在线上讨论期间进行了充分的讨论，现在让我们交流一下讨论成果，对这一读书方法进行更加深入的探索。

学生交流并加以总结。

总结一：为了读懂《西游记》中的故事，一些关键的故事情节就需要慢下来精读，比如"猴王出世""大闹天宫""小圣施威降大圣"等，因为这些关键情节推动了故事的发展，更有助于我们体会关键人物的命运走向。相反，有一些故事情节相对而言并不重要，且比较容易理解，就可以快速地跳读过去。

总结二：一些重要的人物塑造过程需要慢下来精读，通过这些塑造人物的细节，我们能更好地把握人物的性格特征，有助于我们理解小说主题，比如在前十二回中，关于孙悟空的描写就需要我们精读，关于其他次要人物的描写就无须我们耗费过多的精力。

总结三：一些大篇幅的描写，比如外貌描写、环境描写、场面描写，也可以适当跳读，因为这些内容对我们读懂故事而言，并未起到至关重要的作用。

总结四：如果我们要专门研究《西游记》中的环境描写，那就需要精读那些和环境描写有关的文字了，当然，这一定是我们在初读过《西游记》，读懂了故事后，在进行更进一步的专题阅读时再去思考的问题了。

得出结论：像《西游记》这样的长篇古典小说，推荐使用精读和跳读并用的读书方法，至于哪些内容应该精读，哪些内容应该跳读，应当由我们的阅读目的来决定。

初读《西游记》，我们需要读懂其中的故事，而这样的阅读目的决定了我们需要精读那些影响故事发展走向的重要情节和关键人物，跳读那些无足轻重的描写。

同理，在阅读每一个故事时，也需要我们精读和跳读并用，以"小圣施威降大圣"为例，我们也要精读其中的关键故事情节，精读孙悟空和二郎神的人物描写，其他内容，则可以快速跳过。

环节二：精读故事情节，一波三折，引人入胜

从"小圣施威降大圣"的故事谈起，精读这一故事情节，即从"这真君即唤梅山六兄弟"到"使勾刀穿了琵琶骨，再不能变化"这一部分，并将这一故事情节继续划分为三小部分。

第一部分：遭二郎神与梅山六兄弟围困，大圣败走。

第二部分：二郎神穷追不舍，二者斗法。

第三部分：二郎神与梅山六兄弟合力再次将大圣围困。

重点品味二郎神与孙悟空的斗法过程，圈点勾画出两人的几番"变化"。

大圣：麻雀—大鹚老—鱼儿—水蛇—花鸨—土地庙—二郎神。

二郎神：鹰—大海鹤—鱼鹰—灰鹤—原身。

在"变"中讨论探究：孙悟空的每一次变化，二郎神都能马上找到制伏他的办法。作者为什么不写孙悟空直接变成一个最厉害的人或物？

得出结论：孙悟空每一次变化中透着诙谐，能紧紧抓住读者的心，极大地激发读者的阅读兴趣，能推动情节的发展。如果写孙悟空直接变成一个最厉害的人或物，就会使得文章平铺直叙，味同嚼蜡，无法吸引读者，也不能体现情节曲折，引人入胜的特点。这便是"文似看山不喜平"。

总结：西游故事情节曲折，引人入胜，而恰是这波澜起伏的情节能够激发读者无限的阅读兴趣，带给读者绝佳的阅读感受。

在"小圣施威降大圣"的故事中，还有哪些起伏的情节曾带给你绝佳的阅读感受？请你仔细回味、批注并进行展示。

环节三：精读人物细节，圈点勾画，加以总结

品味小说中关于孙悟空的细节描写（动作、神态、心理、语言等），圈点勾画，进行批注，分析孙悟空这一人物形象。

举例：

大圣见了，笑嘻嘻的，将金箍棒掣起，高叫道："你是何方小将，辄敢大胆到此挑战？"

（应战姿态的描写，刻画出悟空的勇敢大胆、无惧无畏。）

大圣慌了手脚，就把金箍棒捏做绣花针，藏在耳内，摇身一变，变做个麻雀儿，飞在树梢头钉住。

（动词连用，刻画出悟空的变化多端、机智灵敏。）

那六兄弟，慌慌张张，前后寻觅不见，一齐吆喝道："走了这猴精也，走了这猴精也！"

（侧面反衬，刻画出悟空的神通广大、沉着镇定。）

却说那大圣已至灌江口，摇身一变，变作二郎爷爷的模样，按下云头，径入庙里，鬼判不能相认，一个个磕头迎接。

（一番变化，一个"径"字，刻画出悟空的聪慧机敏、顽皮可爱。）

······

环节四：总结

《西游记》的故事引人入胜，人物栩栩如生，充满无穷的艺术魅力，精读和跳读并用，有助于我们更好地读懂故事。而在精读这些经典情节和人物时，则需要我们精读、精思和精赏，动笔勾画，圈点批注，在文本细读中品味经典作品的妙处。

学习评价

表5　《西游记》读中指导课评价量表（一）

评价指标	评价标准	评价等级			
		优秀 （9—10分）	达标 （8—9分）	待改进 （6—8分）	需急救 （6分及 以下）
学会读书 方法	能够在师生交流中深入思考如何在《西游记》的阅读中使用"精读"和"跳读"相结合的读书方法，并将这一方法运用到自己的实际阅读之中。				
文本精读 圈点批注	能根据教师的指导，在课上完成对"小圣施威降大圣"这一故事中所涉及的情节特色和人物形象进行精读、精思和精赏，并通过圈点批注的方式呈现自己的精读成果。				
总分					

第二课时

环节一：精读二郎神

继续精读第六回，分析这一回出现的新人物二郎神，他是一个怎样的人？

预设：二郎神神通广大、本领高强、充满智慧。

提出疑问：本领如此高强的二郎神，怎么早没被派来降伏孙悟空呢？关于二郎神的人物形象，我们是否可以理解得更深入一些？

请学生讨论，并提醒学生关注原著中关于二郎神的更多细节，比如：出身、命运、他人口中的二郎神、二郎神的语言，以及二郎神为什么看到孙悟空变成花鸨，就现出真身不再变化了。

学生交流讨论，教师总结：关于二郎神，我们似乎还能读到更多……

出身高贵：玉帝的亲外甥。

身世悲凉：玉帝妹子思凡下界，配合杨君，生一男子，曾使斧劈桃山……

备受冷落："乃陛下令甥显圣二郎真君，现居灌洲灌江口……"

进取精神："有梅山兄弟与帐前一千二百草头神，神通广大……"

心高气傲："奈他只是听调不听宣……"

不卑不亢："若我输与他，不必列公相助，我自有兄弟扶持；若赢了他，也不必列公绑缚，我自有兄弟动手。"

对二郎神形象的把握，可以让我们对《西游记》有更加深入的理解。

环节二：精读环境细节

借二郎神的生存处境，反观天宫的生存环境，天宫可谓等级森严、人情冷漠、玉帝昏庸、不识贤能。

天宫如此，凡间又如何？重点阅读《西游记》第十至十二回，你认为《西游记》中的唐太宗是一个怎样的人？请你借助《西游记》中的一些关键文段，尝试进行深入思考。

环节三：深入思考孙悟空的人物形象

深入思考：从《西游记》中的生存环境进一步思考孙悟空的人物形象，有人说，他占山为王，又大闹天宫，他是坏人，你觉得呢？

孙悟空始终在破坏规则，但为何读者却从不认为他是坏人？

第一，孙悟空的形象具有率性而为、追求自由、勇于抗争的独特性，这种独特性势必与天宫的森严制度格格不入。

第二，《西游记》的思想光辉主要闪烁在孙悟空这个神话英雄形象上面。吴承恩肯定了孙悟空追求自由、勇于抗争的天性，特别是在那个封建统治思想严重压抑人们天性的时代，吴承恩正是借助孙悟空这一形象来呼唤人们敢于冲破枷锁，追求自由的天性。

继续提问，请学生思考：如果每个人都像孙悟空一样去追求绝对的自由，反对规则和制度，结果又会怎样？

明确：西天取经，便恰好是孙悟空从事正义事业，充分发挥个人能力的过程，更是他收敛心性的过程，既是对他人生的考验，也是对他人格的重塑，更是对他的信仰、意志和心性的挑战和升华。

孙悟空取经成功时，就是他"心猿归正"时，"紧箍儿"自然消失，外在的社会束缚已经转化为内在的个人自律，个人与社会终于融为一体，个人终于获得了更大的自由。

西游之路，便是孙悟空的成长之路，这条成长之路可以概括为"放心—定心—修心"，其中，占山为王、大闹天宫，是肆无忌惮的"放心"之举；五行山下被压五百年，是初出茅庐，遭遇打击的"定心"；而西天取经，克服九九八十一难，则是脚踏实地的"修心"之路。

请你设想：基于我们对孙悟空和二郎神形象的深入理解，两个曾经互相敌对、打得不可开交的人，有可能化干戈为玉帛吗？

教师呈现《西游记》原著文段，加深学生的理解。

【文段一】两人正自商量，只听得狂风滚滚，惨雾阴阴，忽从东方径往南去。行者仔细观看，乃二郎显圣，领梅山六兄弟，架着鹰犬，挑着狐兔，抬着獐鹿，一个个腰挎弯弓，手持利刃，纵风雾踊跃而来。行者道："八戒，那是我七圣兄弟，倒好留请他们，与我助战。若得成功，倒是一场大机会也。"八戒道："既是兄弟，极该留请。"行者道："但内有显圣大哥，我曾受他降伏，不好见他。你去拦住云头，叫道：'真君，且略住住。齐天大圣在此进拜。'他若听见是我，断然住了。待他安下，我却好见。"

——《西游记》第六十三回

【文段二】二郎爷爷迎见，携手相搀，一同相见道："大圣，你去脱大难，受戒沙门，刻日功完，高登莲座，可贺，可贺！"行者道："不敢。向蒙莫大之恩，未展斯须之报。虽然脱难西行，未知功行何如。今因路遇祭赛国，搭救僧灾，在此擒妖索宝。偶见兄长车驾，大胆请留一助。未审兄长自何而来，肯见爱否？"二郎笑道："我因闲暇无事，同众兄弟采猎而回。幸蒙大圣不弃留会，足感故旧之情。若命挟力降妖，敢不如命；却不知此地是何怪贼？"

——《西游记》第六十三回

【文段三】二郎道："既伤了老龙，正好与他攻击，使那厮不能措手，却不连窝巢都灭绝了？"八戒道："虽是如此，奈天晚何？"二郎道："兵家云，征不待时，何怕天晚！"康姚郭直道："大哥莫忙，那厮家眷在此，料无处去。孙二哥也是贵客，猪刚鬣又归了正果，我们营内，有随带的酒肴，教小的们取火，就此铺设：一则与二位贺喜，二来也当叙情。且欢会这一夜，待天明索战何迟？"二郎大喜道："贤弟说得极当。"却命小校安排，行者道："列位盛情，不敢固却。但自做和尚，都是斋戒，恐荤素不便。"二郎道："有素果品，酒也是素的。"众兄弟在星月光前，幕天席地，举杯叙旧。

正是寂寞更长，欢娱夜短，早不觉东方发白。

——《西游记》第六十三回

总结：两个自由纯真、敢于抗争的人，不只化干戈为玉帛，更能幕天席地，举杯叙旧，从深夜到天亮，真可谓是英雄相惜，让人慨叹啊！

环节四：课堂总结

《西游记》被定性为是一部神魔小说，但它又不仅仅是一部神魔小说，品读《西游记》，你会发现：其思想价值，指向了这平凡世间的每一个"人"！这里，有真实的人性，有真实的社会，有关于心的思考，更有关于生命的权衡！

环节五：拓展训练

1. 跟随微课导读，精读和跳读并用，完成《西游记》第十三至三十一回的阅读。

2. 请你基于本阶段所学，在你已经阅读过的《西游记》章节中，根据你的阅读兴趣选择内容进行精读，并自拟题目，完成一篇读后感。

学习评价

表 6　《西游记》读中指导课评价量表(二)

评价指标	评价标准	评价等级			
		优秀 (9—10分)	达标 (8—9分)	待改进 (6—8分)	需急救 (6分及以下)
文本精读 小组讨论 思考表达	能根据教师的指导,充分进行小组讨论和思考表达,运用文本精读的方式,对二郎神和孙悟空进行深入的人物分析,并由此对西游主题形成初步的理解。				

表 7　阅读任务三

线上打卡	结成阅读小组,在线上进行每日阅读打卡和阅读交流。				
课堂学习	1. 精读和跳读相结合,阅读"尸魔三戏唐三藏,圣僧恨逐美猴王"这一故事,引导学生使用做批注式的方式进行阅读,在阅读中加深对故事情节的把握。 2. 深入品析师徒四人的人物形象。				
线上学习＋ 自主阅读	时间: 5天	线上微课导学: 每日1节	线下自主阅读: 第十三至 三十一回	自主检测: 客观题＋ 主观题	线上讨论: 一次线上讨论:阅读第十三至三十一回时,你是如何使用"精读""跳读"相结合的阅读方法的,阅读感受如何。

第三课时

环节一:课前交流总结

在阅读第十三至三十一回时,"精读"了哪些内容,"跳读"了哪些内容,为什么这样选择?

在阅读"尸魔三戏唐三藏,圣僧恨逐美猴王"这一回时,"精读"了哪些内容,"跳读"了哪些内容,为什么这样选择?对于那些"精读"的内容,又是如何"精读"的?

环节二:通读故事,概括情节

复述"三打白骨精"的故事情节,并在横线处填入合适的动词。

悟空三<u>打</u>；白骨精三<u>变</u>；唐僧三<u>责</u>；八戒三<u>唆</u>。

表8 根据文本细节填写表格

情节	白骨精之"变"	孙悟空之"打"	唐僧之"责"	猪八戒之"唆"
第一次打白骨精	月貌花容的女儿："眉清目秀，齿白唇红，左手提着一个青砂罐儿，右手提着一个绿磁瓶儿，从西向东，径奔唐僧。"	放下钵盂，掣铁棒，当头就打。被师父拦阻后，道："师父，你那里认得！老孙在水帘洞里做妖魔时，若想人肉吃，便是这等……"又被师父阻拦后，道："师父，我知道你了，你见他那等容貌，必然动了凡心。"	战战兢兢，口中作念；手中捻诀，口里念咒。	气不忿，在旁漏八分儿唆嘴道："师父……哥哥的棍重，走将来试手打他一下，不期就打杀了；怕你念甚么《紧箍儿咒》，故意地使个障眼法儿，变做这等样东西，演幌你眼，使不念咒哩。"
第二次打白骨精	年满八旬老妇人：手拄着一根弯头竹杖，一步一声地哭着走来。	更不理论，举棒照头便打。	唐僧一见，惊下马来，睡在路旁，更无二话，只是把《紧箍儿咒》颠倒足足念了二十遍。	八戒道："师父，他要和你分行李哩……"
第三次打白骨精	一个老公公：白发如彭祖，苍髯赛寿星。耳中鸣玉磬，眼里幌金星。手拄龙头拐，身穿鹤氅轻。数珠掐在手，口诵南无经。	行者掣出棒来……又怕师父念那话儿咒语……念动咒语叫当坊土地、本处山神……都在云端里照应。棍起处，打倒妖魔，才断绝了灵光。	念紧箍咒；写了一纸贬书。	八戒旁边唆嘴道："师父，他的手重棍凶，把人打死，只怕你念那话儿，故意变化这个模样，掩你的眼目哩！"

古代许多小说在构思上妙用"三"字。这种特殊的结构，就是"三叠式结构"。在情节上反复三次，重复中又有变化。这种重复和变化不仅有利于展开故事情节、刻画人物形象、烘托环境、表现主题，而且可以使作品波澜起伏，曲折多姿。

通过对表格的填写，我们也能看到人物在故事情节发展中的诸多变化。

环节三：细读文本，小组合作，做批注，析人物

细读文本，互助合作，分小组进行人物分析。

追溯三"变"，看白骨精其人：白骨精善于使用美人计、苦肉计、连环计，她的每一次变化中都可谓思虑周全，更是抓住了唐僧、猪八戒等人的性格弱点，且每一次变化间都环环相扣，足见其贪婪狡诈、诡计多端。

追溯三"打"，看悟空其人：第一次打白骨精，为急打，不管不顾，甚至在和唐僧辩驳时，不给师父留任何面子；第二次打白骨精，为怒打，甚至都不和他人做解释，满心怒火，只想尽快解决妖怪，足见其疾恶如仇；第三次打白骨精，为智打，这一次，悟空思虑周全，甚至念动咒语叫当坊土地、本处山神来做见证，此时的悟空相较于前两次沉稳了许多。

追溯三"责"，看唐僧其人：为人善良又糊涂，让人读来有些生气甚至有些愤恨，善恶不分，听信八戒的谗言，可谓愚钝。

追溯三"唆"，看八戒其人：八戒不仅好色贪吃，还爱煽风点火。

总结：一个故事，万般人物风貌。

环节四：猴王被逐谁之过？

在打白骨精这个问题上，孙悟空坚持要打死她，最终被逐。可是，唐僧毕竟是肉眼凡胎，他识不得是女菩萨还是女妖怪，出于善心，一再坚持阻止孙悟空打死白骨精。

在这个问题上，他们到底谁对谁错？如果你是猴王，面对师父的误解，八戒的挑唆，你是否有更好的解决方式？

引导学生透过问题看本质，从而让学生明白人物行为背后的隐含缘由。

环节五：对比阅读，深入讨论

"三打白骨精"是《西游记》中的经典故事，曾被改为各种形式，以适应不同类型的读者。比如，小学教材中《三打白骨精》的课文，和原著对比，有哪些不同呢？你更喜欢哪个版本呢？（《三打白骨精》课文见苏教版小学教材六年级下册）

学生讨论，可发现一些显著的不同。

对环境的描写，小学课文中只用了"山势险峻、峰岩重叠"八个字，但原著却是长长大篇："无数獐犯钻簇簇，满山狐兔聚丛丛。千尺大蟒，万丈长蛇。大蟒喷愁雾，长蛇吐怪风。道旁荆棘牵漫，岭上松楠秀丽。薜萝满目，芳草连天。影落沧溟北，云开斗柄南。万古常含元气老，千峰魏列日光寒。"初读虽感拗口，再读却觉胆战心惊，甚至有气势恢宏之感。这样的环境描写无疑给下文妖怪的出现、唐僧的遇险做了极好的铺垫。

对白骨精变身后的村姑的外貌描写：课本上对村姑仅用了"美貌"一词，而原著则有非常详尽的描述。"好妖精，停下阴风，在那山凹里，摇身一变，变做个月貌花容的女儿，说不尽那眉清目秀，齿白唇红，左手提着一个青砂罐儿，右手提着一个绿磁瓶儿，从西向东，径奔唐僧。圣僧歇马在山岩，忽见裙钗女近前。翠袖轻摇笼玉笋，湘裙斜拽显金莲。汗流粉面花含露，尘拂峨眉柳带烟。……那女子生得：冰肌藏玉骨，衫领露酥胸。柳眉积翠黛，杏眼闪银星。月样容仪俏，天然性格清。体似燕藏柳，声如莺啭林。半放海棠笼晓日，才开芍药弄春晴。"这段描写让读者瞬间看到一位绝色美女。这样的描写并非平白无故的，它不仅可以写出白骨精为吃唐僧肉而不择手段，更为唐僧、八戒等人落入圈套制定了合理的理由。

对唐僧驱逐悟空的细节描写：课文未写此段，但原著上有，比如"大圣见他不睬，又使个身外法，把脑后毫毛拔了三根，吹口仙气，叫'变！'即变了三个行者，连本身四个，四面围住师父下拜。那长老左右躲不脱，好道也受了一拜"等，足可以看出孙悟空对师父的担心、思念、不舍，让一个有情有义的猴王形象跃然纸上。

总结：原著中的文字虽然深奥晦涩，但细节充实，生动形象，文采斐然，课文中的文字虽然通俗易懂，但也有语言简易，直白单薄，人物形象不饱满等缺憾。当然，因它们适用于不同的读者群体，倒也无可厚非。

继续激发学生进行深入对比阅读的兴趣："三打白骨精"是《西游记》中的经典片段，被改编成各种形式的艺术作品，如连环画、电影、电视剧等，同学们可以进行更多的对比阅读。

环节六：课堂总结

阅读长篇小说，要关注小说中的情节变化，更要在情节的发展与变化中洞悉人物塑造的特色。同时，还应学会使用文本细读和做批注的方式，读懂人物形象的丰富性。阅读小说中人物的内心世界，就是阅读更加丰富精彩的人生风貌！

环节七：拓展训练

1. 跟随微课导读，精读和跳读并用，完成《西游记》第三十二至九十回的阅读。

2. 师徒四人已经集结完毕，请根据你的阅读，并加以合理的想象，为你准备参加"西游巡演"所要创作的故事，撰写故事题目、提纲和主要人物小传。

学习评价

表9 《西游记》读中指导课评价量表（三）

评价指标	评价标准	评价等级			
		优秀 （9—10 分）	达标 （8—9 分）	待改进 （6—8 分）	需急救 （6 分及以下）
"精读" "跳读" 对比 阅读	能够继续使用精读和跳读相结合的读书方法。 阅读"尸魔三戏唐三藏，圣僧恨逐美猴王"这一经典故事，并可以通过文本精读的方式，体会故事的布局特点和人物的形象特点。 通过对比阅读的方法，加深对古典小说特色的深入理解。				

表10　阅读任务四

线上打卡线上初展	将全班分成六个阅读小组，讨论在第三十二至九十回中需要深入精读的故事，并进行线上阅读打卡。			
课堂学习	1. 跳读和精读并用，完成第三十二至九十回的阅读，讨论重点精读哪些故事，并将需要精读的故事分派给各个小组，小组合作，完成故事品评。 2. 能深入把握《西游记》在故事叙事上的典型特点，从而为自己创作西游新故事积累经验。			
线上学习＋自主阅读	时间：20天	线上微课导学：每日1节	线下自主阅读和展示：自主阅读第三十二至九十回	自主检测：客观题＋主观题	线上讨论：分小组进行六次线上讨论，讨论需要精读的故事，并为本小组线下的"故事品评会"做准备。

第四课时

环节一：各小组进行分享展示

六个阅读小组各以一个西游故事为主，进行西游故事品评，要求展示内容需涉及：情节梳理评点、人物形象分析、故事环境分析、其他思考内容等。

第一小组："大战红孩儿"；第二小组："车迟国斗法"；第三小组："女儿国招亲"；第四小组："真假美猴王"；第五小组："三调芭蕉扇"；第六小组："狮驼岭斗魔"。

环节二：互相评点，归纳引导

学生互评，教师提问，激发思考：大家已经开始筹备西游新故事的创作，并已经撰写好了故事题目、故事提纲和主要人物小传，如今，通过精读这六大经典故事，对于西游故事创作，你有什么新的思考吗？

归纳要点：

西游故事的叙事结构有相似处：遇到困境—遭遇险阻—想方设法—排忧解难，虽然每一回出现的妖怪、所遭遇的险阻均不一样，但是大体上都体现了相同的叙事结构。

然而，每一个故事情节的复杂程度又有所不同，有困难指数不高、情节较为简单的故事，有取经人为惩恶扬善而遭遇困境的，有极其危险、情节亦非常曲折的磨难……这使得每一个故事看似雷同，又非常不同，最重要的是，人物的成长变化在西游故事中表现得极为明显，这让读者在阅读时始终能意兴盎然。

采用中国古典小说中常见的伏笔手法，前后呼应，合理清楚，又使情节紧密，层层推进，引人入胜。

故事背后的人物矛盾也是我们需要关注的，最主要的矛盾便是师徒四人和妖魔鬼怪之间的矛盾。当然，师徒之间也有推进情节发展的矛盾关系，最典型的便是唐僧和孙悟空。矛盾冲突推进了故事的发展，更让读者看到了人物的成长变化。

环节三：拓展训练

1. 跟随微课导读，完成《西游记》第九十一至一百回的阅读。

2. 根据今日所学，完善西游故事创作的故事提纲和人物小传，组内交流，互提建议，继续完善。

学习评价

表11 《西游记》读中指导课评价量表（四）

评价指标	评价标准	评价等级			
		优秀 （9—10分）	达标 （8—9分）	待改进 （6—8分）	需急救 （6分及以下）
故事品评	各小组能全员参与，各有分工，完整有序地呈现本小组的"故事品评"。在对故事进行品评时，能够根据所学，将情节梳理、人物形象、环境分析等内容加以呈现。语言清晰流畅，形式生动灵活。				
师生讨论	能够在小组展示、师生讨论中，对西游故事的叙事特点形成更加充分和深入的理解，从而对自己的西游故事创作形成新的思考和看法。				
总分					

表12 阅读任务五

线上打卡	绘制"西游取经降魔路线图"并参加线上打卡和互评。 各小组为组内最佳西游故事绘制海报，上传至线上平台，为"西游巡演"进行宣传。
课堂学习	创作西游新故事，在创作中，能够充分考虑故事情节的设置和人物形象的塑造，进而加深对《西游记》原著的深入领悟。

续表

线上学习＋自主阅读	时间：5 天	线上微课导学：每日 1 节	线下自主阅读和展示：自主阅读第九十一至一百回	自主检测：客观题＋主观题	线上讨论：分小组讨论，将小组成员新创的西游故事进行组内交流和讨论。选择组内最佳西游故事，并确定展示方式（文章、短剧、评书、相声等），参加"西游巡演"。

读后分享课教学设计

环节一：西游路线图展示

图 2　西游路线图

（北京市第八中学 2021 级初中 17 班　朱诺）

环节二：西游新故事展示

虚幻天尊巧夺经，寥落佛经无下落

话说唐僧一行四人历尽千辛万苦终于取得真经，正在欢庆之时，突然，那佛祖大笑一声，道："都说这师徒四人无所不能，无人能敌，也不过如此。"随即，佛祖大手一挥，周围一切化为虚无，就连那佛祖都化为一阵风，卷走经书，扬长而去。

众人愣了一下，还是那孙悟空回过神来，道："别发呆了，那妖怪抢了我们的经书，待我去去就来。"说罢，便腾云驾雾，想要找到妖精，可哪还有那妖怪的影儿呢？"明明已经经历了九九八十一难，为何还有妖精？"孙悟空想。他也不管三七二十一，直接一个跟斗上了天庭找玉帝讨个公道。

孙悟空来到南天门，在门口大喊："玉帝老儿，九九八十一难已过，你为何要谋害我们师徒四人，派妖怪幻化虚像，夺走经书？真是天理难容，今天我必须讨个公道。"不论那天门四元帅、托塔李天王、太白金星等人怎样解释劝阻，孙悟空就是不听。无奈之下，太上老君只好请来观世音菩萨。菩萨听了事情经过不禁皱起眉头："取经路上的妖怪要么是自己修炼，要么是天上下去的，但却从未听说过你遇到的妖怪，这并不是我们的安排，所以，我真的帮不了你。"

不仅菩萨不知，众神甚至玉帝也不知。"哈哈，菩萨也没有传闻中的厉害吗？不是照样被本尊骗了吗？"就在众人摸不着头脑之时，玉帝突然变成一片虚无，一个孙悟空熟悉的声音也随之响起。

"是他。"菩萨诧异地一叫，"他是虚幻天尊，可以变成世间万物。几年前因为对天庭的不满而回到凡界，之后处处和天庭作对，这次应该也是他干的好事。"

"十几年前就听说有一个秘密组织从东胜泰来国出发劫掠从大唐出发取经的僧人，土地神来信说他们目前在东胜神洲北部的万妖界里。"

"哼，万妖界，俺老孙来了。"

此时东胜神洲，万妖界。

"老大，经书到手了，咱们走吧。"

"等一下，万妖界里全是妖魔鬼怪，我们在这里很安全，而且，貌似有人已经找上门来了。"说话的人便是那让菩萨都无可奈何的虚幻天尊，"悄悄在一旁偷听很不好，出来吧，孙悟空。"

就在虚幻天尊话落之时，孙悟空突然跳出，对着他就是一棒子。就在棒子将要落到虚幻天尊头上的时候，虚幻天尊诡异一笑，手一挥，孙悟空就觉得自己被什么东西吸进去了似的，全身无力。也不知过了多久，孙悟空才迷迷糊糊地醒来，他刚醒就觉得身体不能动弹，浑身僵硬，好像身体已经不是他的了。

"你把俺老孙关到什么地方来了？"

"这是一个我设下的虚无领域，你在里面不仅动不了，连时间也会错乱，没有我的允许，你永远也别想出来！"

"哼，我堂堂斗战胜佛，还破不了一个区区的壳子？"孙悟空刚想拿着金箍棒打碎这个束缚自己的世界，可身体根本动不了。

"我说过，你是破不了我的空间的。等我把佛经拿走，自然会放你出来的。"孙悟空在这个没有上没有下，没有前没有后，没有过去没有未来的虚无空间中飘浮着，感觉一切都处于虚无，除了思想，一切都是静止的。

"菩提本无树，明镜亦非台。本来无一物，何处惹尘埃。""对呀，本来无一物。无论是这个界里还是界外，一切都是'无'。外界是'无'，但心里不是。任何事物都有弱点，我要用心灵去感受，寻找结界的弱点。"孙悟空这样想。于是，他用之前菩提祖师偶然和他谈起的一气化三清，一生二二生三三生万物。斗战胜佛收敛所有情绪，凝心聚力，不知道用了多久时间，将灵魂分裂出一个分身，当分身凝聚完整时，虚无领域出现了轻微的气息波动。悟空心中一喜，知道了破解虚无领域的关键，那就是创造，一气化三清虽然只是道家法门，但在这个领域中就是意味着创造，只要创造的气息够了，领域自然就会破裂。斗战胜佛继续制造分身的同时，引动气息将猴毛变身为几百个猴精灵魂体，这个过程是极其缓慢的，但是因为唐僧已经成佛，不用担心唐僧遇难，所以时间这时就显得不那么重要了。

感觉过了千百万年，空间中的分身越来越多，斗战胜佛感觉空间的禁锢已经逐渐失去了作用的时候，猛然发力，金箍棒从耳朵中自动飘出，飞入斗战胜佛手中，并且飞速变长变粗，等到有三丈多长，碗口粗细时，斗战胜佛将金箍棒高高举过头顶，向脚下方向挥出，"破！"与此同时，所有的灵魂分身手里也出现了一根金箍棒，以同样的方式挥出。空间瞬间破碎成点点金光消散。空间破碎的瞬间，斗战胜佛感应到虚幻天尊的气息、身影随即消失在原地。孙悟空一个筋斗云翻到虚幻天尊面前，金箍棒当头砸下。

"斗战胜佛果然名不虚传，居然能破我的虚无领域，咱们后会有期。如来佛祖曾经三百次设伏要抓住我，经书我就拿走三百卷，剩下的都给你留下吧。"在金箍棒当头落下的同时，虚幻天尊的身体化作点点金光消散，浑厚的声音回响在天际……

多年以后，佛教的三藏经书在大唐土地上广为流传。同时，其南边的泰来国，也成了佛教圣地，坊间传说，虚幻天尊抢走的三百卷经书就在此国。

（北京市第八中学 2021 级初中 6 班　杨乐茹）

光鲜的背后是责任的担当
——给八戒的一封信

亲爱的八戒：

你好！那天我俩梦中相见之后，好长一段时间又没见面了。你还好吗？那天你问我的那个问题解决了吗？这个暑假我天天读《西游记》，你的身影在我的眼前挥之不去，我思来想去，决定给你写封信，想告诉你：光鲜的背后是责任的担当。很多时候，我们都想人前显赫，殊不知地位越高，责任越大。

你说猴哥老欺负你，你要是当师父就好了，谁也不敢拿你怎样。但是，你真的适合当师父吗？当师父，真的就能解决一切问题了吗？

八戒，我们一起来设想一下，某天唐僧同意让你当师父，你们师徒几个行走在西天取经的路上。八戒，别怪我说你，就你这平时好吃懒做的劲儿，你肯定得骑在白龙马上吧。可是，白龙马能承受住你的体重吗？是师父自己同意这件事的，他不能说什么；大师兄、沙师弟可能也不会有意见，小白龙估计也是敢怒不敢言吧，只能负重前行。你可能会说小白龙是神仙，不会驮不动你。但是，你忍心让师父在前面牵着白马吗？唐僧身子骨弱，手无缚鸡之力，把他老人家累个好歹，你们师徒三人不都麻烦吗？

我们接着往下想。话说你们几个不知不觉来到了五庄观。两个小童子奉镇元大仙的命令，热情接待了你们。当小童子捧出两枚人参果时，你肯定会迫不及待地抢走全吞了。小童子肯定会非常生气，于是就会指责你的无礼。因为这时你是师父了，唐僧也必须遵守承诺，说你也没用，再说你已经把人参果吞了，他只能无奈地摇头。孙悟空肯定会大为恼火，毕竟你是他的亲师弟，平时他欺负你行，但绝不能容忍别人欺负你。于是，一怒之下大师兄拔掉了人参果树。看到大师兄的仗义举动，你肯定会连连鼓掌。沙师弟肯定也很认可大师兄的做法。只有师父会不住地摇头，觉得你们太意气用事，但又无能为力。那两个童子也不是平常人啊，他们在镇元大仙那里修炼了很多年了，尽管他们会非常生气，但仗着你们人多力量大，只能默默忍受，等夜深人静的时候把你们师徒四人锁在屋里。你以为猴哥一定能把锁打开吗？那可不是凡间物件，大师兄肯定打不开。就这样，你们只能干瞪眼，等着镇元大仙的处置。

第二天，镇元大仙回来，了解情况之后，知道你现在是团队的领导人，肯定让你赔树。就你那脾气，肯定会不服气地反问："猴子弄坏的，凭什么我赔？"猴哥这时肯定又要生气，明明是替你出气，你还过河拆桥。镇元大仙那法力多高强，啥事不明白，再说他和唐僧之前有过一面之缘，没有交情哪能让童子给唐僧吃人参果呢。他肯定会告诉你："猪八戒，你现在是师父，徒弟做了错事，就应当找师父啊！"八戒，我估计这时你可能才明白："原来，师父不光地位尊贵，还要肩负责任啊！这个师父，我不能当了。"你肯定会着急忙慌地跑到唐僧面前求情。唐僧肯定会慈悲为怀，让悟空去海外仙山寻找能拯救人参果树的灵丹妙药。悟空一直都害怕师父念紧箍咒，也深知师父平时老偏向你，只能驾着筋斗云到处去求仙问药。后面的事我们就不用再设想了，果树肯定是给救活了，你们会继续西行上路。

所以，八戒啊，当师父并不能解决所有问题，关键是我们要勤勤恳恳地做好自己的本职工作，牢记责任担当的重要性，这样才能赢得大家的尊重。

时间不早了，今天我先写到这儿。八戒，期待梦中再次遇到你，咱俩当面交流也许效果会更好。

祝八戒早日想通，一切顺利。

你的朋友：张琳萍
2022 年 9 月 12 日
（北京市第一六一中学 2022 级初中 4 班 张琳萍）

环节三："西游巡演"展示

图3 "西游巡演"展示

环节四：拓展训练

二选一：

1. 对《西游记》整本书阅读和本次"西游巡演"进行反思。

2. 对本小组的其他西游故事初稿继续进行完善。

学习评价

表 13　《西游记》读后分享课评价量表

评价指标	评价标准	评价等级			
		优秀 （9—10 分）	达标 （8—9 分）	待改进 （6—8 分）	需急救 （6 分及 以下）
故事展示	各小组的每一位成员均能互相配合，共同完成故事初稿撰写、故事初稿组内评选、完善小组终稿、确定展示方式、共同参与展示准备和最终展演这一完整过程。最终巡演时，各小组能以最佳状态积极展示，将本小组的阅读成果展示给全班同学。				

七、自主阅读迁移指导

（一）阅读策略

制订阅读计划：在阅读一部文学作品前，特别是相对较长的文学著作，读者需要学会制订出适合于自己的阅读计划。在制订阅读计划时，可以仔细阅读目录、前言，或借鉴他人的阅读经验，进而保证自己能够带着强烈的阅读期待和相对明确的阅读目的来开启阅读。在阅读过程中，要能够根据自己的实际情况，不断调整阅读计划，以便自己能够顺利完成长篇著作的阅读。

进行专题研读：为了让自己的阅读走向更加深入的领域，读者可以在完成初读后，试着查阅相关资料文献，确立阅读专题，尝试进行深入研读。在进行专题研读时，读者可以根据自己确立的研读目的进行适当的精读和跳读，甚至可以完成研读小论文，与身边的师友进行交流。

批注、摘抄和做笔记：在精读某些重点内容时，推荐读者使用批注、摘抄或做笔记的方式，完成精读、精思和精赏，从而把自己的阅读思考引向精深境地，进而提升自己的阅读质量，提高分析能力、鉴赏能力和写作能力。

（二）推荐书目

《镜花缘》（李汝珍）

《镜花缘》在我国古典小说中可谓独树一帜。小说前半部分描写了唐敖、多九公等人乘船在海外游历女儿国、君子国等国的经历，后半部分则写了武则天科举选才女，由百花仙子托生的唐小山及其他各花仙子托生的一百位才女考中，并在朝中有所作为的故事。整部小说想象奇特，构思新颖，让人读来趣味盎然。

《封神演义》(许仲琳)

《西游记》成书之后，很快便涌现了许多内容各异、长短不一的神魔小说，其中，《封神演义》便是代表。全书以武王伐纣、商周易代的历史为框架，叙写天上神仙分为两派卷入这场争斗，最后纣王失败，姜子牙将征战要人——封神。小说成功塑造了姜子牙、哪吒、杨戬、纣王等人物形象，特别是"哪吒闹海"一节，把一个七岁孩童从天真顽皮到坚韧勇武的性格发展，写得栩栩如生。

《〈西游记〉漫话》(林庚)

这本书属于一个很有趣的书系，叫"大家小书"，意思是文化大家写给普通读者看的小书，是林庚先生对经典作品的解读，他认为：《西游记》是以童话的方式反映市民社会的英雄理想。孙悟空的形象，更多地源于市井文化；而《西游记》描绘的神魔世界，和世俗市民社会息息相关。这本书有助于读者对《西游记》有更加深入的理解，其中许多精彩的见解十分独到精辟，能带给读者会心一笑的美好感受。

八、附录

《西游记》读前调查问卷

亲爱的同学：

你好！本学期，我们即将开展《西游记》的名著阅读，现诚邀你完成如下这份调查问卷，你的回答将在很大程度上影响着我们接下来的《西游记》阅读教学，所以希望你能如实完成，并预祝我们能共同完成一场精彩的西游阅读之旅！

1. 你是否了解《西游记》的故事？

A. 非常了解　　　B. 只了解一部分　　　C. 完全不了解

2. 你对《西游记》的了解，属于以下哪种情况？（可多选）

A. 读过原著　　　B. 读过青少版　　　C. 看过电视剧、电影等影视作品

D. 其他，如评书、画册等　　　E. 我并不了解《西游记》

3. 你是否读过《西游记》原著？

A. 完整读过　　　B. 完全没读过　　　C. 只读过某些章回，没有全部读完

4. 你对《西游记》中的哪个人物(或神、妖)印象最深刻，为什么？

5. 你对《西游记》中的哪个故事情节印象最深刻，为什么？

6. 整体而言，你是否喜欢《西游记》的故事？为什么？（角度尽可能多，理由尽可能充分）

7. 对于即将开始的《西游记》原著阅读，你有哪些期待？

8. 对于即将开始的《西游记》原著阅读，你有什么困难？希望老师提供什么帮助？

圈点批注，解读人物命运
专题探究，剖析时代背景

——《骆驼祥子》融合式大单元教学设计

北京市第八中学　曲彤云

一、推荐版本

老舍先生的《骆驼祥子》是现代文学中的一部经典作品，目前存在五六十个版本。各版本在封面设计上各具特色，但在小说内容上没有差异，只是有些版本虽冠名为《骆驼祥子》，但也收录了老舍其他的中篇小说。

在众多版本中，人民文学出版社的版本数高达十几版。此次我们选择人民文学出版社 2018 年版作为推荐版本。此版本在封面设计上采用了 1955 年该出版社第 1 版的封面，能反映小说的主要人物形象，在内容上完整、无删节。更重要的是卷首配导读文字，介绍作者生平、写作背景、作品成就与特点，让与作品年代距离很远的学生阅读时能更充分、深刻地理解作品。

二、内容简介

(一)作品简介

《骆驼祥子》是中国现代著名作家老舍的代表作，展现了一个人力车夫的悲剧命运。主人公祥子从农村来到北平，老实、善良、健壮、坚忍的他选择拉车谋生。他最大的梦想就是拥有一辆自己的车，但却因各种因素一次又一次地破灭。他与命运的抗争以失败告终，最终失去了生活的信心，变成一具自暴自弃的行尸走肉。《骆驼祥子》单纯、集中、明晰的结构，有力地展示了人物性格发展的完整过程及其悲剧性结局的必然性；同时，这部小说又通过祥子与周围人们错综纠葛的复杂关系，展现出那个特定时代的社会文化环境，从而在较为广阔的社会背景下揭示了祥子悲剧命运的社会意义。

(二)阅读价值

老舍的《骆驼祥子》是现代文学的经典之作，读者在了解了以祥子为核心的众多人物的同时，也了解 20 世纪 20 年代老北京的社会背景和老北京人的文化心理。作品中既突显了主人公的勇敢、勤奋、坚强不屈，也揭示了他性格中的软弱、麻木、随遇而安；既表现出那个年代的小人物命运的悲苦，也揭示了小人物的奴性、妥协、卑躬屈膝、麻木不仁。老舍在对祥子人性逐渐沦丧的冷静考察中，采取的是批判和同情相互交会的双重态度：他痛恨当时的社会制度、落后的生产方式以及残存的小农意识，同情祥子生存中所经受的苦难和悲哀。

《骆驼祥子》是学生升入初中后教材推荐阅读的第一部现代长篇小说，并且是在学习第三单元"小人物"主题的文章后开始进行深入阅读。学生在阅读过程中不仅能看到更为多样的小人物的命运，还能够进一步理解人物命运起伏的原因，最终对人物所处的社会文化环境有客观理性的认识。

三、学情分析

学生在小学高段的语文学习中已经开始了小说阅读，但是由于年龄和阅历所限，往往更关注小说中有意思的情节，深入探究的主要是人物形象的特点。对于小说的主题，学生触及不多。

在初一第一学期，学生阅读了古典长篇小说《西游记》，因书中天马行空的想象和令人感兴趣的情节，对主题探究开始有了兴趣，但是没有具体的探究方法。《骆驼祥子》虽然在语言上通俗易懂，没有阅读障碍，但在内容上反映的是小人物的现实生活，学生阅读兴趣不高，容易一目十行，不求甚解。

在与学生的交流中，30.26％的学生表示对作品一无所知，57.48％的学生表示只知道是反映了一个车夫"三起三落"的故事，并给作品主题贴上标签——社会黑暗、道德沦丧。由此可见，学生缺少阅读体验，更不能去深入思考小说特有的创作主旨——反映社会生活。

此外，对于《骆驼祥子》的相关背景知识，学生了解得微乎其微。首先，学生在小学和初中接触到的老舍的作品多为写景抒情散文，对于其最重要的以北京文化为主题的作品几乎没有阅读过，对由老舍先生的经典作品改编成的话剧和各种影视作品，如《四世同堂》《龙须沟》《茶馆》和这部小说《骆驼祥子》，几乎都没有观看过；其次，学生在小学和初一第一学期接触的课文中，没有反映20世纪20年代中国社会状况的作品，学生对那个时代的社会背景缺乏了解；最后，学生虽然知晓人力车夫这一职业，但是对其职业特点却没有情感的共鸣。

四、阅读策略

(一)圈点批注法

《骆驼祥子》在教材的"名著阅读"序列里的阅读方法指导是"圈点与批注"，而且提供了细致的方式方法：给自己设定一些圈点和批注的符号；勾画的内容应该是文章的重点、难点、疑点，或者是自己深有体会之处；批注可以从作品的内容、结构、写作手法、语言特色等方面着手，或展开联想、想象，补充原文内容，或写出心得体会，提出自己的见解。在指导学生学会运用圈点批注法阅读时也要有层次地推进：从赏析式、感悟式批注提升到联想式、质疑式批注。

(二)任务驱动，专题探究

基于语文核心素养的语文学习注重引导学生进行深度学习，而基于深度学习的名著阅读教学，就是要把"整本书"的知识转化为任务驱动，让学生在解决问题、完成任务的过程中展开学习。统编教材"名著导读"之"专题研究"，突出任务驱动型阅读理念，符合阅读规律。学生可以选择教材提供的一个专题进行研究，也可以自选专题进行研究。

五、大单元教学设计

(一)本册书基本问题

如何通过对人物命运的解读来剖析小说所反映的社会现实。

(二)阅读目标

1. 厘清骆驼祥子"三起三落"的文本主线，感受祥子命运的悲剧色彩，挖掘造成祥子悲剧人生的原因，进而把握小说主旨——对社会腐朽的经济政治制度和混乱的社会秩序的批判和对老北京传统文化的理性反思。

2. 赏析文中鲜明的人物形象，如：泼辣直爽的虎妞、残忍霸道的刘四爷、为人善良的高妈、命运多舛的小福子等。

3. 体悟老舍京味十足的语言风格，领略老北京的民风民俗，感知作者体悟人生百态后对社会的反思。

4. 感受场景描写中人物的心境、社会的黑暗的衬托，了解老舍小说创作的艺术手法。

（三）大单元教学设计框架图

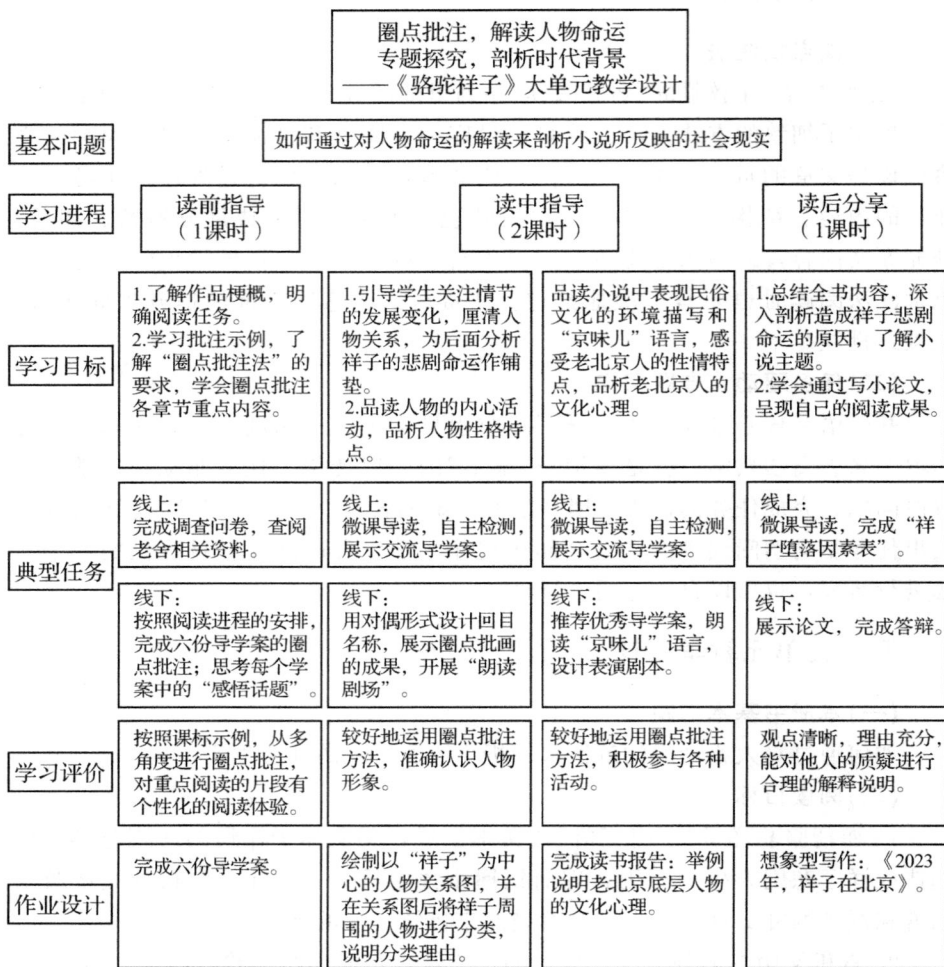

圈点批注，解读人物命运
专题探究，剖析时代背景
——《骆驼祥子》大单元教学设计

基本问题	如何通过对人物命运的解读来剖析小说所反映的社会现实			
学习进程	读前指导（1课时）	读中指导（2课时）		读后分享（1课时）
学习目标	1.了解作品梗概，明确阅读任务。2.学习批注示例，了解"圈点批注法"的要求，学会圈点批注各章节重点内容。	1.引导学生关注情节的发展变化，厘清人物关系，为后面分析祥子的悲剧命运作铺垫。2.品读人物的内心活动，品析人物性格特点。	品读小说中表现民俗文化的环境描写和"京味儿"语言，感受老北京人的性情特点，品析老北京人的文化心理。	1.总结全书内容，深入剖析造成祥子悲剧命运的原因，了解小说主题。2.学会通过写小论文，呈现自己的阅读成果。
典型任务	线上：完成调查问卷，查阅老舍相关资料。线下：按照阅读进程的安排，完成六份导学案的圈点批注；思考每个学案中的"感悟话题"。	线上：微课导读，自主检测，展示交流导学案。线下：用对偶形式设计回目名称，展示圈点批画的成果，开展"朗读剧场"。	线上：微课导读，自主检测，展示交流导学案。线下：推荐优秀导学案，朗读"京味儿"语言，设计表演剧本。	线上：微课导读，完成"祥子堕落因素表"。线下：展示论文，完成答辩。
学习评价	按照课标示例，从多角度进行圈点批注，对重点阅读的片段有个性化的阅读体验。	较好地运用圈点批注方法，准确认识人物形象。	较好地运用圈点批注方法，积极参与各种活动。	观点清晰，理由充分，能对他人的质疑进行合理的解释说明。
作业设计	完成六份导学案。	绘制以"祥子"为中心的人物关系图，并在关系图后将祥子周围的人物进行分类，说明分类理由。	完成读书报告：举例说明老北京底层人物的文化心理。	想象型写作：《2023年，祥子在北京》。

图1 大单元教学设计框架图

六、课时教学设计

表1 阅读任务一

线上活动	1.完成调查问卷。2.查阅资料，了解老舍的生平及创作特点。
课堂学习	1.了解作品梗概，明确阅读任务。2.学习批注示例，了解"圈点批注法"的要求，学会圈点批注各章节重点内容。

读前指导课教学设计

准备环节：完成调查问卷

环节一：《骆驼祥子》初印象

1. 比较几版不同的《骆驼祥子》的封面的共性与不同，大致了解作品的主要人物及情节基础(故事发生地点、情节核心、结局方向)。

(图片简介)

第一版：封面为一个高大的男子，身着白色短衫、黑色长裤，手扶一匹高大的骆驼，头微垂，背略驼。

第二版：画面最为显眼的是一座城楼。城门下停着一辆人力车，前面坐着一个车夫，车与车夫在城楼下显得十分渺小。

第三版：画面为一个人力车夫拉车的剪影，剪影下面是腰封，腰封的主题为"京味白话文小说的代表作"。

2. 观看视频《有书快看》，简要了解《骆驼祥子》的情节及主题，把握阅读重点——品析作品中的人物形象。

3. 布置第一阶段阅读任务：老舍是把祥子这样一个小人物写活了，同时也把祥子周围的人物展现得非常生动，所以这部作品艺术特色中最突出的一点就是运用多种表达方法塑造了成功的人物典型。第一阶段一共有三份导学案，我们分别去品味不同的人物形象：在第一份导学案当中，我们主要品析祥子的心理及表现；在第二份导学案当中，我们去比较刘四爷与虎妞的形象差异；那第三份我们从小人物当中选择出场比较早、形象特点也比较鲜明的高妈的形象来分析。

环节二："祥子"初印象

阅读课本中的"节选段落"，了解祥子出场时的形象特点，探究如何用"圈点批注"的方法来品析小说人物，比如：用着重号来标出直接交代祥子形象特点的文字，用横线标画有关祥子的描写。

在批注时，可以品析手法及效果，可以对人物形象进行质疑。

环节三：老舍初印象

1. 投影两段"五四"时期，名家描写的"人力车夫"的选文，与课本的选文进行比较，品析老舍先生的语言风格。

【甲】他身材本来很高，但是不晓是因为社会的压迫呢，还是因为他天生的病症，背脊却是弯着，看去好像不十分高。他脸上浮着一种谨慎的劳动者特有的表情，我怎么也形容不出来，他好像是在默想他的被社会虐待的存在是应该的样子，又好像在这沉默的忍苦中间，在表示他的无限的反抗，和不断的挣扎的样子。总之，他那一种沉默忍受的态度，使人家见了便能生出无限的感慨来。

（选自郁达夫《薄奠》）

【乙】车夫毫不理会，——或者并没有听到，——却放下车子，扶那老女人慢慢起来，搀着臂膊立定，问伊说：

"您怎么啦？"

"我摔坏了。"

我想，我眼见你慢慢倒地，怎么会摔坏呢，装腔作势罢了，这真可憎恶。车夫多事，也正是自讨苦吃，现在你自己想法去。

车夫听了这老女人的话，却毫不踌躇，搀着伊的臂膊，便一步一步的向前走。我有些诧异，忙看前面，是一所巡警分驻所，大风之后，外面也不见人。这车夫扶着那老女人，便正是向那大门走去。

（选自鲁迅《一件小事》）

2. 了解第二阶段阅读任务："京味儿"文化的体现，"京味儿"语言的特色，精彩的景物描写。

表2 阅读任务二

课堂学习	1. 引导学生关注情节的发展变化，厘清人物关系，为后面分析祥子的悲剧命运作铺垫。 2. 品读人物的内心活动，品析人物性格特点。 3. 品读小说中表现民俗文化的环境描写和"京味儿"语言，感受老北京人的性情特点，品析老北京人的文化心理。				
线上学习＋自主学习	时间	线上微课导学	线下阅读	自主检测	线上交流圈点批注
	第一天	"祥子"初印象	第1—3章	客观题＋主观题	小管家收集导学案，互相观摩圈点批注的内容。
	第二天	走进虎妞和刘四爷	第4—6章		
	第三天	认识高妈	第7—9章		
	第四天	认识曹先生	第10—12章		
	第五天	品读老北京民俗	第13—15章		
	第六天	品味京味儿语言	第16—18章		

读中指导课教学设计

第一课时

环节一：说一说——情节梳理

仿照示例，试着用对偶句来给这篇小说的第三至八章写一个回目名称。

（屏显）

第一章	乡间小伙，拉车三载为圆梦
	都市车夫，储蓄百元购新车
第二章	乱世求利，高亮桥爱车被抢
	危局觅生，磨石口趁乱回归

我的概括：

第三章	茫然恐惧，祥子＿＿＿＿＿＿
	圆滑质朴，老者凑一把天明
第四章	卧病海甸，稀里糊涂得绰号
	重回车厂，＿＿＿＿＿＿＿＿
第五章	一心赚钱，不顾＿＿受伤害
	＿＿＿＿＿，无奈杨宅尽欺凌
第六章	＿＿＿＿＿＿，祥子又悔又恨
	旧主重逢，＿＿＿＿＿＿＿＿
第七章	清静安宁，＿＿＿＿＿＿＿＿
	好梦易醒，＿＿＿＿＿＿＿＿
第八章	＿＿＿＿＿＿＿＿，＿＿＿＿
	＿＿＿＿＿＿＿＿，＿＿＿＿

（答案预设）

第三章	茫然恐惧，祥子带骆驼夜走
	圆滑质朴，老者凑一把天明
第四章	卧病海甸，稀里糊涂得绰号
	重回车厂，强打精神欲购车
第五章	一心赚钱，不顾身心受伤害
	四天包月，无奈杨宅尽欺凌
第六章	虎妞诱骗，祥子又悔又恨
	旧主重逢，车夫又喜又惊
第七章	清静安宁，祥子曹家拉包月
	好梦易醒，先生夜路摔跟头
第八章	精明独到，高妈点拨发财计
	朴实胆小，祥子固守金钱观

（北京市第八中学初中语文组　徐凤萍老师设计）

环节二：赏一赏——品读祥子

1. 欣赏交流导学案中好的圈点批注，总结作品中人物塑造的特色：第一，用丰富多变的手法来描写人物的心理活动；第二，注重表现出人物性格的变化。

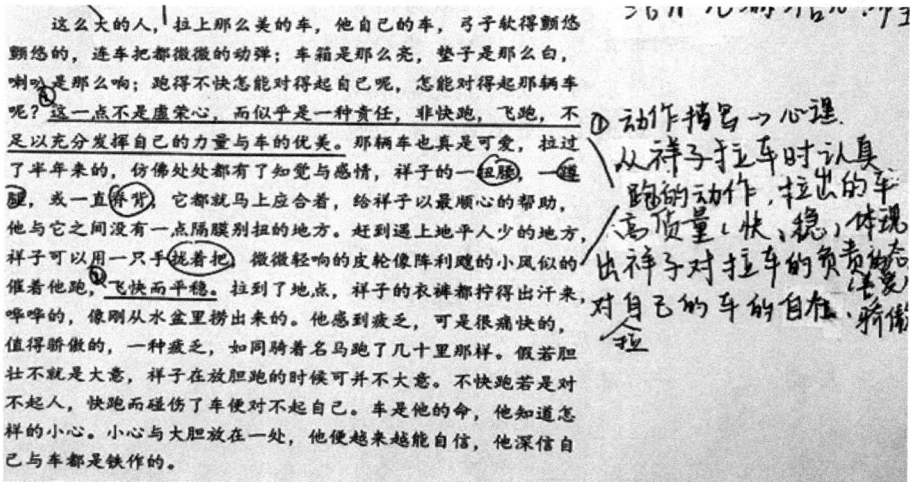

图 2　学生作业展示

（北京市第八中学 2022 级初中 20 班　潘泓宇）

2. 小组交流评价其他章回中对于祥子形象的圈点批注，推选出精彩批注在全班展示。

对祥子的评价

表 3　《骆驼祥子》主要人物评价表

等级	圈画出重点语句，圈画符号有设计	塑造手法判断准确，批注角度多样	对圈点的关键词分析具体	人物形象特点概括准确
优秀				
合格				
待改进				

环节三：读一读——品析其他人物

1. 开展"朗读剧场"活动，每个阅读小组从小说的对话中选择一段进行朗读表演，其他小组从"人物语气、语调、添加的动作与人物心理、性格是否一致"的角度进行点评。

对其他人物的评价

评价方式说明：依据人物的语气、语调，以及动作神态与人物性格的一致性，由低到高分五个等级，分别用一至五颗星展示。

表4　《骆驼祥子》其他人物评价表

人物	语气	语调	动作神态

2.总结人物的形象特点。

虎妞：没有母亲的教育，跟着流氓、无赖父亲生活在车场里，耳闻目睹的都是车夫的辛苦劳作和他们的粗俗，所以十分粗俗与泼辣。她对祥子是发自内心的关心、爱慕，也有很可爱的一面。

刘四爷：一个残酷的剥削者，他自私无情，尖酸刻薄，唯利是图。他为了赚钱，不惜牺牲自己女儿的青春。

高妈：心地善良、质朴、懂规矩、守礼仪。她凭借自己的劳动吃饭，为人不卑不亢，对主人尊重，对与自己同等地位的下人关怀备至。

曹先生：为人正直，待人宽和。

环节四：拓展训练

绘制以"祥子"为中心的人物关系图，并在关系图后将祥子周围的人物进行分类，说明分类理由。

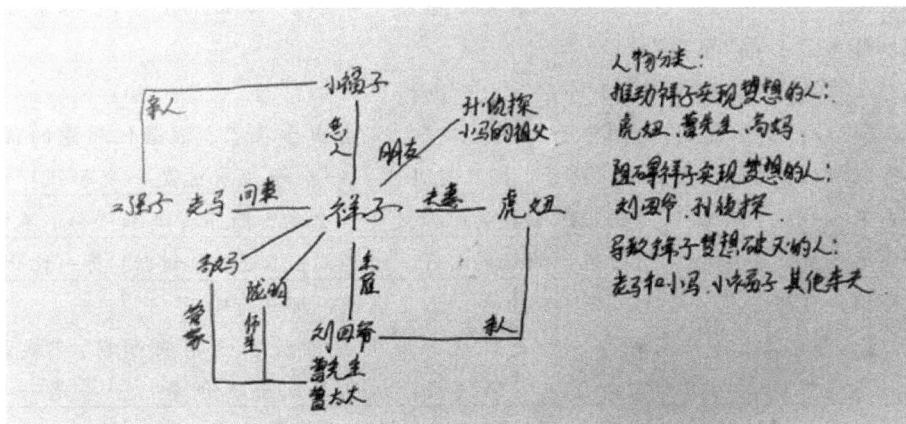

图3　作业示例

（北京市第八中学 2019 级初中 15 班　张梓义）

第二课时

环节一：赏民俗

交流学生导学案中的圈点批注，了解作品中涉及的"老北京风俗"。

街上越来越热闹了，祭灶的糖瓜摆满了街，走到哪里也可以听到"抚糖来，抚糖"的声音。祥子本来盼着过年，现在可是一点也不起劲，街上越乱，他的心越紧，那可怕的二十七就在眼前了！他的脸陷下去，连脸上那块疤都有些发暗。拉着车，街上是那么乱，地上是那么滑，他得分外的小心。心事和留神两气夹攻，他觉得精神不够用的了，想着这个便忘了那个，时常忽然一惊，身上痒刺刺的像小孩儿在夏天炸了痱子似的。

祭灶那天下午，溜溜的东风带来一天黑云。天气忽然暖了一些。到快掌灯的时候，风更小了些，天上落着稀疏的雪花。卖糖瓜的都着了急，天暖，再加上雪花，大家一劲儿往糖上撒白土子，还怕都粘在一处。雪花落了不多，变成了小雪粒，刷刷的轻响，落白了地。七点以后，铺户与人家开始祭灶，香光炮影之中夹着密密的小雪，热闹中带出点阴森的气象。街上的人都显出点惊急的样子，步行的，坐车的，都急于回家祭神，可是地上湿滑，又不敢放开步走。卖糖的小贩急于把应节的货物掏出去，上气不接下气的喊叫，听着怪震心的。

饮食文化——吃糖瓜
因为灶王爷要上天向玉皇大帝禀报人间善恶，人们希望让灶神的嘴变甜，汇报工作时多说好话，讨个来年的平安吉祥。文中写了，走到哪里都可以听见卖糖瓜的声音，不仅体现了人们对祭灶神的重视，更体现北京人民风的质朴和可爱。

节日文化——祭灶
灶王爷管辖厨灶之神，负责记录每户人家日常行事的是非善恶，所以在老北京人的心中，灶王爷是很厉害、很管事儿的神。家家户户都去祭灶，反映了人们对美好生活的向往。

图 4　作业示例

（北京市第八中学 2019 级初中 11 班　　陈景宜）

环节二：品"京白"

1. 朗读几段人物语言，体会"京白"的特点

【选段一】她（高妈）也劝祥子把钱放出去，完全出于善意；假若他愿意的话，她可以帮他的忙："告诉你，祥子，搁在兜儿里，一个子儿永远是一个子儿！放出去呢？钱就会下钱！没错儿，咱们的眼睛是干什么的？瞧准了再放手钱，不能放秃尾巴鹰。……打听明白他们放饷的日子，堵窝掏；不还钱，新新！将一比十，放给谁，咱都得有个老底；好，放出去，海里摸锅，那还行吗？"

【选段二】他有一点醉意，可是规规矩矩的把酒放在老车夫面前："我的请，您喝吧！我也四十望外了，不瞒您说，拉包月就是凑合事，一年是一年的事，腿知道！再过二三年，我也得跟您一样！您横是快六十了吧？"

"还小呢，五十五！"老车夫喝了口酒。"天冷，拉不上座儿。我呀，哎，肚子空；就有几个子儿我都喝了酒，好暖和点呀！走在这儿，我可实在撑不住了，想进来取个暖。屋里太热，我又没食，横是晕过去了。不要紧，不要紧！劳诸位哥儿们的驾！"

【选段三】二强子喝醉，有了主意："你要真心疼你的兄弟，你就有法儿挣钱养活他们！都指着我呀，我成天际去给人家当牲口，我得先吃饱；我能空着肚子跑吗？教我一个跟头摔死，你看着可乐是怎着？你闲着也是闲着，有现成的，不卖等什么？"

2.全班交流讨论

(1)老北京话的语音、语调、语气、用词特点呈现出怎样的特点？

(2)从这些富含"京味儿"的语言中，你感受到老北京人怎样的性情特点？

环节三：演"人情世态"

阅读刘四爷过生日的一段描写，设计一段表演剧本，包括舞台背景说明、台词及台词所配动作、神态，说明设计理由。

表5　剧本设计表

等级	舞台背景设计	台词设计	动作神态设计
优秀			
合格			
待修改			

环节四：拓展训练

老北京底层人物的文化心理也是"京味儿"文化的一个重要内容：无论境遇如何，老北京人都讲排场，重礼仪，要气派；底层平民还常有尖刻、吝啬、排外、计较等一些恶俗习气。祥子身边长期生活在北京的车夫多少都有一些这样的文化心理，请你举出两到三个例子加以说明。

表6　阅读任务三

课堂学习	1.总结全书内容，深入剖析造成祥子悲剧命运的原因，领会小说主题。 2.学会通过写小论文，呈现自己的阅读成果。				
线上学习＋ 自主学习	时间	线上课程	线下阅读	自主检测	线上交流分享
	第八天	理解"祥子身上的最后一根稻草"	第19—21章	客观题＋ 主观题	小管家收集 "祥子的堕落" 调查报告，互 相启示。
	第九天	体会祥子的悲剧及小说主题	第22—24章		

读后分享课教学设计

课前准备

整理导读案中的批注重点，梳理祥子三起三落的直接原因，以"祥子悲剧探因"为话题，初步撰写小论文。

环节一：探讨形成祥子悲剧命运的因素

小组合作，分类整理导致祥子堕落的凶手，分析祥子悲剧命运的形成因素。

（预设）

祥子的悲剧命运是由客观和主观两方面因素形成的。从客观角度看，黑暗的社会现实、恶劣的生存环境对处在城市最底层的祥子构成了生存威胁；而在传统文化影响下，保守苟安、易于满足、目光短浅等当时国民的劣根性也使祥子的性格发生了质的转变。从主观角度看，祥子性格软弱，意志力薄弱，经受不住种种欲望的诱惑，承受不了外在环境对自己的一次次不公正的待遇，最终走向了堕落。

环节二：论文展示，完成答辩

1. 小组内部互评修改，推荐出一篇优秀论文在全班进行汇报展示。同学们可以参阅下表进行填写。

表 7　撰写小论文评价表

评分项目	评分	你的建议
观点明确，层次清晰（30 分）		
内容充实，有较丰富的材料分析支持其观点（40 分）		
文字精练，表达流畅（20 分）		
论文有独特见解和创新价值（10 分）		

2. 每个小组推荐出一名同学在全班展示优秀论文，其他小组同学提出相关问题，展示同学进行答辩。

环节三：拓展训练

通过深入探究，我们认识到祥子的悲剧命运与社会秩序、文化环境息息相关。如果祥子生活在今天的北京，他的命运会是怎样的？请以"2023 年，祥子在北京"为题，发挥想象，写一写祥子的经历。

七、自主阅读迁移指导

（一）阅读策略

《骆驼祥子》是学生升入初中后阅读的第一部现当代中长篇小说，也是学生进行小说主题探究的第一部作品。学生可以借鉴以下策略完成对小说所反映的社会现实的认识。

1. 运用图表梳理人物命运的起伏，厘清众多人物的关系。中长篇小说，情节跌宕起伏、时间跨度长，主要人物在各种际遇中接触人物众多，致使读者常常会形成阅读障碍。在阅读中，学生可借助结构图、思维导图或表格列出人物在不同时间、地点的不同经历，以及遇到的各类人，进而把握住人物命运走向，以及人物彼此之间的影响，这样可以找到主题的突破口。

2. 运用圈点批注的方式品析精彩的描写。圈点批注往往能让学生聚焦具体句段，在用词和写法的品读中，既可以捕捉到浓墨重彩的环境渲染，也可以全面细致地认识人物形象。圈点批注的专题不同，学生的阅读收获也不同，积沙成塔，最终能对主题形成初步感悟。

3. 布置专题探究，分析人物命运起伏的原因，最终突破主题。小说的构思往往围绕一个"变"字展开，所有的变化都可以分析出内因和外因，学生通过不同的角度审视，发现的原因也就会有所不同。所以，专题研究可以聚合学生的发散思维，走进作者创作的背景、人物所处的社会，进而深入理解小说所反映的社会生活。

(二)推荐书目

1.《四世同堂》(老舍)

在抗日战争后期，由 1944 年初开始，在重庆郊外的一座小镇北碚，老舍先生动笔创作长篇小说《四世同堂》。小说在卢沟桥事变爆发、北平沦陷的时代背景下，以祁家四世同堂的生活为主线，形象、真切地讲述了以小羊圈胡同住户为代表的各个阶层、各色人物的荣辱浮沉、生死存亡。

老舍的《四世同堂》，以"救亡"主题诠释了中华民族处于危亡之际的社会根源。作者把"启蒙"与"救亡"两种中国最杰出的现代思想协调起来，极大地推动了中国革命现实主义的发展，同时更深远地揭示出：文化的保守与思想的落后桎梏，更是一个民族处于弱势的根源。

2.《红岩》(罗广斌、杨益言)

《红岩》是以描写重庆解放前夕严酷的地下斗争，特别是狱中斗争为主要内容的长篇小说。作者罗广斌、杨益言都是重庆中美合作所集中营的幸存者，他们亲身经历了黎明前血与火的考验，目睹了许多革命烈士坚韧不拔的英勇斗争和壮烈牺牲的场面。根据这些经历，他们于 1957 年写了革命回忆录《在烈火中永生》。随后，在回忆录的基础上创作了长篇小说《红岩》。

小说以"中美合作所"集中营(包括渣滓洞和白公馆)内的敌我斗争为中心，交错地展开了我地下党领导的城市的地下斗争、学生运动、工人运动、狱中斗争以及华蓥山区的武装斗争，集中描写了革命者为迎接解放、挫败敌人的垂死挣扎而进行的最后决战。

小说真实再现了重庆解放前夕光明与黑暗进行最后决战的艰巨性，揭露了敌人垂死挣扎的极端凶残和色厉内荏的本质，歌颂了革命志士为真理而斗争的坚强意志和大无畏精神。

八、附录

《骆驼祥子》读前调查问卷

请根据自己的实际情况，客观、认真地作答下列各题。

1. 你读过《骆驼祥子》一书吗？

A. 认真阅读过　　　　　　　　　B. 读过一部分内容

C. 没读过，但知道这个故事　　　　D. 没读过也没听说过

2.《骆驼祥子》中，祥子的职业是（　　　）

A. 当兵　　　　　　B. 拉车　　　　　　C. 做生意

3.《骆驼祥子》讲述了发生在哪个地区的故事？

A. 北京　　　　　　B. 西北　　　　　　C. 江南

4. 请你写出作品中除了祥子以外的三个人物名称。

5. 你认为（推测）这部作品想表达怎样的主题？请简述理由。

A. 一分耕耘，一分收获。

B. 对于自己的工作要尽职尽责。

C. 黑暗的旧社会对劳动者的剥削、压迫。

D. 面对逆境不能轻言放弃。

选择：

理由：

漫游海底世界，畅想科技奇观

——《海底两万里》融合式大单元教学设计

北京市第八中学　王璐瑶

一、推荐版本

《海底两万里》自 1870 年问世以来，经久不衰。1902 年，本书被翻译到中国，书名为《海底旅行》，这是已知的最早的中译本。此后，随着此书的热度不减，上百种版本层出不穷。我们推荐的版本为人民文学出版社出版的教育部统编《语文》推荐阅读丛书版。

我们推荐这一版本的原因是，本书是学生进入初中后，统编教材推荐阅读的第一部外国文学作品，西方文学陌生化的语言风格容易给学生的阅读造成障碍，因此流畅通俗的译法尤为重要。本书采用的是赵克非的译本，赵克非译本偏重本土化的语言修饰，通俗易懂，更容易被中学生理解和接受。此译本保留了关于海洋景观和海底生物的描写，完整还原了海底世界，更好地展示了作品的文学价值，使学生在毫无阻碍的语言环境中畅游海底，获得酣畅淋漓的阅读体验。

二、内容简介

（一）作品简介

《海底两万里》是法国作家儒勒·凡尔纳创作的长篇小说，是"凡尔纳三部曲"的第二部。小说主要讲述了博物学家阿龙纳斯、其仆人康塞尔和鱼叉手尼德·兰，一起随"鹦鹉螺"号潜水艇的尼摩船长周游海底的故事。在小说中，凡尔纳将他对海洋的想象发挥到了极致，他绘声绘色地描绘着海底的壮丽奇观和刺激惊险的海洋奇遇，大胆畅想未来的科学技术和人类生活。凡尔纳以他深厚的海洋和生物知识、超前的预见性、非凡的想象力，打开了人们通往科幻世界的大门，对后来的科幻文学产生了深远的影响。

(二)阅读价值

《海底两万里》是科幻小说的开山鼻祖。十九世纪后期,欧美各国的科学技术迅速发展,人们迫切地希望用新的科学方式改造原有的生产技术,文学家也纷纷用文学形式来展现这种日新月异的时代变化,描绘未来生活的图景,科幻小说应运而生。

科幻小说的迷人之处就在于将缜密的科学思维与恢宏的想象相结合。《海底两万里》广泛涉及海洋、生物、物理、化学、地理等专业知识,作者凭借科学理论和深邃的洞察力进行大胆的科学想象,构思出离奇的故事情节,不仅激发了当时人们探索海洋、创造新世界的热情,也为后世的读者带来了别开生面的阅读体验,感受到凡尔纳非凡的想象力。作为一部科幻小说,《海底两万里》的文学色彩也不容小觑。其中丰富的描写并不亚于其他文学性作品,如对尼摩船长的肖像进行精细的刻画以反映其性格特点,对海底景观的描绘充满了恢宏浪漫的想象,在激烈的场面描写中善于渲染气氛造势……此外,巧妙的构思、悬念的设置、性格鲜明的人物塑造、反对殖民统治的人文关怀等,无不彰显出小说的文学魅力。

《海底两万里》是统编语文教材七年级下册的推荐阅读书目,也是初中名著阅读中唯一一部科幻作品。优秀的科幻作品包含丰富的科学知识、奇幻的想象构思、敏锐的前瞻意识和深厚的人文关怀,尤其是其科学性与幻想性并存的特点是其他文体所不具备的,对于学生的思维提升与发展具有独特价值。阅读《海底两万里》有利于学生丰富科学知识,拓展科学视野,培养科学精神;通过解读作品的内涵,学生可以提高思辨能力,对未来社会与人类自身进行思考;还可以培养学生联想、想象能力,发展创造性思维,激发他们探索自然世界和科学领域的求知欲。其跌宕起伏的情节和天马行空的想象也符合中学生的阅读期待,能够培养学生的阅读兴趣,特别适合成为科幻作品的入门之作。

三、学情分析

1.学习基础

《海底两万里》是统编教材七年级下册的必读书目,编排在第六单元之后。第六单元主要选取的是探险和科幻方面的文章,学生学完这些篇目之后,对探险和科幻产生了浓厚的兴趣,对科幻小说有了初步的了解。通过七年级上学期第六单元想象单元的学习,学生也具备了一定的联想和想象能力。通过之前的整本书阅读,尤其是《西游记》《骆驼祥子》等长篇小说的阅读,学生能够掌握圈点批注、画思维导图等阅读方法,并能对感兴趣的问题展开交流讨论和专题探究。再加上七年级学生思维活跃，想象力丰富，乐于表达交流，这些都有助于开展《海底两万里》的阅读。

2．学情现状

《海底两万里》是学生进入初中以来教材推荐阅读的第一部长篇科幻小说，为了了解学生对科幻作品的熟悉程度，笔者对学生进行了问卷调查（见附录）。问卷显示，66％的学生对科幻小说兴趣浓厚并读过一些科幻作品，70％的学生在小学已经阅读过《海底两万里》，阅读原因主要是"小学老师或家长要求读""被书名、情节、封面等吸引，主动阅读"。可见，尽管还未系统学习阅读科幻小说，但是学生对科幻小说并不陌生，大部分学生都有过科幻小说的阅读经历，但还停留在感性认识阶段。教师需要将学生对科幻小说的感性认识系统化、深刻化，并利用学生对科幻的浓厚兴趣开展拓展阅读，形成科幻小说阅读的合力。

科幻小说最吸引学生的是精彩的故事情节和新颖奇特的想象，《海底两万里》中"'鹦鹉螺'号的航海历程（40％）""对未来的大胆想象（40％）""尼摩船长的身份探秘（31％）"成为学生的阅读关注点，但是其中的科学元素往往会被忽略。部分同学只追求猎奇的情节，把它等同于一般的冒险小说，使科幻小说的价值大打折扣。这启发笔者，本书的教学应突破小说三要素的传统教学模式，立足于科幻小说的特性，即科学性、幻想性和文学性，深挖科幻作品中的科幻元素和人文价值。

25.7％的学生认为，书中的专业知识深奥枯燥，对自己的阅读造成了一定的困难。大部分学生对此采取的解决办法是"直接跳过，再也不管"，甚至直接放弃阅读，因此学生希望教师能给予科学知识的普及和讲解。这需要教师提供读书方法指导，既避免学生在不重要的知识上纠缠太多，又引导学生对推动情节发展和自己感兴趣的科学事实加以关注和探究，以扫除阅读障碍，助力对作品的理解。此外，学生还期待和老师、同学共同讨论交流。结合本书情节简单的特点，教学方式应以学生交流和展示为主。

四、阅读策略

（一）快速阅读，提炼有效信息

像《海底两万里》这样的小说，有跌宕起伏的故事情节、扣人心弦的悬念，读者很急切地想知道故事或人物的结局，不妨采用快速阅读的方式，先把小说读完再说。要善于抓住故事的主要线索和关键信息。《海底两万里》以"鹦鹉螺"号周游海底的航程为线索，同学们可以借助目录，绘制"鹦鹉螺"号航海路线图，串联起书中的重大事件。再比如《海底两万里》中的尼摩船长，是全书的核心人物，也是故事发生、发展的关键，对涉及他的语句就需要格外关注。而文中大段的景物描写、知识介绍，或暂时不能理解的内容，可以先跳过去，之后再根据个人兴趣补充阅读。

（二）在科学精神的基础上合理想象

《海底两万里》是一部科幻小说，不同于一般的写实小说，它是在当时科学技术发展的基础上对未来科技和人类命运的合理想象。同学们既不能把它等同于严肃的科普作品，也不能视其为脱离现实的虚构作品。科幻小说的迷人之处就在于将缜密的逻辑思维与恢宏的想象相结合。《海底两万里》中的想象在当今早已成为现实，如果我们以当代人的眼光来阅读，这部"过时"的科幻小说必然会变得索然无味。因此，同学们要站在当时科技发展的基础上，理解科学想象的具体内容，关注小说的创意性和预见性，体会作者想象力的张弛，从而感受科学想象的瑰丽、奇妙、壮阔。

五、大单元教学设计

（一）本册书基本问题

如何立足于科学性、幻想性、文学性来阅读科幻作品。

（二）阅读目标

1. 抓住故事的主要线索和关键信息，梳理主要内容，提高快速阅读能力。

2. 分析主要人物形象，探究小说主题，感受小说的文学色彩和人文内涵。

3. 了解书中的科学事实，扩展知识视野，培养科学精神。

4. 关注书中的科学想象，理解科幻的价值，激发想象力和创造思维。

（三）大单元教学设计框架图

漫游海底世界，畅想科技奇观 ——《海底两万里》大单元教学设计			
基本问题	如何立足于科学性、幻想性、文学性来阅读科幻作品		
学习进程	读前指导 （1课时）	读中指导 （2课时）	读后分享 （1课时）	拓展阅读 （1课时）

	读前指导	读中指导		读后分享	拓展阅读
学习目标	1. 了解科幻小说，激发阅读兴趣。 2. 阅读具体章节，结合时代背景，感受小说的科幻色彩。 3. 了解作者和科幻小说阅读方法。	1.通过分享交流，梳理书中的科学想象，了解其科学背景或基本原理，进一步感受科幻色彩，发展想象力。 2.探讨科幻小说的价值，发展思辨力和表达力。	1.回顾、掌握小说的重要情节。 2.结合文本，分析小说主要人物形象。 3.探究小说主题，形成个性化认识。	1.通过观摩、评选同学作品，回顾小说情节，完善自己的作品。 2.在交流中拓宽思考角度，打开想象空间，丰富语言表达，深化对小说的认识。	1.运用所学方法阅读其他科幻作品，并围绕某个问题进行思考，形成阅读成果。 2.通过分享交流，扩展阅读视野，丰富对科幻作品的认识。
典型任务	线上： 1.完成调查问卷。 2.听线上微课导读，完成自主阅读、自主检测。 线下： 1.分享喜欢的科幻作品，了解科幻小说。 2.阅读《几组数据》，填写"鹦鹉螺"号名片，结合材料，感受小说的科幻色彩。 3.结合材料，概括作者创作成功的原因。	线上： 听线上微课导读，完成自主阅读、自主检测。 线下： 1.小组交流、完善"科学想象记录卡"，班级分享。 2.讨论科幻小说的价值，自主表达观点。	线上： 1.听线上微课导读，完成自主阅读、自主检测。 2.提交科幻片段，依据评选标准进行评选。 线下： 1.分享自己喜欢的故事情节及原因。 2.结合文本内容，选择一个人物，分组讨论其人物形象，完成人物档案卡。 3.探究小说主题，表达自己的认识。	线上： 提交航海路线图，依据评选标准进行评选。 线下： 开展故事分享会，小组内交流自己撰写的故事，评选出一篇优秀作品参与班级展示。	线上： 小组确定共读的书目，制订阅读计划，讨论分工和成果展示。 线下： 1.小组汇报，介绍阅读书目，展示共读表，分享阅读成果。 2.个人展示自主阅读单。
学习评价	1.能够准确填写"鹦鹉螺"号名片并对其评价。 2.能够正确认识"鹦鹉螺"号的科学基础和超前想象。 3.能够分条概括作者创作成功的原因。	1.能够梳理出书中的科学想象，正确对应其科学背景或科学原理，结合内容形成自己的收获和感受。 2.能正确认识科幻小说的价值，并清晰流畅地表达自己的观点。	1.能够完整、流畅地讲述重要情节。 2.能够结合文本，准确、全面地概括人物主要事件，并辩证地评价人物。 3.能形成对小说主题的个性化认识并自主表达。	1.能够绘制出完整、正确的航海路线图。 2.能够立足文本，发挥想象，深入思考，探索故事结局的多种可能。	1.能够制订适当的阅读计划，采取恰当的阅读方法，读完一本科幻作品，形成阅读成果。 2.能通过小组合作，对书中有价值的问题展开深入探究，深化对整本书的理解。
作业设计	找出书中的科学想象，了解其科学背景、想象依据或基本原理，完成"科学想象记录卡"。	畅想某一科学应用或科学场景的未来发展，撰写科幻片段。	1.绘制"鹦鹉螺"号航海路线图。 2.续写故事。	小组共读拓展书目，形成阅读成果。	进一步完善自己的阅读成果。

图 1 大单元教学设计框架图

六、课时教学设计

表 1　阅读任务一

线上任务	在导读课前完成《海底两万里》调查问卷。		
课堂学习	1. 了解科幻小说，激发阅读兴趣。 2. 阅读具体章节，结合时代背景，感受小说的科幻色彩。 3. 了解作者和科幻小说的阅读方法。		
线上学习＋ 自主阅读	时间	线上微课导学	线下自主阅读
	7 天	每天 1 节	每天约 3 章

读前指导课教学设计

准备环节：完成调查问卷

请同学们完成《海底两万里》读前调查问卷。

环节一：分享交流，走进科幻天地

1. 学生分享自己喜欢的科幻作品，并说说喜欢的原因。

2. 教师介绍科幻小说。

科幻小说是依据科学技术上的新发现、新成就以及在这些基础上可能达到的预见，用幻想的方式描述人类利用这些新成果完成某些奇迹的新型小说。

——《辞海》

科学幻想小说具有"科学""幻想""小说"三要素。

"科学"是指科幻小说以科学事实为基础，有严肃的科学态度。"幻想"是指科幻小说根据有限的科学假设，对现实生活中还没实现的事物进行想象和创造。"小说"是指科幻小说具有精彩的故事情节、鲜明的人物形象、巧妙的构思、生动的语言和深刻的人文内涵等，具有强烈的文学色彩。

——《中国大百科全书·中国文学卷》

环节二：章节阅读，感受科幻魅力

《海底两万里》被认为是科幻小说的开山之作，讲述了博物学家阿龙纳斯、仆人康塞尔和鱼叉手尼德·兰，一起随"鹦鹉螺"号潜水艇的尼摩船长周游海底的故事。小说自 1870 年问世以来经久不衰，下面我们来阅读其中一个章节，感受它的魅力。

1. 请你阅读第十三章《几组数据》，将"鹦鹉螺"号潜水艇的名片补充完整。你认为这是一艘怎样的潜水艇？

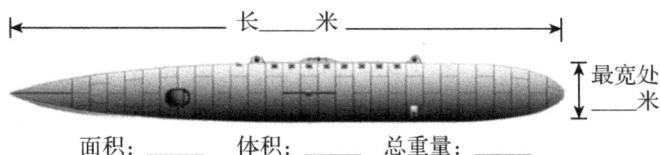

长____米

最宽处____米

面积：_____ 体积：_____ 总重量：_____

图2 "鹦鹉螺"号潜水艇设计图

表2 "鹦鹉螺"号潜水艇名片

外壳构造	
水泵动力供给	
驾驶舱玻璃构造	
如何操作	
如何驱散黑暗	

2. 阅读下面的资料，你对"鹦鹉螺"号有什么新的认识？你认为《海底两万里》能够经久不衰的原因是什么？

1863年，世界上第一艘机械动力潜艇"潜水员"号问世，是当时世界上最大的潜艇，长42.67米，排水量420吨；

1866年，德国人西门子制成了发电机，<u>这一年，凡尔纳"创造"了"鹦鹉螺"号</u>；

19世纪70年代，实际可用的发电机问世；

1879年，电灯问世；

1954年，世界上第一艘核动力潜艇诞生，命名为"鹦鹉螺"号；

2017年5月23日，我国自主研发的载人潜水器"蛟龙"号完成在世界最深处下潜，其性能基本接近"鹦鹉螺"号。

小结：作者的想象并不是凭空产生，而是在当时科学技术发展的基础上对未来科技的合理、大胆的想象，他还准确地预测了科技发展的前景。凡尔纳科幻小说的生命力就在于他科学的预见和大胆的想象。

环节三：走进作者，了解创作背景

阅读下面的资料，说说凡尔纳能够写出这些科幻著作的原因有哪些。

凡尔纳于1828年诞生在法国的海港城市南特市的一个律师家庭里。儿童时代的凡尔纳是在充满着幻想与冒险的乐趣中度过的。他经常同他的兄弟保罗到海边游戏，在撞坏的老式单桅船上，兄弟俩轮流当着"船长"。在他幼小的心灵里，大海给他留下了难忘的印象，也为他的创作打下了最初的生活基础。

出生于律师家庭的凡尔纳原想继承父业，做个虔诚的律师。然而，在一次意外地会见了当时享有盛名的小说家大仲马、小仲马父子俩之后，凡尔纳就改变了原来的主意，开始专心从事文学创作。毕业以后，他拒绝继承父亲的职务，选择在一家剧院里当一个秘书。此后，他笔耕不辍，先后写出了《气球上的五星期》《格兰特船长的儿女》《海底两万里》《八十天环游地球》《神秘岛》等著名小说。

为了进行科幻小说创作，凡尔纳阅读和研究了大量的书籍、报刊和科学文献，到处收集各项科学技术的新发明，还时常参观博览会和展览会，同科学家、发明家、工程师、旅行家们交谈。光是他摘抄的文摘卡片就足足有两万五千张！这一时期积累的资料成为他今后小说创作的宝贵素材。

另一方面，科技的迅猛发展也为凡尔纳的科幻小说提供了时代契机。十八世纪六十年代到十九世纪，欧美等国家涌现出了一批工业革命的先驱者，如瓦特、史蒂芬逊、爱迪生、后来的莱特兄弟，蒸汽机、火车、电灯等科技成果应运而生，巴斯德、达尔文和爱因斯坦等人的学说和科学论著相继发表……科技的发展极大地激发了文学家的创作热情，凡尔纳就是其中的代表。

到凡尔纳 1905 年逝世为止，他一生中共创作了 104 部科幻小说。他被法国科学院选为院士，获得了"荣誉军团"的爵士封号，被称为"科学幻想小说之父"。法国还设立儒勒·凡尔纳奖，奖励优秀的科幻作品。在法国，2005 年被定为凡尔纳年，以纪念他百年忌辰。

提示：

1. 童年的生活基础；

2. 对文学创作的热爱；

3. 为创作而进行了大量的文献和科学积累；

4. 科技的迅猛发展（时代背景）。

环节四：读书方法指导

1. 快速阅读，抓住书中的主要线索和关键信息。目录提示了重要事件和地点信息，可以借助目录梳理小说的主要内容。还可以在地图上绘制"鹦鹉螺"号航海路线图，标注时间、事件、地点，使整本书的内容一目了然。

2. 在科学精神的基础上合理想象。《海底两万里》距今已有 150 多年，我们不能以当代人的眼光来看，而是以"那时之心"去观察对照作者的科学想象。了解小说中的科学事实，关注在此基础上萌生的科学想象，感受小说的创造性和预见性。

环节五：拓展训练

1. 单元大作业：绘制"鹦鹉螺"号航海路线图，注明时间、地点、事件。（读完全书后线上提交，可以边读边绘制）

2. 书中还有哪些科学想象？选择一个你感兴趣的想象内容，了解其当时的科学背景、想象根据，或探究其蕴含的科学原理。

表3 《海底两万里》科学想象记录卡

科学想象	1.
	2.
	3.
	4.

我感兴趣的科学想象是_____，其当时的科学背景、想象根据或蕴含的基本原理是：

我是通过第_____种方式了解到的：
1. 上课学过□　　2. 自己查阅资料□　　3. 询问他人□　　4. 以前就了解过□
该想象如今是否实现？是□　　否□

学习评价

表4 《海底两万里》读前指导课学习评价表

评价内容	评价工具	评价方式
1. 能够准确填写"鹦鹉螺"号潜水艇名片的信息，并能用恰当的词语进行评价。	"鹦鹉螺"号潜水艇名片	同学互评、教师点评
2. 能够结合科技背景，正确认识"鹦鹉螺"号的科学基础和超前想象力，初步感受科幻小说的科学性和幻想性。		教师点评
3. 能够分条概括凡尔纳创作出科幻著作的原因。		教师点评

表5 阅读任务二

线上任务	在第1节指导课之后，线上提交"我对_____的未来畅想"科幻片段，小组内依据评价标准进行评选，每组选出一篇得分最高的作品。	
课堂学习	读中指导课第一课时	学习目标： 1. 通过分享交流，梳理小说中的科学想象，了解其科学事实，进一步感受小说的科幻色彩，发展想象力和创造力。 2. 讨论、理解科幻小说的阅读价值，发展思辨能力和语言表达能力。
	读中指导课第二课时	学习目标： 1. 回顾、梳理小说的重要情节。 2. 结合文本，小组讨论分析主要人物形象。 3. 探究小说主题，形成个性化的认识。

续表

线上学习＋自主阅读	时间	线上微课导学	线下自主阅读
	8天	每天1节	每天约3章

读中指导课教学设计

第一课时

环节一：组内交流，整理卡片信息

小组内交流、汇总“科学想象记录卡”，讨论以下问题：

1. 你感兴趣的想象是否属于书中的科学想象？

2. 某一科学想象的科学背景、想象根据或基本原理是否正确？在当今是否实现？

3. 探究的方式是否恰当？对待科学，我们应该采取怎样的态度？

4. 通过整理讨论，我们有什么收获和感受？

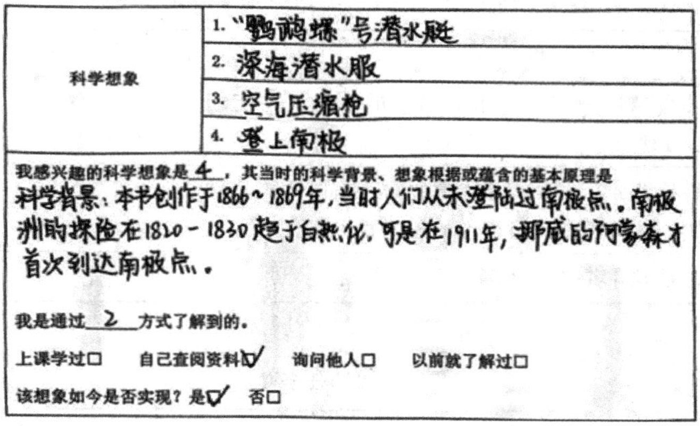

科学想象	
	1. “鹦鹉螺”号潜水艇
	2. 深海潜水服
	3. 空气压缩枪
	4. 登上南极

我感兴趣的科学想象是 4 ，其当时的科学背景、想象根据或蕴含的基本原理是
科学背景：本书创作于1866～1869年，当时人们从未登陆过南极点。南极洲的探险在1820－1830趋于白热化。可是在1911年，挪威的阿蒙森才首次到达南极点。

我是通过 2 方式了解到的。

上课学过□　自己查阅资料☑　询问他人□　以前就了解过□

该想象如今是否实现？是☑　否□

图3　《海底两万里》科学想象记录卡

（北京市第八中学2021级初中3班　李佳润）

环节二：班级交流，共享科学想象

1. 小组上台展示。

小组分工：一名同学陈述本组找到的科学想象，两名同学重点介绍两种科学想象的科学背景、想象根据或基本原理及实现情况，一到两名同学围绕讨论内容谈谈自己的收获和感受，一名同学负责记录。

2. 其他小组认真倾听，可以提出质疑或进行补充。

环节三：思维碰撞，探讨科幻价值

讨论：有人认为，《海底两万里》是一部已经过时的科幻小说，没有必要再读了，你怎么看待这种观点？

在学生发言的基础上补充以下资料，引导正确认识科幻小说的价值，提升思维含量。

"科幻能够创设虚拟语境，跳脱当下、跳脱'此在'的束缚，把当下放在更广阔的时空维度下去面对，在种种貌似'不可能'的戏剧情境中，引发不同寻常的新思考，为我们开启一场又一场蕴含着哲学意味的思想与伦理实验，激发人类想象、创造、预测、反思，以启发我们在真实世界中的思考与行动。"（《科幻作品的价值》）

"我个人认为科幻文学的核心其实是很浅薄的东西，可能就是对科学、对未知、对宇宙的惊奇感。如果失去了这种最基础的、灵魂性的东西，不管科幻小说再怎么发展文学技巧，怎么尝试表达更深刻的思想内涵，也很难再往前走。"（刘慈欣）

"书里记载的并不是那时代飘渺的空想，它所承载的是一种对未来的畅想，说本质一点，就是希望。这些书不是讨论它所记载的故事和技术在现今是否还拥有价值，而是它所承载的前几个世纪、工业革命刚刚起步的时候，人类对以后发展的希望。"（知乎某网友）

环节四：拓展训练

科幻不仅赋予人们科学知识，更重要的是赋予人们科学的思维、科学的世界观，让人们理性地思考未来，反观当下。我们可以在科幻的想象中超越现实，探讨未来的种种可能性。请你从小说或生活中选择一个感兴趣的科学应用或科学场景，畅想它未来的发展前景，具体地描绘出来，撰写"我对____的未来畅想"科幻片段。

表6　评价标准表

评价内容	得分
1. 有科学想象的内容。（5分）	
2. 以当前的科学事实为基础，有严肃的科学态度。（5分）	
3. 逻辑严谨。（5分）	
4. 描绘具体细致，语言流畅。（5分）	

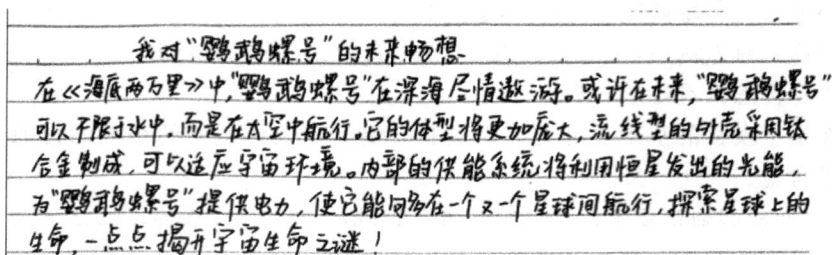

我对"鹦鹉螺号"的未来畅想

在《海底两万里》中，"鹦鹉螺号"在深海尽情遨游。或许在未来，"鹦鹉螺号"可不限于水中，而是在太空中航行。它的体型将更加庞大，流线型的外壳采用钛合金制成，可以适应宇宙环境。内部的供能系统将利用恒星发出的光能，为"鹦鹉螺号"提供电力，使它能够在一个又一个星球间航行，探索星球上的生命，一点点揭开宇宙生命之谜！

图 4 "鹦鹉螺"号畅想图

（北京市第八中学 2021 级初中 4 班 戴荣沛）

学习评价

表 7 《海底两万里》读中指导课学习评价表

评价内容	评价工具	评价方式
1. 通过讨论，小组能够梳理出书中的科学想象，了解其科学背景或科学原理，完善"科学想象记录卡"，形成自己的收获和感受。	《海底两万里》科学想象记录卡	同学互评、教师点评
2. 通过讨论，能够正确认识科幻小说的价值，并用清晰流畅的语言表达自己的观点。	—	教师点评

第二课时

上节课我们感受了《海底两万里》的科幻色彩，一部好的科幻小说同样离不开文学的加工。刘慈欣说，科幻小说正是通向科学之美的一座桥梁，它把这种美从方程式中释放出来，以文学形式展现在大众面前。这节课我们来领略小说的文学魅力。

环节一：讲述故事，再现经典场景

《海底两万里》中充满了惊心动魄、跌宕起伏的故事，也描绘了很多神奇瑰丽、恢宏壮阔的场景，请你与同学们分享一个令你印象深刻的情节，并说说理由。

环节二：品读人物，建立人物档案

"鹦鹉螺"号中的四位主角身份不同，性格各异，每个人都在这场海底航行中展现了独特的魅力。谁给你留下了最深刻的印象呢？

1. 小组共同选择一个人物，结合书中的内容，进行讨论交流，完成这个人物的个人档案。

表 8　“鹦鹉螺”号主角团个人档案

姓名		身份		国籍	
相关事件			形象特点		
1.					
2.					
3.					
……					
综合评价：					

2. 小组展示人物档案，其他小组进行补充。

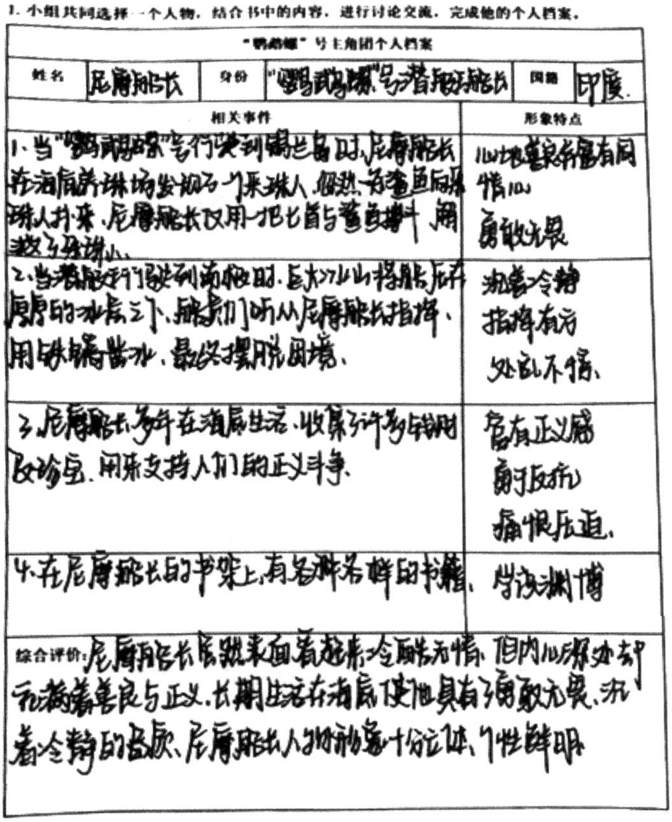

1. 小组共同选择一个人物，结合书中的内容，进行讨论交流，完成他的个人档案。

“鹦鹉螺”号主角团个人档案

姓名	尼摩船长	身份	“鹦鹉螺”号潜艇船长	国籍	印度.
相关事件			形象特点		
1、当“鹦鹉螺”号行驶到锡兰岛时，尼摩船长在海底珍珠场发现了一个采珠人，突然一条鲨鱼向采珠人扑来，尼摩船长仅用一把匕首与鲨鱼搏斗，解救了采珠人。			心地善良，富有同情心。勇敢无畏		
2、当潜艇行驶到南极时，巨大冰山将船后方的冰层封住，船员们听从尼摩船长指挥，用鹤嘴锄凿冰，最终摆脱困境。			沉着冷静，指挥有方，处乱不惊。		
3、尼摩船长多年在海底生活，收集了许多金银财宝，用来支持人们的正义斗争。			富有正义感，勇于反抗，痛恨压迫。		
4、在尼摩船长的书架上，有各种各样的书籍。			学识渊博		
综合评价：尼摩船长虽然表面看起来冷酷无情，但内心深处却充满着善良与正义。长期生活在海底使他具有了勇敢无畏、沉着冷静的品质。尼摩船长人物形象十分立体，个性鲜明					

图 5　“鹦鹉螺”号主角团个人档案展示

（北京市第八中学 2021 级初中 3 班　吴思语）

环节三：探究主题，挖掘小说内涵

科幻小说往往借助科幻的外壳，传达作者对人类命运和未来生存空间的思考，反映当代社会的现实问题，表达对人性真善美等人文精神的永恒追求，对读者产生思想上的启迪。结合下面对《海底两万里》的评价，你认为作者在这部小说中想要传达什么思想？

"凡尔纳的科幻小说是丰富的幻想和科学知识的结合，既是一部蕴含着科学精神的幻想曲，也是富有幻想色彩的科学预言。"——翻译家柳鸣九主编，《法国文学史》，人民文学出版社 2007 年版

"我并不是不知道您的作品的科学价值，但我最珍重的却是它们的纯洁、道德价值和精神力量。"——教皇利奥十三世

小结： 正如鲁迅所说，凡尔纳的小说"经以科学，纬以人情。离合悲欢，谈故涉险，均综错其中"。《海底两万里》包罗万象，既有天马行空的科学幻想和丰富的百科知识，又有神奇有趣的故事情节、有血有肉的人物刻画，还有丰厚的思想内涵，充满了文学色彩和人文底蕴。

环节四：拓展训练

1. 线上提交"鹦鹉螺"号航海路线图。

评价标准：

表 9　"鹦鹉螺"号航海路线图评价标准

评价内容	得分
1. 航行路线及起点、终点正确。（5分）	
2. 地图中注明重要事件和发生地点。（5分）	
3. 画面美观，富有创意。（5分）	

2. 海底航行结束后会发生什么故事？尼摩船长的结局如何？"鹦鹉螺"号上的秘密会被公开吗？小说采用了开放式结尾，每个读者都有自己的阅读期待。请你发挥想象，为《海底两万里》续写一个结尾。

评价标准：

表 10　《海底两万里》结尾续写评价标准

评价内容	得分
1. 故事情节符合逻辑，想象合理。（5分）	
2. 人物性格特征鲜明，符合原著。（5分）	
3. 语言流畅，具有原著风格。（5分）	

续表

评价内容	得分
4. 主题明确，立意深刻。（5分）	
5. 设计构思有创新点。（5分）	

学习评价

表 11　阅读任务三

线上任务	线上提交"鹦鹉螺"号航海路线图，小组内依据评价标准进行评选，每组选出1—2份优秀作品。
课堂学习	1. 通过提交、评选"鹦鹉螺"号航海路线图和续写故事，回顾小说主要情节，完善自己的作品。 2. 在交流中扩宽思考的角度，打开想象空间，丰富语言表达，深化对小说主题的认识。

读后分享课教学设计

准备环节：准备续写作品

将自己的续写故事认真誊抄或打印出来。

环节一：组内分享，评选优秀作品

小组内互相传阅，并利用表9、表10打分，每组选出一份优秀作品进行全班分享。

环节二：班级分享，展示优秀作品

分享者介绍故事梗概，说明设计理由和故事亮点，评价者给出推荐理由。

《海底两万里》续写

经过一段惊险而又漫长的旅行之后，我返回到了家乡。我想用笔把这段奇妙的旅程记录下来，于是便把自己关在了书房里，进行封闭式的写作。

一个月过后，我的经历已经写完了。"康塞尔！把我的书拿去出版社出版，我要让全世界都了解一下我的这段经历。""悉听尊便，先生。"可是书名叫什么呢？我沉思着……"《海底两万里》！"我大声叫道，就这个名字了。

不久之后，我的书出版了。很多人都抢着来买，这使我一举成名！大家都很佩服我，也为我的回乡感到欣喜。很多记者都在我的房子门口抢着来采访我。"先生，您这段冒险经历是真实的吗？""您被困的时候心情是怎么样的呢？能给我们详细叙述一下吗？"记者们争先恐后地提问。

我忙叫道："康塞尔！让他们排好队，一个一个来。""悉听尊便，先生！"

经过了一天记者采访后的我满身疲惫。刚躺在床上，就听康塞尔说道：

"先生，这里有很多读者们的来信，放在您书房里了。"我迫不及待地去看那些读者的来信……

我的书越来越火，更多记者的采访和读者的来信，令我疲惫不堪。为了按时回信，我有时甚至要熬夜。有一天，我终于撑不住了，在阳光明媚的中午，晕倒在了书房里。

我醒来时已经躺在医院里了，阳光透过窗户照到我的脸上，坐在我旁边的是康塞尔。"我这是怎么了？康塞尔。""先生，您这是过度疲惫导致的晕倒，多歇几天就好了。"我还有点迷糊，转过头继续睡过去了……

当我的病基本康复了的时候，许多人带着鲜花来看望我。这使我很累，我没有想到我的书会给我带来这些麻烦，我并不想理会那些人，但又不得不理会。"康塞尔，我现在想睡觉，让那些人先回去吧。""悉听尊便，先生。"

不久后我收到了一封很久以前发出的特殊来信，里面的内容是：

"我是'鹦鹉螺'号的尼摩船长，我不知道这封信您会不会收到，但是这封信里带着我由衷的感谢。

很久以前，我的妻子和孩子在一场战争中去世了，我便制订了复仇的计划，制造了'鹦鹉螺'号，我发誓要为我的妻子和孩子复仇。我的复仇计划一直是非常顺利的，直到我遇上了你们——博物学家阿龙纳斯和仆人康塞尔，当然还有那个鱼叉手，你们使我的复仇之路变得难忘，有许多值得珍藏的回忆。我获得了一艘又一艘的航船，但是我获得的不再是那种自豪感，而是罪恶感。我的心情越来越复杂，越来越糟糕，我快要撑不住了，想尽办法联络到了陆地上的朋友，他们在我死后好好安置'鹦鹉螺'号的船员，而我将会沉入深海，在这里度过我的余生。

谢谢您，阿龙纳斯先生，您的仆人康塞尔，还有鱼叉手，如果您真的收到了这封信，请转告所有船员，谢谢！

尼摩

敬上"

看完这封信，我心里忍不住地难受，尼摩船长居然在他生命中的最后一刻解答了我所有的问题。

我立刻拿起笔，继续写起了《尼摩船长传》。

……

（北京市第八中学 2018 级初中 12 班　李沛芷）

环节三：拓展训练

小组共读一部科幻作品，制订阅读计划，运用所学到的阅读方法，进行自主阅读，形成阅读成果。要求：

1. 小组确定阅读的书目，不限于教师推荐，也可以自主选择。

（教师推荐：儒勒·凡尔纳《神秘岛》、阿西莫夫《基地》、刘慈欣《三体》）

2. 完成自主阅读单，形成个人阅读成果。

3. 小组围绕一个选题展开深度探究，如小说的情节设置、科幻元素、人物形象、主题思想、艺术手法等，或进行对比阅读。

表 12　阅读任务四

线上任务	小组确定共读的科幻类书目，讨论制订阅读计划，运用所学到的阅读方法，进行自主阅读。
课堂学习	1. 运用所学方法阅读其他科幻作品，并围绕某个问题进行思考探究，形成阅读成果。 2. 通过分享交流，扩展阅读视野，丰富对科幻作品的认识。
自主阅读	利用 10 天左右的时间，完成自主阅读，形成阅读成果。

拓展阅读课教学设计

准备环节

小组填写共读记录表。

环节一：小组汇报

1. 小组进行读书汇报，介绍自主阅读书目，展示共读记录表，分享阅读成果。

2. 其他小组认真倾听，利用自主阅读互评表进行评价。

表 13　自主阅读互评表

小组：　　　　总分：　　　　评价者：

	评价内容	得分
准备工作	1. 选题方向恰当，有一定的探究价值。（5分）	
	2. 小组分工明确。（5分）	
	3. 探究过程合理有序。（5分）	
	4. 探究方法恰当。（5分）	
成果展示	1. 立足文本，内容充实。（5分）	
	2. 对选题有自己的见解。（5分）	
	3. 准备充分，发言流畅。（5分）	
	4.PPT 清晰美观。（5分）	

环节二：个人展示

学生自愿展示自己的自主阅读单，包括阅读规划、阅读方法、阅读成果和阅读反思等。

我的自读

我读的书	《格兰特船长的儿女》	我的阅读成果展现	《格兰特船长的儿女》这本书故事情节丰富，人物性格鲜明。
我的阅读规划	最慢15天读完，每天读30页		本书讲述了"邓肯号"在试航中意外发现一只漂流瓶，经船员们对字迹模糊不清的信件的推测，竟是一位叫格兰特的船长所写的求救信。船员和船长都产生了浓厚的兴趣，加上格兰特船长的儿女救父心切，一行人决定出海寻人。在途中，他们结交了原计划去印度、却误打误撞上了"邓肯号"的地理学家巴加纳尔，经历了一系列的冒险——爬冰山、越沼泽、遭遇洪水、被红狼围攻，甚至因寻人的迫切被犯罪头目欺骗，命悬一线……但幸好最后众人理解了信件的内容，成功找到了格兰特船长，其儿女也在这次营救中成长了许多。
我的阅读方法	1.批注 2.结合前后文，分析人物形象，理解小说内容		
我在阅读中遇到的问题或困惑	1.为什么起这个书名？ 2.结局是怎样的？		本书人物性格鲜明：格里凡纳爵士勇敢正义；海伦夫人热情，喜爱探险；麦克那布斯少校外表沉默高冷，内心却十分正义；玛丽·格兰特温柔美丽；罗伯特·格兰特勇敢活泼；巴加纳尔虽粗心大意，却知识渊博，洒脱可爱。
我的解决方法和结果	解决方法：自行阅读并理解，与同读者讨论 问题1结果：本书围绕着格兰特船长失踪，其儿女寻父的故事来写的。以这个为书名，可以凸显主人公，告诉我们主要内容。 问题2结果：他们找到了格兰特船长，并在这个过程中获得了成长。		同时，此书也告诉我们，要做正直、善良、勇敢的人，在面对困难时不要放弃，要有一种勇于克服困难，不畏艰难险阻的精神。

图6　自读展示

（北京市第八中学 2021 级初中 3 班　李佳润）

环节三：拓展训练

继续完善自己的阅读成果。

学习评价

表 14　阅读成果评价表

评价内容	评价工具	评价方式
1. 能够制订适当的阅读计划，采取恰当的阅读方法，读完一部科幻作品，形成自己的阅读成果，并对自己整个阅读过程进行反思、提高。	自主阅读单	学生自评
2. 能够通过小组合作，对书中有价值的问题展开深入探究，深化对于整本书的理解。	自主阅读互评表	同学互评、教师点评

七、自主阅读迁移指导

（一）阅读策略

1. 兴趣驱动，开始阅读。科幻小说故事性强，想象恢宏阔大，类型丰富，学生普遍对科幻小说抱有浓厚的兴趣。再加上学生读完《海底两万里》后进行了深度探究，收获了满满的成就感，更愿意对科幻领域发起新的探索。因此，教师可以为学生提供几部优秀的科幻作品，涵盖多种类型，如冒险故事、未来科技、世界末日、星际宇宙等，介绍其主要内容、推荐理由、区分难度层级，既激发学生的阅读欲望，又让学生在充分了解的基础上根据兴趣选择书目，并和志同道合的同学结成阅读小组，主动参与阅读。

2. 提供学习支架。阅读科幻小说容易浮于表面，仅仅满足于猎奇的情节，缺乏对小说的深度思考，还有的同学遇到阅读障碍后坚持不下来，容易弃读。为了帮助学生完成阅读，提高阅读效果，教师可以提供必要的学习支架辅助阅读。如自主阅读单，引导学生制定阅读规划，选择恰当的阅读方法，记录阅读中遇到的问题和解决方法，用多种形式（读后感、思维导图、阅读小报、设计配图等）记录自己的阅读成果，让自己读有所获。阅读结束后，对整个阅读过程进行自我评价，在反思中得到改进和提高。

3. 任务驱动，小组共读。设置阅读任务，使学生的阅读不停留在兴趣层面，而能够向纵深推进，促使学生深入思考。科幻小说内容庞杂，元素众多，其中不乏对人类和未来的深刻见解，学生仅凭个人难以全部弄懂，也无法完成探究任务。因此，学生按照兴趣结成阅读小组，共读一部书，通过交流合作，对感兴趣的问题开展深入研讨。根据能力的不同，明确小组分工，能力较强者可以负责搜集资料、课堂汇报，能力稍弱者可以负责整理信息、制作PPT，这样每位同学都能参与其中，体验阅读的乐趣。小组共读还可以发挥榜样同学的带动作用，共读的过程也是互相学习的过程。

（二）推荐书目

1.《神秘岛》（儒勒·凡尔纳）

故事叙述了在美国南北战争时期，有五个被困在南军中的北方人，中途被风暴吹落在太平洋中的一个荒岛上，他们团结互助，靠着智慧和辛苦的劳动，建立起幸福的生活。每到危难时刻，总有一个神秘人物在援助他们，这个人就是在他们到达之前就已经住在岛上的尼摩船长。《神秘岛》是"凡尔纳三部曲"的第三部，书中交代了尼摩船长的身份和经历，他就是在这座岛上建造了"鹦鹉螺"号。从"北冰洋大风暴"中突围成功后，他将"鹦鹉螺"号开到了小岛下的一个岩洞中，静静地度过自己的余生。这部书可以看作《海底两万里》的"前传"和"后续"，读者可以继续领略凡尔纳的科幻魅力。

2.《基地》（阿西莫夫）

本书讲述了在统治银河系达一万两千年之久的银河帝国逐渐走向衰亡期间，只有心理史学的一代宗师哈里·谢顿预见未来银河将会经历一段长达三万年，充满无知、野蛮和战争的黑暗时期，于是集合帝国中最优秀的科学家，来到银河边缘的一个荒凉行星建立"基地"，使之成为未来世代人类的希望灯塔的科幻史诗故事。小说具有宏大的视野和悲天悯人的人文关怀。阿西莫夫幻想在遥远的将来会出现一个横跨整个银河系的"银河帝国"，他通过银河帝国的兴亡史讨论人性与政治、经济、军事等要素的互动影响，表达了人类对未来的希望，并指出了人类，尤其是科学家的社会责任和历史使命。科幻史家、评论家普遍认为，《基地》系列称得上是 20 世纪 50 年代以来"成熟"科幻小说的最佳典范。

3.《三体》第一、二部（刘慈欣）

在地球之外，宇宙中是否存在其他文明？面对更高级文明的入侵，人类将如何破解危局？文明在波谲云诡的宇宙中又该如何存续？刘慈欣在《三体》中对这些问题展开了恢宏奇崛的想象。作品讲述了地球人类文明和三体文明的信息交流、生死搏杀及两个文明在宇宙中的兴衰历程。三体人、智子工程、面壁计划、黑暗森林法则……这些术语延续了刘慈欣书写硬科幻的一贯理性思维和冷峻风格。同时，在冷静、超然的叙事中叠加了热忱的人文关怀，以深切的社会责任感关注人类命运，追问宇宙道德准则，被誉为一部"比现实更真实，比神话更空灵"的科幻小说。《三体》荣获第 73 届世界科幻大会颁发的"雨果奖最佳长篇小说奖"，被认为是中国科幻文学的里程碑之作。

八、附录

《海底两万里》学情调查问卷

1. 你是否喜欢阅读科幻小说？

A. 喜欢（并写出自己读过的科幻小说）　　B. 不喜欢

2. 你喜欢阅读科幻小说的原因是什么？（多选）

A. 故事情节精彩　　B. 想象新颖奇特　　C. 人物形象鲜明

D. 科学知识丰富　　E. 语言生动有趣　　F. 思想内涵深刻

3. 你在阅读科幻小说中遇到过哪些困难？（多选）

A. 篇幅太长，难以坚持阅读　　B. 情节复杂　　C. 科学知识深奥枯燥

D. 作品主题深刻，难以理解　　E. 缺乏兴趣　　F. 缺少阅读方法

G. 其他_____

4. 遇到困难时的解决办法是（　　）

A. 立刻查找资料，或者询问他人　　B. 暂且跳过，读完书再查资料

C. 直接跳过，再也不管　　　　　　D. 放弃阅读

5. 你是否读过《海底两万里》？

A. 读过　　B. 没读过，但是听说过　　C. 没读过，也没有听说过

6. 是什么让你开始阅读这本书？（读过的同学作答）

A. 小学老师或家长要求读　　　　　　B. 朋友或同学推荐阅读

C. 被书名、情节、封面等吸引，主动阅读　　D. 无意之中发现，开始阅读

E. 其他_____

7. 以下有关本书的关键词中，最吸引你的是（　　）

A. "鹦鹉螺"号的航海历程　　B. 主角团的冒险故事

C. 对未来的大胆想象　　　　D. 尼摩船长的身份探秘

E. 百科全书式的知识宝库　　F. 光怪陆离的海底世界

G. 其他_____

8.（多选）阅读这本书，你的期待是（　　）

A. 获得阅读方法指导　　B. 和老师、同学一起探讨交流

C. 讲解科学知识　　　　D. 获得思维训练

E. 其他_____

随西行采访探寻真实世界，
悟"红星"光芒何以照耀中国

——《红星照耀中国》融合式大单元教学设计

北京市育才学校　李　晶

一、推荐版本

《红星照耀中国》（原版名为《Red Star Over China》）于 1937 年 10 月，首先在英国出版，一经问世便轰动世界。在伦敦出版的初期就连续再版七次，销售 10 万册以上。当时为了方便在国民党统治区出版，曾易名为《西行漫记》。1949 年新中国成立后，涌现了大批译本，发行量之大、受欢迎程度之深，前所未有。因此，我们一定要认真甄选推荐。

我们推荐的版本为人民文学出版社出版的 2016 版董乐山译本完整版。此版本是国内最权威的版本，被统编初中阶段语文教材原文引用。同时，史学界、教育界众多专家学者进行了审读，编校精良并对已知错误进行了修订更正。另外，此版本中包含了珍贵的插图，可以作为阅读辅助资料，更有助于学生理解整本书的内容。

二、内容简介

（一）作品简介

《红星照耀中国》是一部纪实性很强的报道性作品。在中国革命发展初期，许多人对共产党、红军都充满了好奇，但是由于国民党的严密封锁，没有人进入到苏区，更不知道其中的真实情况。在如此危险的情况下，本着对新闻报道的执着追求，怀揣探索红色中国的热切期盼，美国记者斯诺历尽艰险来到中国革命腹地，开展了一系列采访。作者真实记录了自 1936 年 6 月至 10 月在我国西北革命根据地（以延安为中心的陕甘宁边区）进行实地采访的所见所闻，探求了中国革命发生的背景及发展的原因，并最终预言"红星必将照耀整个中国"。

（二）阅读价值

《红星照耀中国》在出版发行之后影响了大批青年投身革命浪潮，在当时轰动一时。《义务教育语文课程标准（2022 年版）》中明确提出要"重视革命文学作品研读，形塑正确的价值取向"，统编初中阶段语文教材将其选入初中阶段必读书目，不仅因为这是初中教材推荐的唯一一部纪实性作品，更因为这本书能够帮助我们加深理解中国共产党人的革命信仰和长征精神、延安精神的内涵。

不同于其他体裁的书籍，纪实性文学作品有着独特的风格，大量的事实呈现在书中，可以让我们更为深入地了解中国红色革命的产生及其发展过程，更加全面地了解领导中国革命的红军将领们，也更能启发我们思考"星星之火"是如何发展成燎原之势，中国红色革命何以得到人民的认可并最终取得胜利的。

阅读此书，还可以让我们进一步了解长征、西安事变等历史事实，并且带给我们关于"党史精神"的深层思考，进而获得启迪，形成正确的世界观、人生观、价值观。我们可以通过学习并总结阅读本书的方法，学会如何阅读此类书籍。

三、学情分析

《红星照耀中国》是统编初中阶段语文教材八年级上册的必读书目，编排在第三单元之后，教材第一单元是新闻单元，第二单元和第三单元主要是散文，多为人物和景物描写。经过这几个单元的学习，学生对于新闻体裁有了初步的了解，复习了人物和景物描写的相关知识，积累了一些阅读方法和技巧。

教师在阅读课前利用问卷平台，对学生进行《红星照耀中国》学情调查（见附录），了解学生对本书的认知情况。经过调查，可以了解到超过90%的学生对于传记文学不太感兴趣，也没有接触过相关的作品。《红星照耀中国》这本书很多学生也是从未听说过。这部作品所记录的内容保存了真实的历史。中国革命的历史，学生是学习过的，尤其像长征、西安事变这样的历史事件并不陌生，但学生很难真正体会到共产党人当年所面对的困难，更无法理解他们表现出的革命乐观主义精神。近三分之二的学生对于作者、本书的创作背景都非常不熟悉，加之是纪实性的翻译作品，没有紧凑的情节，学生对阅读的期待也不是很强烈。因此，在阅读过程中，激发学生阅读兴趣，促进学生形成自我阅读体验非常有必要。

四、阅读策略

纪实作品，基本特点是用事实说话，内容必须真实，不能虚构。阅读这类作品，主要是准确地把握作品所写的事实，在把握事实基础上还要能够理解作者的立场、观点和态度。基于作品特点，本书的阅读策略有以下几点：

（一）激发兴趣，结合相关历史知识等材料阅读文本

这部作品是按照作者"探寻红色中国"的时间顺序来进行记录的，我们可以通过阅读序言，浏览目录，找到不同章节之间的关联性，获取对整部作品的整体印象。作为纪实性文学作品，本书中涉及一些著名的历史事件，同学们可以结合历史知识进行跨学科阅读，借助影视资料进行跨媒介阅读，更深层次了解历史事件的真实过程，形成更为全面的认知。

（二）任务驱动，挖掘教材资源展开专题研究

《红星照耀中国》一书内容非常丰富，教材中的阅读指导也罗列了一些可以进行研究的专题，阅读过程中，可以从专题入手，以阅读任务推动整本书阅读。例如，书中的重要事件和主要人物都可以作为阅读重点，运用已经积累的阅读方法展开深入阅读。

"红军将领"这一专题的研究可先从人物描写入手，既要抓住对于毛泽东、周恩来等领导人的具体描述，也要关注"红小鬼""苏区人民"的群像描写。我们在阅读过程中可以通过圈点批注来精读体会，将内容进行梳理，制作人物资料记录卡，然后再将这些人物进行多角度横向比较，从而体会作者对他们所持有的立场及态度。

长征是中国共产党领导下的中国工农红军所取得的军事奇迹，也是中国贡献给世界的壮丽的英雄主义史诗。红军战士在极度恶劣的困境中所表现出的不屈与顽强、快乐与自信，都是中华民族无比珍贵的精神财富。在对诸多红军人物采访的过程中，作者逐渐了解了长征的全过程，自此中国共产党的长征终于揭开了神秘的面纱，这对于一直心存疑惑的记者斯诺是颇受震动的。在对"长征"这一专题进行研究时，可以先绘制红军长征路线图，再结合文本清晰地了解整个事件的起因、经过，从不同的视角再次认识这一伟大壮举对于中国革命的深远影响。

(三)迁移阅读，提升语文素养

《红星照耀中国》对于学生而言是全新的文学体裁，在此之前学生所阅读的关于革命文化的书籍多以小说、散文等常见的形式出现。阅读纪实性作品可以帮助学生客观地了解历史事实，同时能够通过体会作者的立场、观点深入理解革命精神。

关于中国现代革命历史有许多优秀的文学作品，例如《红岩》《长征》《地球的红飘带》，报告文学类作品也有许多优秀之作，例如《飞向太空港》，可以说阅读资源非常丰富，可以根据学生的不同阅读兴趣开展拓展阅读或比较阅读，以达成阅读迁移。这一部分，可通过教师提供自主阅读迁移指导，由学生课下进行阅读，通过多种形式进行阅读书目的推荐或展开阅读心得交流，完成阅读成果展示。

五、大单元教学设计

(一)本册书基本问题

如何基于客观事实描述体会作者的观点态度，进而深入阅读纪实性作品。

(二)阅读目标

1. 借助影视作品、历史知识等多种资源，了解本书的写作背景，清楚把握所写的事实。

2. 运用绘制长征路线图、制作人物卡、结合插图等方法，把握书中重要事件和重点人物。

3. 通过梳理作品中的观点和事实，体会和辨别作者对事实的立场、观点和态度倾向。

4. 理解《红星照耀中国》的意义和影响，由红色精神获得启迪。

（三）大单元教学设计框架图

	随西行采访探寻真实世界， 悟"红星"光芒何以照耀中国 ——《红星照耀中国》大单元教学设计		
基本问题	如何基于客观事实描述体会作者的观点态度，进而深入阅读纪实性作品		
学习进程	读前指导 （1课时）	读中指导 （2课时）	读后分享 （2课时）
学习目标	初步了解作品信息和斯诺的基本资料，产生阅读兴趣。借助序言初步了解文本主要内容。初步感受文本的特点，掌握基本阅读方法。	按照"领袖人物和红军将领的革命之路"专题对文章内容归纳整理。制作人物资料记录卡，比较异同。	按照"关于长征"专题对文章内容归纳整理。通过对比阅读，深入挖掘并理解长征精神。	通过重读文本和小组探究，体会斯诺勇于探究、认真求实的精神。理解《红星照耀中国》的意义和影响，由红色精神获得启迪。
典型任务	线上： 完成调查问卷。听线上微课导读，进行自主阅读，自主检测。 线下： 阅读序言，了解作品内容，阅读描写片段，感受作品特点，掌握阅读方法。	线上： 听线上微课导读，进行自主阅读，自主检测。收集整理问题。 线下： 找到文章中对领袖人物的描写，梳理归纳，填写人物资料记录卡。小组探讨找到人物比较的切入点。	线上： 听线上微课导读，进行自主阅读，自主检测。按专题梳理内容。 线下： 交流长征路线图，把握长征基本事实。对比不同材料，获得阅读启发。深入讨论长征精神。	线上： 完成个人成果书面表达。提出小组研究建议，小组研究内容汇总、完善，准备展示。 线下： 小组成员之间进行书面表达展示，交流互评。结合个人研究，完善小组专题研究并形成成果。小组研究成果分享，评选最佳。
学习评价	读懂两篇序言并能把握主要内容。阅读材料，把握人物特点，了解纪实文学写作特点。	找到相关描写，自主完成人物资料卡的填写。积极参与小组讨论，完成阅读成果。	完成对比阅读，积极参与小组讨论。表达流畅，有自己深入的思考并接纳他人意见。	针对个人书面表达，从主题、内容、结构、表达、书写几个维度进行评价。深入思考，从整本书中获得启发。
作业设计	自主阅读全书，完成自主评价。观看同名电影，比较不同体裁作品特点。	将对比阅读成果形成文字，进行班级交流展示。	选择任意一个课堂讨论话题，形成研读报告。	以"见字如面"的书信形式与斯诺对话。依据课堂讨论及展示，完成《红星照耀中国》读后评论。

图 1 大单元教学设计框架图

六、课时教学设计

表 1　阅读任务一

线上调查	学生完成《红星照耀中国》读前调查问卷。
课堂学习	1. 初步了解作品信息和斯诺的基本资料，对本书产生阅读兴趣。 2. 借助序言，初步了解文本主要内容和行文逻辑。 3. 通过阅读译本选段，能初步感受文本的特点，掌握基本阅读方法。

读前指导课教学设计

准备环节：完成读前调查问卷

请同学们完成《红星照耀中国》读前调查问卷。

环节一：引出话题，感知作品

同学们，我们今天要一起来开启一本新书的阅读。在此之前，先来观察两本书的封面，猜测一下书的内容。（屏显原版封面及《西行漫记》封面两幅图片）

1. 学生活动：讨论交流看到的封面内容，猜测书中内容。

2. 介绍作品及其特点。

这是同一本书的不同书名，作者是一位名叫埃德加·斯诺的美国记者。1936 年，他突破重重封锁来到了中国延安进行实地采访，并带回了世界上第一个真实记录中共苏区和红军领袖的新闻报道——《红星照耀中国》，这本书一经发表即震惊世界。

环节二：阅读序言，初步了解内容

序言大多出自名家之手，能够帮助我们在短时间内了解作者信息、写作背景、作品内容、作品影响等重要信息。也有些序言是作者自序，能更清晰地向我们表达他写作时的想法和创作目的。

请阅读本书两篇序言（《中文重译本序》《一九三八年中译本作者序》），完成下列表格。（提示：如果遇到困难，还可参考目录。）

表 2　序言填写表

作者	
采访时间	
采访路线	
采访对象	

采访内容	
采访感受	

环节三：细读片段，了解纪实作品特点

1. 读材料，圈点批注，把握片段内容。

【阅读材料一】

（片段一）他有着中国农民的质朴纯真的性格，颇有幽默感，喜欢憨笑。甚至在说到自己的时候和苏维埃的缺点的时候他也笑得厉害——但是这种孩子气的笑，丝毫也不会动摇他内心对他目标的信念。他说话平易，生活俭朴，有些人可能以为他有点粗俗。然而他把天真质朴的奇怪品质同锐利的机智和老练的世故结合了起来。

（片段二）毛泽东和他的夫人住在两间窑洞里，四壁简陋，空无所有，只挂了一些地图。比这更差的他都经历过了，但因为是一个湖南"富"农的儿子，他也经历过比这更好的。毛氏夫妇的主要奢侈品是一顶蚊帐。除此之外，毛泽东的生活和红军一般战士没有什么两样。做了十年红军领袖，千百次地没收了地主、官僚和税吏的财产，他所有的财物却依然是一卷铺盖，几件随身衣物——包括两套布制服。他虽然除了主席以外还是红军的一个指挥员，他所佩的领章，也不过是普通红军战士所佩的两条红领章。

【阅读材料二】

（片段一）我到了屋子里以后看到里面很干净，陈设非常简单。土炕上挂的一顶蚊帐，是唯一可以看到的奢侈品。炕头放着两只铁制的文件箱，一张木制的小炕桌当作办公桌。哨兵向他报告我的到来的时候，他正伏案在看电报。

（片段二）我一边和周恩来谈话，一边深感兴趣地观察着他，因为在中国，像其他许多红军领袖一样，他是一个传奇式的人物。他个子清瘦，中等身材，骨骼小而结实，尽管胡子又长又黑，外表上仍不脱孩子气，又大又深的眼睛富于热情。他确乎有一种吸引力，似乎是羞怯、个人的魅力和领袖的自信的奇怪混合的产物。他讲英语有点迟缓，但相当准确。他对我说已有五年不讲英语了，这使我感到惊讶。

【阅读材料三】

（片段一）我原以为他是个疲惫的、板着脸的狂热领袖，身体也许已经垮了。结果我却发现彭德怀是个愉快爱笑的人，身体极为健康，只是肚子不好，这是在长征途上有一个星期硬着头皮吃没有煮过的麦粒和野草，又吃带有毒性的食物和几天颗粒未进的结果。他身经百战，只受过一次伤，而且只是表

面的。

（片段二）我必须承认彭德怀给我的印象很深。他的谈话举止里有一种开门见山、直截了当、不转弯抹角的作风很使我喜欢，这是中国人中不可多得的品质。他动作和说话都很敏捷，喜欢说说笑笑，很有才智，善于驰骋，又能吃苦耐劳，是个很活泼的人。这也许一半是由于他不吸烟，也不喝酒的缘故。有一天红二师进行演习，我正好同他在一起，要爬一座很陡峭的小山。"冲到顶上去！"彭德怀突然向他喘吁吁的部下和我叫道。他像兔子一般蹿了出去，在我们之前到达山顶。又有一次，我们在骑马的时候，他又这样叫了一声，提出挑战。从这一点和其他方面可以看出他精力过人。

【阅读材料四】

"我认为他的基本特点就是天性极端温和。"当别人请他的妻子康克清谈一谈她认为她的丈夫有什么与众不同的性格时，她说道，"其次，他对一切大小事情都十分负责。第三，他喜欢跟一般战斗员生活打成一片，经常和他们谈话。"

"朱德对弟兄们说话非常朴实，他们都能听得懂。有时要是他不十分忙，就帮助农民们种庄稼。他常常从山下挑粮食到山上。他非常强健，什么东西都能吃，除了大量辣椒，没有什么特别爱吃的东西，因为他是四川人。他晚上非到十一二点钟不睡，早晨总是五六点钟起床。"

"他喜欢运动，但是也喜欢读书。他仔细订出读书计划，熟读政治、经济的书籍。他也喜欢跟朋友们谈天，有时也开开玩笑，虽然并不像毛泽东那样幽默。他一般没有脾气，我从没有跟他吵过嘴，但他在战斗中却要发怒。打仗时朱德总是在前线指挥，但没有受过伤。"

【阅读材料五】

徐海东向我要一对假牙补上他的缺牙：因为他陷入了情网。人人的牙齿都有毛病，他们都多年没有看过牙医了。但是他们的坚韧不拔精神令人钦佩；你从来没有听到有人诉过苦，尽管他们大多数人都有某种疾病，很多人患胃溃疡和其他肠胃病，这是多年吃了乱七八糟的东西所造成的。

2. 学生分享交流：

上面这些材料所介绍的人物都是谁？各有什么特点？作者笔下记录的这些人物跟我们平时所了解的有什么区别？综合这几份阅读材料，体会作者是如何记录人物的。

环节四：拓展训练

1. 请你跟着微课导读，用12天的时间读完这本书，并完成题目，参加线上交流会。

2. 观看电影《红星照耀中国》，比较两种不同体裁作品的异同。

学习评价

表3 《红星照耀中国》读前指导课学习评价表

评价内容	评价方式及结果	
阅读两篇序言，能够完整填写表格，了解本书主要内容。	教师评价：	
阅读片段，能够圈画要点，把握人物特点。通过横向纵向比较，了解纪实文学基本写作特点。	学生小组互评	出色完成任务
		基本完成任务
		待完成任务

表4 阅读任务二

线上调查	收集学生阅读过程中的问题。				
课堂学习	第一课时 1. 按照"领袖人物和红军将领的革命之路"专题进行文章内容的归纳整理。 2. 制作人物资料记录卡，比较异同。				
	第二课时 1. 按照"关于长征"专题进行文章内容的整理。 2. 通过对比阅读，深入挖掘并理解长征精神。				
线上学习＋自主阅读	时间：5天	线上微课导学：每日1节	线下自主阅读：每日1章	自主检测：客观题＋主观题	线上讨论：1次（班级微信群）

读中指导课教学设计

第一课时

准备环节

梳理所读章节，圈画批注对于红军领袖的描写。学生提出阅读中的问题，教师进行归纳整理。

环节一：引出研讨问题

斯诺采访了很多位红军将领，他们大都会谈起自己的童年经历、成长背景，以及参加红军的原因。这些红军将领有哪些异同？

环节二：自主阅读，制作人物资料记录卡

找到文章中对领袖人物的描写，进行梳理归纳，按照示例填写资料记录卡。

表 5　周恩来资料记录卡（示例）

出身和家庭	出生在封建官宦家庭，父亲长年在外，母亲见多识广，祖父是清朝官吏。
外貌形象	个子清瘦，中等身材，骨骼小而结实……
童年经历	无
受教育经历	先读了南开中学，后来在南开大学学英语。
革命经历	1920 年参加学生运动被监禁； 1921 年加入巴黎共产主义小组； 曾任黄埔军校政治部主任、领导上海工人第三次武装起义、领导八一南昌起义、任中央革命军事委员会副主席、参加长征。

环节三：小组讨论，探究比较异同的角度

结合人物资料记录卡，小组进行交流探讨。

1. 探讨阅读比较红军将领之间异同的切入点。

2. 除了描写红军将领，书中还描述了一些国民党将领，这些人之间如何进行比较？

环节四：拓展训练

将对比阅读成果形成文字，小组间进行交流，互评。

学习评价

表 6　《红星照耀中国》读中指导课学习评价表

评价内容	评价方式及结果		
找到文章中红军领袖的描写，进行归纳整理并完成人物资料记录卡。	学生小组互评	出色完成任务	
		基本完成任务	
		待完成任务	
积极参与小组讨论，能够对问题有较为深入的思考，完成阅读成果文字汇报。	学生小组互评	出色完成任务	
		基本完成任务	
		待完成任务	

第二课时

准备环节

结合自主阅读任务，小组合作完成长征路线图。

环节一：交流分享，把握长征的事实

1. 小组与全班分享长征路线图。全体一起回顾长征的起因、经过及结果。

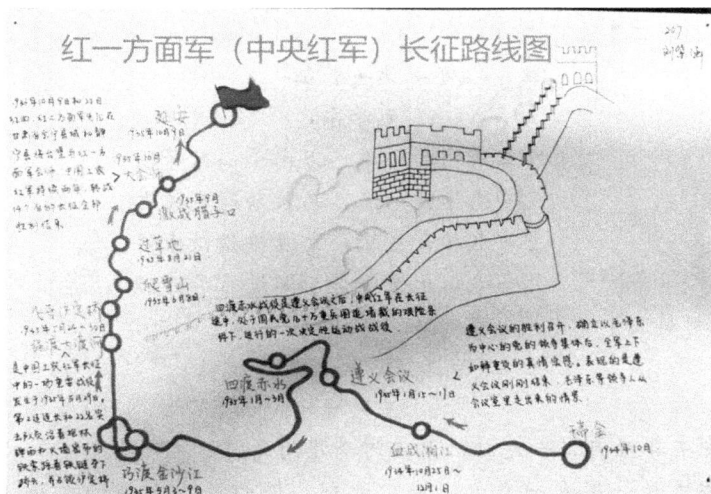

图 2 小组作业展示图

（北京市第三十五中学 2019 级初中 7 班　刘紫涵）

2. 各组派一名同学选择一段给自己留下深刻印象的片段描写进行朗读展示，全体填写朗读展示评价量表。

表 7　朗读展示评价量表

评价内容	优秀	良好	待努力
声音清晰洪亮			
语气充沛恰当			
情绪饱满富有感染力			

环节二：对比阅读

学生活动：阅读不同材料，批注从材料中获得的信息，思考这些材料对于本书阅读有什么启发。个人先独立完成表格，然后小组间交流分享。

（屏显表格）

表 8　小组信息交流表

阅读材料	获取信息	获得启示
材料一		
材料二		
材料三		

【阅读材料一】统编历史教材八年级上册第17课《中国工农红军长征》

【阅读材料二】

七律·长征

毛泽东

红军不怕远征难，万水千山只等闲。

五岭逶迤腾细浪，乌蒙磅礴走泥丸。

金沙水拍云崖暖，大渡桥横铁索寒。

更喜岷山千里雪，三军过后尽开颜。

【阅读材料三】

长征（节选）（人民文学出版社）

王树增

一九三五年五月二十九日，大渡河两岸间的河谷上铁索空悬。

泸定桥桥长一百零一点六七米。此刻，桥面铁索上铺的木板已被拆去，北岸桥头的桥楼已被沙袋紧围，形成了一个坚固的桥头堡垒，从堡垒的射击孔中伸出的机枪正对铁索。泸定城一半在山腰，一半紧贴河边，城墙高约两丈，上面的堡垒所配置的火力在桥面上形成了一张火网。

在北岸防守的是川军李全山的第三十八团。这个团的先头部队三营，就是与红军隔河举着火把齐头并进的那支川军。三营的先头连比红一军团四团早两个小时到达泸定桥，连长饶杰命令士兵立即拆桥板，但是由于士兵们实在太累，又有不少人犯了鸦片烟瘾，因此桥板拆得极其缓慢。三营营长周桂到达之后，增派了士兵去拆桥板，同时开始构筑阻击工事。天亮的时候，团长李全山率李昭营到达北岸桥头堡，南岸红军的四团也到了，双方没有犹豫就开始了射击。团长李全山命令周桂的三营负责守卫桥头堡，李昭营配置在两翼火力掩护。在持续了一个上午的相互射击中，李全山团竟然有五十多人受伤。

万丈深渊之间，仅凭几根铁索就想突击到河这边来，几乎是一件不可能的事。至少川军是这么想的。因此，他们一边向河对岸射击，一边不断地向红军高喊："有种的你们飞过来！"

下午，四团夺桥的作战方案定了：二营和三营火力掩护，特别注意用火力阻击两侧的增援之敌；一营分三个梯队正面强攻。

首先发动进攻的是一营二连连长廖大珠带领的二十二人突击队，他们必须强行攀索到达北岸；三连在他们的身后，任务是跟在后面铺桥板；三连的后面是一连，任务是在铺好的桥板上发起最后的冲锋。

下午四时，中国工农红军飞夺泸定桥的战斗打响了。没有任何别的可以选择的出路，只有迎着枪林弹雨强行冲过十三根寒光凛冽的铁索。

四团政委杨成武后来回忆说：当事先准备的全团数十名司号员组成的司号队同时吹响冲锋号时，我方所有的武器一齐向对岸开火，枪弹像旋风般刮向敌人阵地，一片喊杀之声犹如惊涛裂岸，山摇地动。这时，二十二名经过精选的突击队队员，包括从三连抽调来的支部书记刘金山、刘梓华……他们手持冲锋枪，背插马刀，腰缠十来颗手榴弹，在队长廖大珠同志的率领下，如飞箭离弦，冒着对岸射来的枪弹，扶着桥边的栏索……向敌人冲去。

激越嘹亮的军号声震荡着千年峡谷。二十二个年轻的红军勇士向铁索冲去。铁索剧烈地摇晃起来。川军开始了疯狂的射击，红军的掩护火力也开始了猛烈的压制。炮弹呼啸，大河两岸皆成一片火海。川军的子弹打在铁索上，火星迸溅。红军勇士一手持枪，一手抓索，毫无畏惧地一点点向北岸靠近。

环节三：畅所欲言，体会长征精神

1. 对于"长征"，同学们有各自的看法，结合这周的阅读，谈谈自己的感受。

观点一："长征"虽然取得了最终的胜利，但损失是巨大的，其中的经验教训要吸取。

观点二：红军战士取得了"长征"胜利，展现出共产党人英勇无畏的精神。

2. 为参加长征的英雄群体写一份颁奖词。

（屏显颁奖词示例）

2019 年度感动中国人物——四川木里森林扑火勇士

【颁奖词】青春刚刚登场，话语犹在耳旁，孩子即将出生，父母淹没于泪水。青山忠诚的卫士，危难的永恒对手，投身一场大火，长眠在木里河两岸。你们没有走远，看那凉山上的秋叶，今年红得分外惹眼。

环节四：拓展训练

选择任意一个课堂讨论话题，继续深入思考，完成研读报告（多种形式），进行班级展示。

学习评价

表 9　课堂学习评价量表（相应位置画"√"）

评价层面	非常符合	基本符合	不够符合
积极发言			
表达流畅			
有自己的深入思考			
善于聆听并接纳他人意见			

作业展示

我是长征中的一名战士

强渡大渡河是长征中的壮举，此前历史上没有哪支军队能在这样的险境下取得胜利。

当时我们从金沙江迅速北移到四川境内，来到了彝族人的居住地。在这里彝族对汉人的仇恨有着很久的历史，汉人的军队经过这里时，很多都遭到伏击。借助此前通过贵州和云南的少数民族地区的经验，经过谈判，我们迅速而且安然无恙地过了境，还吸纳了一些彝族同胞参了军。

终于来到了大渡河的南岸！大渡河对岸，只有刘文辉一个团的兵力，这个团长是本地人，他觉得我们到达河边需要很长时间，因此还从容地到南岸来走亲访友。我们抓住时机，奇袭安顺场小镇，俘获了这个团长，他的渡船也成为我们北渡的必要工具。

时至五月，山洪暴发，水流非常湍急，渡河过程可谓是惊险，先锋队几乎在敌人的枪口下靠了岸，在南岸红军的机枪掩护下，他们撕开了敌人一道道防线，直至占领了渡口。第一艘船带回了另外两艘船，这三艘船就不停地来回穿梭于河面，最后约有一个师的战士到了北岸。

水流越来越湍急，渡河已经非常困难了。剩下的军队打算沿着峡谷曲折的小道向泸定桥进发，进而占领泸定桥，获取战斗的胜利。到了第二天，我们来到了泸定桥，我们必须在敌人增援部队到达前占领泸定桥。战友们个个争先恐后地报名参加敢死队。最终，22人入选，包括我。

我们身上背着冲锋枪和手榴弹，来到了桥边。此时，泸定桥上的木板已经被对岸的敌人拆走了，只剩下一根根铁索，往下一看都会令人毛骨悚然。对岸的桥头堡还有敌人的机枪阵地在防守。即便面对着这样严峻的形势，我们谁也没后退一步。大家紧紧地抓住了铁索一步一步地前进。敌人的机枪、步枪轮番向我们射击，没多久，我们就有四个战士相继中了弹，掉进了湍急的河里。为了完成任务，我们忍住心里的悲痛，冒着枪林弹雨，拼命向前爬去。子弹从我们的身边呼啸而过，我们无所畏惧，继续向对岸进发。此时，敌人被我们的大无畏精神吓破了胆。我抓住机会，和战友们快速地攀爬到了对岸，纵身跃上岸，然后迅速拉开手榴弹的导火索投向敌人的碉堡。随着爆炸声，碉堡里乱了套。匆忙之中，疯狂的敌人放起了火，企图阻断我们的路。可我们根本不畏惧，穿过烈火，一起不断地把手榴弹一个接一个投到了敌军机枪阵地。这时，我们的后续部队冒着火焰全速冲了上来。他们重新铺好桥板，扑灭了火焰。早已渡河的部队也打退了阻击的敌人，对敌军阵地展开侧翼进攻，没过多久，敌军便仓皇逃窜。经过两个多小时的激战，敌军被彻底歼灭，我们全军渡过了大渡河，顺利进入四川，把追赶我们的敌人甩在了身后。

经过这次战斗，我们的队伍变得更加强大。虽然我们是非常年轻的战士，但我们有着钢铁般坚强的斗志，不论遇到怎样的困难都不会放弃，更不怕牺牲！我相信，我们定会取得最终的胜利！

（北京市第一六一中学 2019 级初中 5 班　吕涵岳）

表 10　阅读任务三

线上调查	任选内容，完成书面表达。选择专题，进行小组研究探讨。				
课堂学习	通过重读文本和小组探究，体会斯诺的勇于探究、认真求实精神，理解《红星照耀中国》的意义和影响，由红色精神获得启迪。				
线上学习＋自主阅读	时间：7 天	线上微课导学：每日 1 节	线下自主阅读：每日 1 章	自主检测：客观题＋主观题	线上讨论：1 次（班级微信群）

读后分享课教学设计

准备环节

线上发布学习任务：

1. 以下任务任选其一，完成书面表达。

①写一写书中给你留下印象最深刻的人物，结合内容谈谈你对他的认识。（多种形式）

②如果你参加了长征或者去了苏区会发生什么故事？发挥想象，写一篇文章，不少于 500 字。

2. 进行小组研究探讨，可选择以下其中一个专题，也可自拟专题进行探究。

①仿照"长征"一章的探究过程，研究斯诺笔下的"西安事变"。

②中国共产党人的革命信仰。

③"红星精神"。

环节一：小组交流

1. 小组成员依次展示自己的书面表达，学生互评，选出小组最佳。

2. 结合个人研究，完善小组专题探究内容，准备班级成果汇报。

环节二：研究展示，投票评选优秀研究成果

各组进行专题研究后进行展示，全体同学用贴纸投票选出自己认为最能引人深思、引发共鸣的研究成果。

优秀成果示例：

【研究专题——我在苏区】

近期我们开展了《红星照耀中国》的专题读书活动。我们选择了"我在苏区"这个专题，进行分工合作，共同梳理书中的内容。今天我们将从政治、经济、生活、军事、教育方面和大家介绍苏区的相关情况。

在政治方面，我们整理了苏区农村人口结构图。其中佃农、雇农、手工业者占比最大，权力主要掌握在农民手中。当时的苏区政府结构与我们现在政府的结构十分相似，都有分级制度。其中乡苏维埃委员会下属的这些机构，对农村发展十分重要。除此以外，苏区还有各种社团组织，这丰富了苏区政治结构。

在经济方面，我们在梳理的过程中，发现苏区的经济是由多种经济体制构成的。国家允许私人资本主义的发展，但同时向社会主义方向发展。在苏区，由于技术和设备有限，因此纸币印制比较粗糙。农业是苏区的立身之本。同时农民的支持也是共产党蓬勃发展的重要原因。那么农民为何支持红军呢？主要是因为苏区政府给农民重新分配土地，取消高利贷，取消苛捐杂税，消灭特权阶级。苏区工业发展困难，获得工业产品途径少，因此主要发展轻工业。

尽管苏区的经济发展水平不高，能够吃到的东西十分有限，只有小米、蔬菜，偶尔有羊肉，没有任何山珍海味，但在苏区的工人可以享受由政府提供的食宿，得到免费医疗，女工还有产假。在苏区，有较为完善的生活设施，有工厂、合作社、电台和学校等。但由于是在窑洞里，没有淋浴设备、电影院、电灯。人们的生活不富裕，甚至可以说很艰苦，但人们过的是一种自由、平等、健康的生活，人们每天劳作、学习识字，经常进行运动等方面的比赛。人们还可以和领导人一起坐在草地上免费看红军剧社的演出。演出内容与社会现实紧密相连，通俗易懂，有的甚至还会采用本地方言演出。

在军事方面，红军军队的优点主要有两大方面：军纪严明、战术精妙。军纪严明主要表现在部队有三大纪律和八项注意，并且与群众联系密切，不搞特权。战术精妙主要体现在以动制静，集中优势兵力攻击敌人薄弱处，采取"声东击西"的战术上。红军游击队战术灵活机动。

接下来，我们介绍一下苏区的教育情况：开展多方面的教育活动，大大降低了文盲率。这里有着大大小小的各种学校，这些学校一部分是教授给人们关于生产劳动的知识，比如纺织班、农业学校、技术学校等。而另一部分是有关于政治思想的培训学校，在慢慢学习了解后，人们会更加发自内心地支持红军。

此外，在苏区生活的人们中还有很多人是军人或者游击队、自卫队的队员。对于他们来说，最重要的其实是"战斗"。他们的课程以政治思想课和军事训练的课程为主。苏区是建立在红军的战斗成果上的，自然会十分重视军事教育，做到"边战斗边学习"。

在人民群众的教育方面，苏维埃政府会给予帮助：政府会发放一些比较粗糙但又很实用的识字教学课本，组织一些自习小组，自学革命思想，让更多人获得学习的机会。苏区政府还在寻找一种更适合苏区的教育方式。我们认为他们在教育上的成功就归功于此——合适的才是最好的。

综上所述，苏区的权力掌握在人民群众手中，政府给农民重新分配土地，取消高利贷、苛捐杂税，消灭特权阶级，生活健康，军风严整，战术精妙，十分重视教育。这在当时是符合人们的需要的。因此，红军得到了广大人民群众的支持与爱戴。

（北京市第一六一中学 2018 级初中 4 班　王宇泽　张文翰）

环节三：拓展训练

1. 如果以"见字如面"的书信形式与斯诺对话，你会跟他交流些什么？

2. 依据课堂讨论及展示，完成《红星照耀中国》读后评论，注意选择一个专题，结合文章内容深入探讨论述，表达清晰。

学习评价

表 11　书面表达任务评价量表(相应位置画"√")

评价层面	非常符合	基本符合	不够符合
结构完整，内容充实			
主题明确，思考深入			
语言表达流畅			
书写清晰			

七、自主阅读迁移指导

(一)阅读策略

《红星照耀中国》作为纪实文学的代表作品，故事性不强，离学生生活较远，但其内容非常丰富，需要在兴趣的引领下深入阅读。因此，本书整体的阅读策略就是以问题为引导，以任务驱动引导学生展开阅读。具体策略如下：

1. 阅读序言，摘取片段，激发阅读兴趣，梳理整本书的结构。首先带领学生阅读序言，梳理内容，发现整本书的叙述重点，进而思考各章节之间的内在逻辑关系。在初步了解的基础上可以摘取文中相关段落进行初步阅读，了解作者写作风格，激发探究兴趣。

2. 以问题引导，展开专题探究。《红星照耀中国》可以从红军将领、长征、苏区概况等自己感兴趣的方面结成小组进行专题探究。探究过程中，需要教师关注学生的阅读状况，并适时提供相应的阅读支架，例如探究红军将领专题时，可以制作人物资料记录卡，比较异同可采取不断提问的方式深入思考。

3. 深入挖掘，充分利用整本书素材。人民文学出版社 2016 年推出的中文版作品，插入了如今很难觅见的，从 1937 年、1938 年、1939 年三版《红星照耀中国》中遴选出的数十幅珍贵历史照片。这是纪实文学特有的。可以在阅读文本的同时引导学生结合插图进行感性、理性的认识，通过观察插图，体会作者笔下苏区人民的真实生活状态，增强代入感。

4. 任务驱动，读写结合提升素养。在阅读过程中，需要学生多次展开线上、线下的交流讨论，以一个核心任务为议题，展开生生合作，师生合作。在讨论的基础上，每个学生形成自己的见解，借鉴作者基于历史事实的表达方式，展开论述，实现思想认识的提升。采取学生互评的开放性评价方式，更有助于激励学生参与阅读与思考的全过程，实现个性化的能力增长。

(二)阅读工具：阅读计划表

教师推荐相应拓展阅读书目，学生按照阅读兴趣，自主结成阅读小组。小组合作完成阅读计划表的制定，以便更好地完成拓展阅读任务。

阅读计划表内容需要从以下几个方面讨论明确：

1. 选择的书籍及确定的版本，在此可依据情况进行不同版本的比较。

2. 每日具体阅读进度，可参考《红星照耀中国》的阅读进度进行合理规划。

3. 小组阅读讨论活动安排。如三天进行一次阅读讨论，读后的深入探讨，阅读成果汇报、主题确定及小组分工等。

4. 阅读成果展示方式及评价方式。如专题研究文章、整本书阅读观后感或问题辩论等形式，可结合所阅读书目及选择的阅读方法来确定。

(三)推荐书目

1.《长征》(王树增)

长征是一次惊天动地的革命壮举，作为中华民族最深刻的群体记忆之一，被人们广为称颂。在诸多以长征为题材的作品中，王树增的长篇纪实文学《长征》尤为优秀。在阅读《红星照耀中国》整本书的过程中，教师曾经摘录过其中的片段指导学生进行对比阅读，极大地激发了学生的阅读兴趣。

全书以长征的时间推移和地域转换为基本框架，从 1934 年 10 月贵州甘溪突围开始，写至 1936 年 10 月甘肃会宁会师，遵循真实性原则，充分展现了红军的这次战略大转移。作者搜集了大量资料，采访了许多老红军，进行了实地走访，饱含情感，表现了历史事件的精彩细节，刻画了诸多领袖人物。其文学色彩也十分浓厚，展现了作者对于长征的真实看法及态度。

2.《飞向太空港》(李鸣生)

《飞向太空港》是一部优秀的报告文学作品，作者以实地采访为材料支撑，全面描绘了西昌卫星发射的全过程。20 世纪 90 年代，我国第一次成功发射国外商业卫星，引起了世界的强烈反响，这是中国航天的新篇章。书中以文学手法讲述故事，勾勒人物，将发射场的一群航天人夜以继日、默默奉献的形象呈现在读者眼前。

3.《红日》(吴强)

小说以 1947 年山东战场的涟水、莱芜、孟良崮三个连贯的战役作为情节的发展主线，以宏大的结构和全景式的描写展示出战争的独特魅力。这三次战役中，解放军有败有胜，各具特点，作家的描写也有略有详，各有侧重，在叙述历史事件的过程中，体现了其在小说结构上的匠心。

八、附录

《红星照耀中国》学情调查问卷

1. 你知道什么是纪实文学吗？

A. 不知道，也不感兴趣

B. 不知道，但想看一看了解一下

C. 知道一些，但未读过相关作品

D. 知道，且读过一些作品

2. 你是否读过《红星照耀中国》？

A. 读过

B. 没读过，但听说过

C. 没读过，也没有听说过

3. 你阅读这本书的原因是什么？（多选）（读过的同学作答）

A. 老师或家长要求读

B. 朋友推荐

C. 无意发现，被书名、内容吸引，主动阅读

D. 看到了随便翻翻

E. 其他

4. 在阅读中你曾遇到哪些困难？（多选）（读过的同学作答）

A. 篇幅长，不能坚持

B. 内容专业，太枯燥

C. 文中有大量的采访、纪实，不喜欢这样的文字表达

D. 记录的事件距离自己的生活遥远

E. 无

F. 其他

5. 阅读这本书，你最大的期待是什么？（多选）

A. 能与老师、同学一起探讨

B. 拓宽自己的阅读范围，获得新的阅读方法

C. 对书中的内容形成自己的认识和看法

D. 结合自身实际，发现阅读兴趣

E. 其他

自然灵动万物美，诗意哲思天地宽

——《昆虫记》融合式大单元教学设计

北京市第八中学　翟莹熙

一、推荐版本

法布尔的《昆虫记》堪称鸿篇巨制，于1879年到1925年间陆续发表，最后一版发表于1919年到1925年间，后来，便一再地以"选本"的形式出版发行，取名为《昆虫的习性》《昆虫的生活》《昆虫的漫步》，受读者欢迎的程度可见一斑。正因如此，《昆虫记》版本众多，需要我们审慎选择。

此次我们选择人民文学出版社2018版作为推荐版本，此版本采用陈筱卿老师翻译的版本为底本，语言流畅优美，会让读者自然而然沉浸其中，并且充分感受到法布尔"昆虫界的荷马"的称号并非虚名。本译本从《昆虫的习性》和《昆虫的生活》中萃取17篇精华，作为学生的入门阅读再合适不过。

二、内容简介

(一)作品简介

亨利·法布尔的《昆虫记》介绍了作者所观察和研究的各种昆虫的外部形态、生物习性和繁衍生息，在他的笔下，小小的昆虫恪守自然规则，为了生存进行着不懈的努力。《昆虫记》虽然是记录法布尔对昆虫的习性和生活进行细致观察的文字，但并不是没有灵魂的纯粹记录，而是充满了人文关怀。作者以人性观察虫性，以虫性反映人性，字里行间充满了对"万物有灵且美"的关切和赞叹。正是这种对于生命发自肺腑的尊重、喜爱与敬畏，为这部经典科普著作注入了灵魂，使这部描写微小的昆虫的书成为人类获得知识、趣味、美感和思想的鸿篇巨制。

(二)阅读价值

《昆虫记》是初中语文必读书目中唯一的科普类作品，我们首先要通过它教会学生如何阅读此类书籍。在此基础上，至少可以引导学生从四个方面用心感受和深入思考：一是作者科学求索的精神态度；二是作品生动优美的诗意表达；三是字里行间的哲学思考；四是文字背后体现的人文关怀。

三、学情分析

《昆虫记》出现在统编语文教材八年级上册，学生比较熟悉说明文文体，具备一定的说明文文本的阅读基础。阅读前通过线上进行学情调查（详见附录）显示，笔者所教授的班级中超过一半的学生已在小学阶段阅读过《昆虫记》，但对其喜爱者寥寥，读完后没有什么具体印象，更谈不出任何深入的理解和感受。

更为困难的是，许多孩子看到关于昆虫的描写就觉得头皮发麻，非常抗拒和厌恶。"无论他写什么，写成什么样我都只会觉得恶心。"有的孩子一脸畏缩地对我说。因此，激发兴趣是我们导读课的首要目标。

同时，学生对科普作品的了解程度参差不齐。喜爱科普作品的同学接触的作品中内容偏重于科学介绍，一般也就是用较为生动活泼的语言形式介绍科学知识，但像《昆虫记》这样科学性、文学美兼备，又富含哲学思考的作品还是比较少有的。对《昆虫记》不感兴趣的同学，一方面是对昆虫主题感到抗拒，另一方面也是缺乏阅读相关作品的阅读策略。

四、阅读策略

《昆虫记》是统编教材必读书目中唯一的一部科普作品。科普作品的写作目的是普及科学知识，增进大众对科学的了解，在写作时追求深入浅出，用通俗易懂的语言说明复杂、抽象的事理。因此，我们可以使用检索资料法和自主提问法来阅读科普作品。

（一）检索资料法

在阅读中，遇到一些专业性较强的概念、术语，要查找工具书或相关资料，把握其含义。此外，我们也可以通过资料检索，深入了解作家生平、科学成就，帮助我们初步了解作品所涉及的科学领域，建立阅读期待，从而更好地决定如何开启阅读。

例如：当我们去检索"法布尔"，会很容易了解到他是法国著名的昆虫学家、文学家、博物学家。被世人称为"昆虫界的荷马""昆虫界的维吉尔"。"荷马"和"维吉尔"是谁？进一步查找资料，我们会发现这两个人是古希腊、古罗马最负盛名、对后世影响最大的诗人。那么，我们就要有意识地在阅读中去体会——为什么法布尔会被认为是昆虫学界的伟大诗人呢？由此，学生就能切身关注和时刻感受到《昆虫记》科学性与文学性一以贯之的特点。

（二）自主提问法

对于科普著作而言，引导学生学会思辨，善于提问，是帮助他们理解和享受阅读过程，读得更加有收获的重要方式。就《昆虫记》的阅读而言，我们提倡使用自主提问法促进深入阅读，即通过"是什么""为什么""怎么样"和"还有什么"这四类问题对作品和作者发问。

以《昆虫记》中刚刚读过的《金步甲的婚俗》为例：

（1）"是什么"类问题：金步甲的婚俗是什么？

（2）"为什么"类问题：为什么金步甲会有这样的"婚俗"？/为什么吞食同类在昆虫界如此普遍，但在我们人类的视角看来却是如此的骇人听闻？

（3）"怎么样"类问题：法布尔是怎样观察金步甲的婚俗的？

（4）"还有什么"类问题：还有哪些昆虫/动物有吞食同类的习性？它们和金步甲有何异同？

"是什么"类问题帮我们梳理阅读的基本内容，是我们读懂作品和作者的基础；"为什么"类问题让我们读得更深入、更透彻，是我们走近作者、接近事物本质的必经之路；"怎么样"类问题使我们从理解层面切换到鉴赏层面，阅读时既要能够"入乎其中"，又要能够"出乎其外"；而"还有什么"类问题能让我们避免思想的狭隘，开阔思路，进而达到"海阔凭鱼跃，天高任鸟飞"的境界。

五、大单元教学设计

（一）本册书基本问题

如何从科学、文学和哲学三个层面深入阅读科普作品。

（二）阅读目标

1. 学习法布尔观察昆虫过程中体现的科学求真精神；

2. 使用自主提问法和检索资料法，提高科普文学作品的阅读能力；

3. 通过模仿朗读法和比较阅读法，感受《昆虫记》的文学性；

4. 体会作者对生命的尊重、热爱和哲学思考。

（三）大单元教学设计框架图

自然万物灵动美，诗意哲思天地宽
——《昆虫记》大单元教学设计

	读前指导（1课时）	读中指导（1课时）		读后分享（2课时）
基本问题	如何从科学、文学和哲学三个层面深入阅读科普作品			
学习进程	读前指导（1课时）	读中指导（1课时）		读后分享（2课时）
学习目标	了解创作背景，学习法布尔观察昆虫过程中体现的科学求真精神；通过模仿朗读法和比较阅读法，感受《昆虫记》的文学性；激发兴趣，消除畏难情绪。	1.学习法布尔的科学求真精神。2.提高阅读科普文学作品的能力。3.感受《昆虫记》的文学性。4.体会作者对生命的尊重、热爱和哲学思考。	学习科普作品的阅读方法；解决疑难，深化阅读。	推进细致深入阅读。	体会作者对生命的尊重、热爱和对生命的哲学思考。
典型任务	线上：1.学生及家长完成《昆虫记》读前调查问卷。2.听线上微课导读，进行自主阅读，自主检测。 线下：举办法布尔《昆虫记》纪念展览系列活动；用资料检索法和自主提问法阅读其他科普作品。	线上：1.听线上微课导读，进行自主阅读，自主检测。2.课后即时分享交流。 线下：模仿朗读《昆虫记》片段，对比阅读法布尔作品与学生描写昆虫的优秀习作，感受《昆虫记》的语言特色。	线上：听线上微课导读，进行自主阅读，自主检测。 线下：就线上检测、小组讨论和自主提问时出现的问题进行讨论。	线上：小组讨论，分组命题。 线下：筹备昆虫名片制作、昆虫知识竞赛、法布尔《昆虫记》纪念馆。	线上：1.找相关语句，谈理解认识。2.活动筹备。 线下：1.任务成果分享（法布尔《昆虫记》纪念展览系列活动）。2.展示、交流、评选《昆虫记》哲言海报。
学习评价	能说明《昆虫记》与对比文段不同的特点，中心明确，逻辑清晰，表达流畅，书写工整。	讨论积极发言；内容能呈现自己的思考；讨论中善于聆听，虚心接纳。	积极查找使用；讨论积极发言；内容能呈现自己的思考；讨论中善于聆听，虚心接纳。	1.名片制作：条目清晰、内容准确。2.结束语撰写：中心明确，情思真实独特，语言优美典雅，能体现出对法布尔和《昆虫记》的了解。	
作业设计	阅读材料，找出属于法布尔的"标签"并做好标记；说说法布尔的昆虫研究与传统的博物学家的有什么区别；对比《昆虫记》与同学习作在内容、感情和风格等方面的异同。	自主阅读全书，有条件的同学参加亲子共读。	两人一组作为命题官，就《昆虫记》参考使用"自主提问法"出题，每组不少于三道题，线上收集好所有题目后，分类整理，为知识竞赛做准备。	根据建议修改名片和结束语。	

图1　大单元教学设计框架图

六、课时教学设计

表 1　阅读任务一

线上调查	完成《昆虫记》读前调查问卷。
课堂学习	1. 了解创作背景，学习法布尔观察昆虫过程中体现的科学求真精神。 2. 通过模仿朗诵法和比较阅读法，感受《昆虫记》的文学性；激发兴趣，消除畏难情绪。

读前指导课教学设计

准备环节：完成学前问卷调查

请同学们完成《昆虫记》读前调查问卷（详见附录）。

环节一：问卷结果反馈

导入：展示《昆虫记》读前调查问卷的结果，让学生在同伴的共性选择中找到共鸣，明确阅读有偏好很正常，对于科普作品不感兴趣和对以昆虫为写作对象的作品有畏难情绪是很多同学，甚至老师也会存在的问题。

环节二：了解背景，走近法布尔

阅读《昆虫记》（人民文学出版社 2018 版）的译者序，通过陈筱卿先生精练、生动又深情的文字初步感受法布尔的形象，特别是他为何被法国戏剧家埃德蒙·罗斯丹评价为"像哲学家一般地去思考，像艺术家一般地去观察，像诗人一般地去感受和表达"。

环节三：模仿朗读，感受求真精神

阅读法布尔《荒石园》，通过完成表格对比梳理：根据法布尔的陈述，他的昆虫研究与传统博物学家的有什么区别？在法布尔观察记录昆虫的过程中，你看到了他怎样的精神？

表 2　阅读对比梳理表

对比项	传统博物学家	法布尔	法布尔的特点
研究环境			
研究对象			
研究态度			
文字特点			

【阅读材料】法布尔《荒石园》节选

那儿是我所情有独钟的地方，是一块不算太大的地方，是我的 Roc erat in vofis，周围有围墙围着，与公路上的熙来攘往、喧闹沸扬相隔绝，虽说是偏僻荒芜的不毛之地，无人问津，又遭日头的曝晒，但却是刺茎菊科植物和膜翅目昆虫们所喜爱的地方。

……

还有一些人在指责我，说我用词欠妥，不够严谨，说穿了，就是缺少书卷气，没有学究味儿。他们担心，一部作品让读者谈起来容易，不费脑子，那么，该作品就没能表达出真理来。照他们的说法，只有写得晦涩难懂，让人摸不着头脑，那作品就是思想深刻的了。你们这些身上或长着螫针或披着鞘翅的朋友们，你们全都过来吧，来替我辩白，替我作证。请你们站出来说一说，我与你们的关系是多么亲密，我是多么耐心细致地观察你们，多么认真严肃地记录下你们的活动。我相信，你们会异口同声地说："是的，他写的东西没有丝毫的言之无物的空洞乏味的套话，没有丝毫不懂装懂、不求甚解的胡诌瞎扯，有的却是准确无误地记录下来的观察到的真情实况，既未胡乱添加，也未挂一漏万。"今后，但凡有人问到你们，请你们就这么回答他们吧。

另外，我亲爱的昆虫朋友们，如果因为我对你们的描述没能让人生厌，因而说服不了那帮嗓门儿很大的人的话，那我就会挺身而出，郑重地告诉他们说：你们对昆虫是开肠破肚，而我却是让它们活蹦乱跳地生活着，对它们进行观察研究；你们把它们变成了又可怕又可怜的东西，而我则是让人们更加地喜爱它们；你们是在酷刑室和碎尸间里干活，而我却是在蔚蓝色的天空下，边听着蝉儿欢快的鸣唱边仔细地观察着；你们是使用试剂测试蜂房和原生质，而我则是在它们各种本能得以充分表现时探究它们的本能；你们探索的是死，而我探究的则是生。因此，我完全有资格进一步地表明我的思想：野猪把清泉的水给搅浑了，原本是青年人的一种非常好的专业——因越分越细，相互隔绝，互不关联，竟至成了一种令人心生厌恶、不愿涉猎的东西。诚然，我是在为学者们而写，是在为将来有一天或多或少地为解决"本能"这一难题作点贡献的哲学家们而写，但是，我也是在，而且尤其是在为青年人而写，我真切地希望他们能热爱这门被你们弄得让人恶心的博物史专业。这就是我为什么在竭力地坚持真实第一，一丝不苟，绝不采用你们的那种科学性的文字的缘故。你们的那种科学性的文字，说实在的，好像是从休伦人所使用的土语中借来的。这种情况，并不鲜见。

……

表 3　小结表格示例

对比项	传统博物学家	法布尔	法布尔的特点
研究环境	实验室	大自然	科学求真 尊重生命
研究对象	被"开肠破肚"的昆虫	"活蹦乱跳地生活着"的昆虫	科学求真 尊重生命

续表

对比项	传统博物学家	法布尔	法布尔的特点
研究态度	"心生厌恶、不愿涉猎"	"喜爱"	文学性 充满诗意
文字特点	"科学性的文字"	新鲜灵动的笔触	文学性 充满诗意

环节四：对比阅读，仔细品读语言

对比阅读法布尔作品与学生习作《蟋蟀》，小组讨论：两者在内容、感情和风格等方面有什么异同？将讨论结果梳理成文字。

学生习作：

蟋 蟀

"喓喓草虫，趯趯阜螽。"这大概是关于鸣虫最古老的描写了，而万千鸣虫中蟋蟀最为世人所熟知。

表面看去，它似乎其貌不扬。它们的身体多为黑褐色，长长的触角总是不停地来回摆动，两条强壮的后腿收在体侧，随时准备着一次次完美的"飞跃"。它的内部结构犹如一台精妙的仪器，有一次我在放大镜下观察一只死掉的蟋蟀，看到最为明显的结构是一条贯穿身体的管道，内部有黑色的糊状物，这是它的胃。胃的后方还有一条弯曲的透明管道，这条管道内竟没有任何食物碎屑，想必这是用于排出代谢物的结构——马氏管。蟋蟀的内部表皮上还有孔，孔周围是无数细管，管内有些液体，这一定是毛细血管，而孔就自然是气孔了。蟋蟀的呼吸器官正是气孔，吸入的氧气可以直接进入毛细血管，进而运输到身体各处。蟋蟀最有特点的部位就是它强壮的腿，用解剖刀划开蟋蟀腿部的表皮，一些液体就流了出来，过了一会儿，液体流干了，就露出了白色的肌肉。我轻轻拨动蟋蟀的腿关节，肌肉竟依然敏感地收缩、舒张。我恍然大悟，原来蟋蟀的腿好比一个液压系统，折叠时，肌肉收缩、紧绷，然后突然舒张，紧接着像弹簧一般地将自己弹出很远。这还真是一种无与伦比的绝技呢！

作为食物链的底层成员，蟋蟀的生存一定是无比艰难的吧？如果你真的这么想，那你就大错特错了。也许正是因为身体的弱小，大自然赋予了它们强大的意志力和战斗精神。看，一只体型硕大的毛虫落了单！这时，一只小蟋蟀发现了它。小蟋蟀先是谨慎地靠近毛虫，在它周围灵巧地打转，不停地试探，这小家伙难道想……多么千载难逢的机会！我屏住呼吸，趴下身子仔细观察着。只见小蟋蟀慢慢地绕到毛虫后方，开始啮咬。毛虫感受到了疼痛，开始疯狂地扭动起身体，想要甩开蟋蟀。这动静引发了不可思议的事件。所有躲在缝隙中的小蟋蟀都出来了，争先恐后地扑向毛虫，有的咬住它的身体向后拖曳，有的啃食表皮，还有的尝试咬穿毛虫的关节，进而攻击内脏。就在这样的混战中，硕大的毛虫被瘦小的蟋蟀们蚕食、撕裂，直至变成残渣。

这场面也许是残酷而血腥的吧，几乎让我忘掉了小蟋蟀们的弱小与可爱。不一会儿，一些小家伙的肚子明显地圆滚起来，那是毛虫提供的养分。它们只有吃得越多，才能长得越快、越壮，才有更多的机会逃脱强大的敌人的攻击。这就是大自然的法则，虽然残酷，却也公正。

当一只小蟋蟀历经千难万险终于成年后，也就意味着它具备了在势均力敌的状态下的防御能力。

现在让我来做一个简单而粗暴的实验，看看一只成年蟋蟀与一只狼蛛"同场竞技"会发生什么？狼蛛的体长足足有蟋蟀的两倍，在它眼中，蟋蟀必然是弱不禁风的猎物，于是它直接扑向蟋蟀的头部，然而它的毒牙却并不能刺穿蟋蟀坚硬的头。现在轮到"猎物"发威了，蟋蟀张开大颚，狠狠咬住了狼蛛的腹部。狼蛛被激怒了，它迅速绕向侧面，试图攻击蟋蟀柔软的身体。它成功了，却遭到了激烈的抵抗，蟋蟀有力的腿直接将它踢开去。狼蛛似乎不能相信自己经历的一切，悻悻地离开了。幸存的蟋蟀，蹦跳着离开危险之地，去寻找新的栖息之所。

实际上，每只雄性蟋蟀都会有很强的领地意识，虽然在一般情况下它们不会相互冒犯，但当食物出现时就不一样了。它们往往会忽略自身的体格差异，本能地与同类发生争斗，和与异类搏斗不同的是，打斗由鸣叫开始，体格强壮的那一只会用嘹亮的歌喉炫耀自己的不可战胜。当然战斗最终还是不可避免，也总是以弱者落荒而逃而结束，也许唯一值得庆幸的是，这种同类之间的战争不会产生杀戮。

世界上的蟋蟀大概有两千多种，其中最值得一提的一定是大棺头蟋蟀。它们最与众不同的地方就是长着扁平的脑袋，这个奇怪的造型有什么用呢？原来，在发生争斗时，它们会自觉地优先进行"头围"比较，两只大棺头蟋蟀相互靠近，用长长的颚须测量对方的头围。头部较窄的那一只会自动认输，先行离去，而胜利者也就此罢休，不会穷追猛打。这种解决矛盾的办法简直高明极了，如此文明的方式就是大棺头蟋蟀独有的智慧。

寒来暑往，春去秋来。这些不起眼的蟋蟀们生生不息地繁衍着，总能在不经意间让人感受到它们的存在，或土中低吟，或草间高歌，虽平凡、渺小，却也令人印象深刻。

（北京市第八中学 2018 级素质 9A 班　谭奕朗）

环节五：拓展训练

1. 阅读与讨论：按照每日两章、最后一日三章的进度将《昆虫记》分八日读完。第一次讨论安排在阅读开始的第二天，以便及时交流，解决阅读过程中所遇到的障碍。

2.《昆虫记》的阅读结束后，班级将举办法布尔《昆虫记》纪念展览系列活动，包括制作昆虫名片、昆虫知识竞赛、筹备法布尔《昆虫记》纪念馆等，鼓励学生细致深入地展开阅读。

昆虫名片示例：

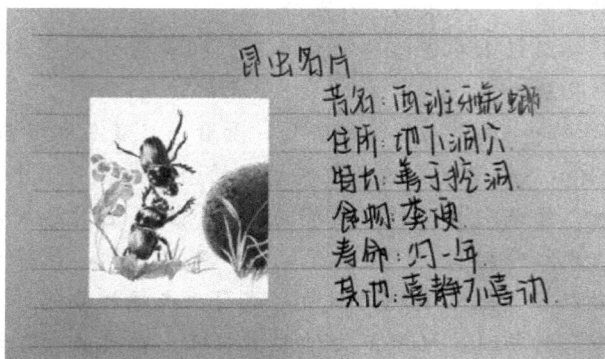

图 2　昆虫名片 1

（北京市第八中学 2021 级初中 17 班　申欣然）

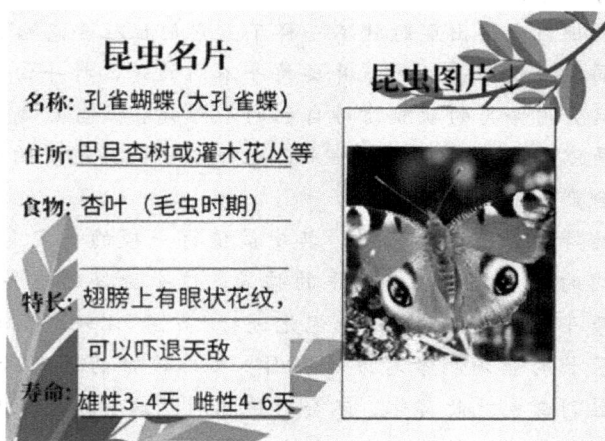

图 3　昆虫名片 2

（北京市第八中学 2021 级初中 17 班　王瑞森）

学习评价

表 4　文段对比任务评价量表

评价层面	能说明文段不同特点	中心明确	逻辑清晰	表达流畅	书写工整
优良					
合格					
待努力					

表5　阅读任务二

线上调查	收集整理《昆虫记》阅读中的问题。			
课堂学习	学习使用自主提问法和检索资料法，提高科普文学作品的阅读能力。			
线上学习＋ 自主阅读	时间： 2天	线上微课导学： 每日1节	线下自主阅读： 每日2篇	自主检测： 客观题＋ 主观题	线上讨论： 1次 （微信群）

读中指导课教学设计

准备环节：收集整理读中问题

请同学们提出《昆虫记》阅读中遇到的问题，并分门别类地进行整理。

环节一：共性问题展示

以《昆虫记》中刚刚读过的《金步甲的婚俗》为例：

1. 金步甲的婚俗是什么？

2. 为什么金步甲会有这样的"婚俗"？/为什么吞食同类在昆虫界如此普遍，但在我们人类的视角看来却是如此的骇人听闻？

3. 法布尔是怎样观察金步甲的婚俗的？

4. 还有哪些昆虫/动物有吞食同类的习性？它们和金步甲有何异同？

环节二：小组讨论及展示

1. 小组成员就组内成员所提问题进行讨论，给出答案，并尝试给问题归类。

2. 小组代表展示本组研讨成果。

环节三：方法学习

1. 根据提问和小组讨论引出自主提问法。

2. 引入阅读科普作品的好方法——检索资料法。

上面提到的两种阅读方法，可参阅前文的"阅读策略"。

环节四：拓展训练

两人一组作为命题官，就《昆虫记》参考使用"自主提问法"出题，每组不少于三道题，线上收集好所有题目后，分类整理，为知识竞赛做准备。

作业示例：

1. 为什么作者在研究蝉时，只描写蝉的一生中出地洞这部分？

2. 作者用什么样的方法观察到蝉在黑黑的地洞中的生活情况的？

3. 蝉在挖洞的时候需要大量的尿液，它在洞里是如何进食产生尿液的？

（北京市第八中学2021级初中6班　沈静宜）

4. 为什么雌性螳螂在交配后会吃掉自己的伴侣？

5. 为什么雌性螳螂在完成产卵后会不顾自己的卵而直接离开？/为什么这

样做在昆虫界很常见，但在人类社会就是残忍的事情？

6. 为什么在夜晚会有大量的大孔雀蝶飞向被关在"笼子"里的雌性大孔雀蝶？

7. 为什么成年大孔雀蝶不用进食也无法进食？

（北京市第八中学 2021 级初中 17 班　王瑞森）

8. 作者将螳螂养在生态瓶中是否会改变昆虫原有习性，导致记录数据不准确？

9. 螳螂是否体型越大对自身生存越有利？

10. 干草堆中生活的螳螂攻击性是否比荆棘丛中的螳螂差？

（北京市第八中学 2021 级初中 17 班　申欣然）

学习评价

表 6　小组讨论任务评价量表

评价层面	积极发言	内容能呈现自己的思考	善于聆听	表达流畅
优良				
合格				
待努力				

表 7　阅读任务三

线上调查	筹备纪念展览系列活动；找哲思语句，谈理解认识。			
课堂学习	体会法布尔对生命的尊重、热爱和哲学思考。			
线上学习＋自主阅读	时间：6 天	线上微课导学：每日 1 节	线下自主阅读：每日 2 篇	自主检测：客观题＋主观题	线上讨论：1 次（微信群）

读后分享课教学设计

第一课时

准备环节：展览内容筹备

1. 明确活动工作人员：总主持人、各组导览志愿者、各组展览布置人员、昆虫知识竞赛出题人、PPT 制作及现场调度人员。

2. 明确工作内容及时间安排。

环节一：纪念展览展区分组展示与介绍

展区内容包括：

1. 昆虫名片展览；

2. 法布尔/《昆虫记》拓展资料库。

每组派1—2名同学作为导览志愿者介绍本组展区。

环节二：昆虫知识竞赛

1. 昆虫外号连连看，考查学生对《昆虫记》核心内容的熟悉程度。

2. 从学生前期使用"自主提问法"出的题目中抽取选择。

环节三：为展览撰写结束语

1. 根据阅读感受和活动体验，为法布尔《昆虫记》纪念展写一段结束语。

2. 任务说明

1881年，法布尔出版了他的最后一部作品。为纪念130年前的这一历史时刻，表达对法布尔及其不朽著作《昆虫记》的敬意，他晚年所居住的塞西尼翁地区打算举办一次世界性的展览，向世人展示法布尔的一生——他的研究、他的著作、他笔下的那些小生灵……

请你试着为法布尔《昆虫记》的纪念展览写一段结束语。

3. 任务支架——展览语范例

【材料一】云冈石窟线上展览

云冈石窟完整地体现了5世纪的佛教发展、建筑形式、艺术设计等创作思想与动机，成功地实现了人与自然、宗教与政治、继承与创新、本土与外埠等各方面的良性互动，神奇地汇聚了东西方文化艺术精华。诚如著名考古学家宿白先生所言："云冈石窟影响范围之广和影响延续时间之长，都是任何其他石窟所不能比拟的。"

作为世界雕刻艺术和中华优秀传统文化之佛教文化的高地，云冈石窟的博大精深，经历了1600年沧桑烟云。在它身上，笼罩了太多的神秘和与众不同。这份全人类共同的珍贵遗产，值得我们悉心呵护，用心解读，悉心珍藏。

——依据浙江工商大学图书馆网站相关内容改编

【材料二】"瓶上长河"——瓶花文化主题展

不必远方，自有诗意。花瓶是中国陶瓷史上极具代表性的一环，我们借此机会举办的"瓶·花"主题展，诠释了中国传统瓶花文化的发展，传达了当代审美与文人生活态度，让更多人了解了陶瓷文化。以五大名窑、青花及现代陶瓷工艺的器物与当代文人生活相结合，旨在为生活在城市中的人们营造一个富有文化底蕴的归隐生活场景。

境界在心，寓理于器。器物不仅是物质化的呈现，更有深邃迷人的精神世界，待我们静心凝视，共同品味。

——依据百度百家号网站相关内容改编

作业范例：

法布尔被世人称为"昆虫界的荷马""昆虫界的维吉尔"。他所著的《昆虫记》一书在昆虫学和文学史上有着深远的影响。它是昆虫界的史诗，是历史长河中屹立不倒的丰碑。法布尔幼年时代便对昆虫和植物产生浓厚兴趣，青少年时代虽经历了父亲生意的失败，但依然努力学习，取得蒙彼利埃大学物理学和数学学士，青年时代在中学任教物理学科，开始研究动植物并获得法国学士院的实验生理学奖，中年时代生活困苦，相应著作问世并完成了《昆虫记》第一册，阿兰玛斯时代购置了"荒石园"并继续完成《昆虫记》的著作，最终在 1915 年与世长辞。

时光流转，总有人被抛下，也有人奋力奔跑，在漫漫历史长河中留下属于自己的印记。百年之后，我们再次回顾，感觉法布尔的精神依然不朽。他对自然的热爱和探索以及身处困境中的坦然与乐观不禁让我们深思。

（北京市第八中学 2021 级初中 6 班　杨紫惠）

《昆虫记》是法国作家法布尔的绝世佳作，它不仅是一部昆虫学巨作，也是一部文学史诗。书中，法布尔对昆虫生动的描述和细致的研究，让我们领略到"虫界"的点点滴滴。

境界在心，寓理于微，微小的生物也能反映人类世界。让我们用心观察，细细品味。

（北京市第八中学 2018 级素质 9A 班　湛永杰）

环节四：拓展训练

读后探究：

法布尔是如何"以人性观察虫性，以虫性反映人性"的？《昆虫记》中哪些语句体现了法布尔超乎普通昆虫学家和博物学家的哲学思考？请你找到相关语句，谈谈你的理解和认识。

要求：从"《昆虫记》经典语句摘录"中选择两个你感受最深的句子，谈谈你对它的理解，再从《昆虫记》中选择另外两句，说说你从中获得的感悟。

《昆虫记》经典语句摘录

◇ 人不能在生命的旅程中一遇到拦路的荆棘，就把生命当成笨重碍事、一文不值的东西扔掉。

◇ 我们所谓的美丑、脏净，在大自然那里都是没有意义的。

◇ 结束是为了开始，死亡是为了生存。

◇ 在偶然的盲目之中，也会有惊人的远见卓识。

◇ 现实与幻想既有共通之处，又有所不同。

◇ 探究事情的原委和来龙去脉是非常繁难艰辛的。你可能会像是踏入流沙里去似的，因为那是个神秘的领域，变化多端，一不小心就会陷下去无法自拔。难道因为危险就放弃这种探索吗？为什么要放弃？

◇ 好运总是要先捉弄一番，然后才向坚忍不拔者微笑。

◇ 知识如同巨大而坚硬的和面缸，进步这种面包就在其中揉搓、发酵。

◇ 在找到光明普照的真理之前必须在荒谬的黑夜之中久久地徘徊。

◇ 生命却嘲弄了这类的不可能。生命在必要时有办法实现荒诞的事情。

◇ 缺乏信仰的人呀，谁告诉你今天没用的东西明天就不是有用的？

学习评价

表8　纪念展结束语撰写任务评价量表

评价层面	中心明确	情思真实独特	语言优美典雅	能体现出对法布尔和《昆虫记》的了解
优良				
合格				
待努力				

第二课时

准备环节：再读思考

从"《昆虫记》经典语句摘录"中选择两个感受最深的句子，谈理解认识，再从《昆虫记》中选择另外两句，书写感悟，准备分享。

请同学们记录整理自己的思考成果，有意识地使用读中指导课所学的检索资料法，深化认识，并为自己的观点寻找合适的事例作为佐证。

环节一：优秀作业展示

展示对"《昆虫记》经典语句摘录"理解认识的优秀示例。特别关注对于同一句话，同学们产生了哪些思考，让思想的火花充分碰撞闪耀。

◇ 人不能在生命的旅程中一遇到拦路的荆棘，就把生命当成笨重碍事、一文不值的东西扔掉。

感悟：生命是可贵的，是值得我们珍惜的。人生很漫长，生命的旅途中并不是所有事情都一帆风顺、畅行无阻的。遇到困难时我们首先要鼓起勇气面对，然后运用正确的方式克服困难，拨开拦路的荆棘，继续前行。《昆虫记》不乏这样的特点。法布尔怀着对生命的关爱研究"情感昆虫学"，他尊重弱小的生命，以人类的情感去研究它们。蝉在地下蛰伏四年才钻出地面；螳螂用"心理战术"制服敌人；为了交配，大孔雀蝶越过杂乱树枝的重重障碍，精神抖擞地飞向黑暗中的那一点光……这无不体现着昆虫们为了恪守自然规则，为了生存和繁衍做出不懈的努力。昆虫都珍惜生命、不畏艰难，我们又何尝不应该呢？

◇ 探究事情的原委和来龙去脉是非常繁难艰辛的。你可能会像是踏入流沙里去似的，因为那是个神秘的领域，变化多端，一不小心就会陷下去无法自拔。难道因为危险就放弃这种探索吗？为什么要放弃？

感悟：拨开迷雾，寻求真理可能是一个要历尽千辛万难的过程，也许会面对很多权威质疑的声音，甚至要面临危险的境地。我认为具有对真理的渴望与不懈探求的精神是和了解事情本身同样重要的。正因为有着不怕困难、坚韧不拔、永不放弃的科学探索精神，才促使了真理的诞生。就像法布尔一样，有着求真求实的科学精神。他迎着"偏见"，伴着"贫穷"，不怕"困难""冒犯"和"挫折"，几十年如一日从未放弃，对昆虫进行大量细致的观察与实验。正如他所说："在对某个事物说'是'以前，我要观察、触摸，而且不是一次，是两三次，甚至没完没了，直到没有任何怀疑为止。"正是这种不放弃的求真精神，使法布尔真实地记录下昆虫的本能与习性，获得了很多新发现，填补了当时昆虫学的很多空白。

（北京市第八中学 2021 级初中 17 班　孙楚惟）

◇ 缺乏信仰的人呀，谁告诉你今天没用的东西明天就不是有用的？

感悟：今日之积累必将成为他日之基石。每一个今天努力学习的技能都必将成为人生路上不可磨灭的印记。昆虫在秋季储存食物，看似无用甚至耗神费力，但是当漫长的寒冬来临，这些食物便派上了用场，这才是冬日的生存之道。多少生灵的生命就这样悄无声息地消亡，而那些提前预备食物的小生物却能见到下一年的春暖花开。

（北京市第八中学 2021 级初中 6 班　杨紫惠）

环节二：小组讨论及展示

1. 小组成员依次分享自己找到的哲理语句，请组内成员谈谈自己对于该语句的理解和感悟。

2. 小组投票，选出最引人深思、引发共鸣、引起讨论甚至争论的句子并制作哲言海报。

"哲言海报"要求：

1. 哲言内容要突出、醒目、清晰，便于后续展示；

2. 可以做适当的装饰；

3. 对哲言的理解认识，可以用关键词展示，也可以另附便笺进行说明；

4. 各小组派一名代表展示本组哲言海报，重点分享对哲言的理解认识；

5. 展示过程中，全体学生参照评价量表打分。

环节三：投票评选

1. 各组将自己的海报张贴在班级内指定位置。

2. 全体同学用贴纸或便利贴投票选出自己认为最能引人深思、引发共鸣、引起讨论甚至争论的句子。

环节四：活动小结

1. 教师公布评选结果。

2.教师小结：肯定学生的发现与思考，引导学生继续关注《昆虫记》作品中表现出的法布尔对生命的尊重、热爱和哲学思考。

环节五：拓展训练

读后探究——法布尔在《昆虫记》中体现的哲学思考。

(1)法布尔是如何"以人性观察虫性，以虫性反映人性"的？请你找到相关语句，谈谈你的理解和认识。

(2)鲁迅先生说："他的著作还有两种缺点：一是嗤笑解剖学家，二是用人类道德于昆虫界。但倘无解剖，就不能有他那样精到的观察，因为观察的基础，也还是解剖学。农学家根据对于人类的利害，分昆虫为益虫和害虫，是有理可说的，但凭了当时的人类的道德和法律，定昆虫为善虫或坏虫，却是多余的。有些严正的科学者，对于法布尔颇有微词，实也并非无故。但倘若对这两点先加警戒，那么，他的大著作《昆虫记》十卷，读起来也还是一部很有趣也很有益的书。"

➢ 你认为应不应该将"人性"赋予"昆虫"？为什么？

➢ 为了观察和研究，无论是法布尔还是其他昆虫学家，包括有些好奇心强的同学，都会抓捕、饲养或解剖昆虫，这对昆虫的直接伤害似乎是不可避免的。那么，人类是否应该从事相关研究？你是如何看待这个问题的？

学习评价

表9 "哲言海报"任务评价量表

评价层面	语句有哲理	理解感悟到位	书写清晰	设计美观	介绍自然流畅
优良					
合格					
待努力					

七、自主阅读迁移指导

(一)阅读策略

总思路是降低阅读难度，破除心理障碍，激发阅读兴趣。具体策略有五：其一，摘取有代表性、有趣味、学生容易理解的片段进行欣赏阅读。其二，借助阅读策略科学阅读，给学生提供适当的学习支架。例如：《昆虫记》阅读当中所采用的检索资料和自主提问法——检索资料帮助学生丰富认识、进入阅读；自主提问引领学生勤于思考，深入阅读。其三，知人论世，以作者为切入点引发学生的好奇心，促进学生进一步阅读原文。例如：法布尔的自述非常生动，嬉笑怒骂皆成文章，这与我们想象中昆虫学家的严肃面貌和泥土气息相去甚远，就很适合作为补充材料，一方面让学生了解作者，另一方面让学生有兴趣阅读他的作品。其四，任务驱动，设计有意思又有一定挑战的情境式任务，让学生主动阅读，积极讨论，自主查阅相关资料，从而实现深度阅读。其五，小组合作，互评互助。学生阅读兴趣各异，阅读能力也不尽相同，通过小组合作的形式，让喜欢阅读科普作品、善于阅读科普作品的同学带动有阅读困难的同学，通过合理安排阅读进度、细致分工和小组评价确保同学们通过共同学习，实现"1＋1＞2"的学习效果，让更多同学变被动为主动，感受阅读的快乐，享受互帮互助的幸福，体味任务完成的成就。

(二)阅读工具：阅读规划表

明确、合理、具体的阅读规划是辅助所有同学完成阅读的有力工具。阅读规划至少应该包含以下几个方面：

(1)书籍名称及版本信息。

(2)具体到每日阅读内容的阅读进度。如：《昆虫记》总计分为八天读完，每日阅读两章。

(3)阅读活动安排。如：每两日进行一次读中讨论，读后三天内完成读后感的撰写和阅读任务的准备工作。

(4)小组分工。具体到每位小组成员负责的具体任务及所需完成的时间节点。

(5)评价方式以及每种评价方式在最终的综合评价中所占比重。如：读中讨论互评、读后感写作评价、阅读任务完成度评价。

(三)推荐书目

1.《星星离我们有多远》(卞毓麟)

《星星离我们有多远》科普知识深入浅出，启迪思维用心良苦。这本书不是将某些答案强塞给我们，而是将天文学家的探索过程一一呈现，更让我们第一次意识到——我们看到的星星，带着时间的寓意，是来自宇宙的礼物。因为当你看到它发出的光亮时，在那个距地球不知多远的星体上，这束光可能已经发出了千万年。行文过程中还插入了诸多天文学家鲜为人知的故事，让我们切身感受天文学家探索宇宙空间的万里长征。本书荣获第二届全国优秀科普作品奖，已被收入国家"九五"重点图书"中国科普佳作精选"。

2.《黑猩猩在召唤》(珍妮·古多尔)

《黑猩猩在召唤》将把我们带到另一个动物世界，深入探索野生黑猩猩生活的奥秘。这本书将促使我们回顾人类在达到今日水平之前所走过的那漫长而艰难的道路；帮助我们以应有的谦虚，然而又从我们现时所理解的高度出发，去估价我们人类在动物世界中所占据的地位。

国际知名的动物行为学家珍妮·古多尔26岁就只身进入非洲丛林，把自己大半辈子的时间都投入到了研究和保护黑猩猩的事业当中，将自己这段丛林生活写成《黑猩猩在召唤》一书。多年来的重要研究为她赢得了动物权益研究所授予的"艾尔伯特·史威策奖"，大不列颠百科全书授予的"传播造福人类知识杰出工作者奖"和联合国和平信使。

八、附录

《昆虫记》读前调查问卷

亲爱的同学：

你们好！

《昆虫记》是统编语文教材中推荐的必读书目之一，我们将在本学期共同阅读。为了解你们的阅读现状和实际需要，特设计此问卷。请你们根据自己的真实想法，客观、认真地填写，本问卷不记名，仅供研究参考，谢谢你们的配合！

1. 你读过法布尔的《昆虫记》吗？

○ 读过，非常熟悉　　○ 读过，了解大致内容　　○ 读过，但印象不深

○ 曾读过一些篇章片段　　○ 完全没读过

2. 你喜欢法布尔的《昆虫记》吗？请你做出选择并填空说明你选择该项的理由。

○ 非常喜欢＿＿＿＿＿＿＿＿＿＿＿＿＿＿

○ 比较喜欢＿＿＿＿＿＿＿＿＿＿＿＿＿＿

○ 一般＿＿＿＿＿＿＿＿＿＿＿＿＿＿＿＿

○ 不太喜欢＿＿＿＿＿＿＿＿＿＿＿＿＿＿

○ 非常不喜欢＿＿＿＿＿＿＿＿＿＿＿＿＿

3. 你认为是否需要老师指导你阅读《昆虫记》？

○ 非常需要　　○ 比较需要　　○ 一般　　○ 不太需要

○ 完全不需要

4. 你还读过哪些科普作品？请说明你对它的喜爱程度及理由。

随大家读小书，于小书窥经典

——《经典常谈》融合式大单元教学设计

北京市第八十中学嘉源分校　王依然

一、推荐版本

书名：朱自清《经典常谈》

出版社：三秦出版社

出版时间：2019 年 8 月（2023 年 1 月重印）

推荐理由：此版本部分章节加入了插图以解释说明。段落方面，唐诗部分两个诗人同时出现时，均分为一人一段。以上改动便于读者阅读理解。由于朱自清撰写此书时现代汉语中有一些字的用法尚不固定，比如"的""地""得"等，此版本按《现代汉语词典》进行了字词的改动。此版本也按照现代汉语标点符号的用法对原文的标点符号加以订正，便于中学生读者阅读，形成规范的语言用法观念。

二、内容简介

（一）作品简介

《经典常谈》的作者是我国现代著名文学家朱自清，这是一部介绍我国文化经典的导读作品。全书以作品为纲，划分"说文解字""周易""尚书""诗经""三礼""春秋三传""四书""战国策""史记汉书""诸子""辞赋""诗""文"十三篇，对影响深远的中华文化典籍概述源流，评述内容。朱自清以"亲近经典"为宗旨编撰此书，希望读者"能把它当作一只船，航到经典的海里去"，即以此书为起点，见识经典。

这本书也可以被视为一部学术散文集。在这本书中，朱自清用通俗易懂、活泼生动的语言介绍艰深的学术内容。书题中的"常谈"，一方面是指"老生常谈"，介绍国学经典的基础知识；另一方面也指用聊天的口吻、通俗的语言把艰深的学术内容轻松传达给读者。因此，本书的语言很有特色，表现出较强的读者意识，叙述脉络清晰，旁征博引，兼具学术性和通俗化。

（二）阅读价值

1. 体认中华优秀传统文化，培养语文核心素养

《义务教育语文课程标准（2022年版）》强调语文教学的育人价值，"引导学生在学习语言文字运用的过程中，逐步梳理正确的世界观、人生观、价值观，体认和传承中华优秀传统文化、革命文化、社会主义先进文化，积淀深厚的文化底蕴，增强文化自信"。本书是一部引领学生认识中华文化经典的导读作品，朱自清先生也在本书的序言中提出"经典训练的价值不在实用，而在文化"。因此，通过阅读本书，学生一方面能够了解中华文化经典知识，并进一步思考阅读中华传统经典的现实意义；另一方面也能借此体认中华优秀传统文化，培养文化自信。

2. 学会选择性阅读，积累读书经验和方法

本书是各类经典导读作品的合集，从内容上看，整体篇幅不大，涉及内容却丰富庞杂，包括经史子集，堪称中华文化经典的"小百科"，可以说是"大家小书"；从结构编排上看，以作品为纲，篇目之间虽有学理上的关联，却也可以单独成文，单篇文章的内部脉络也十分清晰。因此，统编教材对于本书在阅读方法上提供的教学建议是学习选择性阅读，并提出"选择性阅读是一种理性的、目的性很强的阅读方式，它往往与阅读者的兴趣、目的密不可分"。读者可以根据自身的兴趣、目的去选择书中最需要的部分进行阅读。选择性阅读需要读者明确取舍标准、掌握帮助选择的方法，同时避免陷入选择性阅读等于随意阅读的误区，做到有目的、有计划地开展阅读，并且能够满足自身的需要。

3. 认识导读性书评的特点，学写简单的导读短文

本书在语言和文体上特色鲜明，属于导读性书评。导读性书评包括以下特点：评论的对象必须是经典著作或优秀图书；为读者服务的同时积极地引导和培养读者；对作品的评价不要面面俱到，不要代替读者的阅读和思考，为读者指点进一步阅读的门径。因此，学生可以通过阅读本书，学习模仿这种文体，为自己读过的优秀作品或经典著作写简单的导读短文，从而将自己的阅读经历转化为阅读成果，分享阅读体验。

三、学情分析

在本书阅读前，我们对学生进行了包括问卷调查、阅读前测两种方式在内的学情调研。问卷调查，从学生对本书的了解程度、对作者的熟悉程度、阅读方法的积累、阅读兴趣等方面设计问题，进行调研（见附录：《经典常谈》读前调查问卷）。阅读前测，包括两部分，一是学术散文的阅读体验调查（见附录：《经典常谈》阅读体验调查问卷），选择《经典常谈》的其中一篇阅读题作为前测，同时进行读后体验问卷调查；二是传统文化典籍知识水平调查（见附录：传统文化典籍知识水平小测验），以客观题检测的方式呈现。调研结果如下：

（一）学生现有的文体认知

通过调查问卷可以得知，学生普遍熟悉朱自清的文学散文，但对朱自清的学术散文知之甚少。从阅读体验调查问卷可以得知，由于学生缺乏阅读学术散文的经历，因此在阅读体验调查中反馈"知识量比较大""读起来比较吃力"；由于作品内容学理性较强，因此，有一半以上的学生反映"读起来比较枯燥"。同时，部分学生对于本书阅读价值的认知存在误区，认为阅读的重点在于记忆书中有关文化典籍的具体知识。

（二）学生现有的阅读能力与兴趣分析

从传统文化典籍知识水平调查的答题情况来看，大部分学生对于传统文化典籍的基本知识来源于课内。绝大多数同学对了解传统典籍知识比较感兴趣，但是也有"传统典籍知识比较枯燥""阅读难度大"的担忧。

从学术散文的阅读答题情况来看，绝大多数学生能够从文中准确提炼信息，但是在梳理结构、提出自己的问题、构建与自己生活学习的关联上，还存在不足。

因此，在阅读过程中，教师要着重解决两方面的内容：一是引导学生亲近学术散文，建立起阅读兴趣和阅读信心；二是学会根据目的阅读，满足自己的需要，自主发现阅读这本书的多元价值，理解阅读经典的现实意义，并以此书作为亲近经典原著的引子，体会阅读经典的魅力。

四、阅读策略

（一）兴趣导向，初读开路，私人订制自由读

《经典常谈》中的内容较为丰富，学理性和知识性强。因此，对于初中生来说，部分内容理解难度较大，不加选择地阅读是十分困难并且不必要的。对于学生个体而言，每篇内容的价值也是不同的。学生大可以以自己的兴趣为依据进行选择性阅读，完成整本书的选择性初读。比如，学生在八年级下册中学过《〈诗经〉二首》后，对《诗经》颇有兴趣，那么他就可以选择阅读本书的"《诗经》第四"专题部分。

但是按照兴趣"自由读"并不等同于"随意读"。为了引导学生能够有计划地自主阅读，可以组织学生"私人订制"阅读计划，根据自己的兴趣程度和阅读习惯，个性化地安排篇目、顺序和进度，并在一定时间内完成阅读计划。

（二）目的导向，读有所用，学习成果促阅读

在完成兴趣初读后，为了深入阅读，不妨以阅读成果促进学生的阅读行为，开展根据目的的选择性阅读，让学生在"读有所用"中逐渐增强阅读自信。可以与课内学习沟通衔接，解决学习过程中遇到的问题，为研究性学习打开思路，寻找资料等。比如，学生可以联系课文篇目，制作教材拓展资料卡，为孔子、屈原、陶渊明等人制作文化专栏等。

（三）问题导向，读有所思，联系现实深阅读

为了避免学生在阅读中陷入记忆传统典籍知识的误区，从而忽略探寻阅读本书的多元价值，可以以问题为导向进行专题探究。比如从单篇内容的角度可以引导学生思考"古今之争""通史与断代史之争"，从整本书的角度可以引导学生思考如何介绍一本经典著作或者优秀作品，还可以引导学生思考阅读传统经典的现实意义。

（四）素养导向，拓展阅读，亲近经典广阅读

为了落实语文素养，从本书出发将学生引向传承优秀传统文化的道路，最关键的是借由此书，引导学生亲近经典，广泛阅读。比如学生在阅读本书后，对某本文化经典产生兴趣，阅读原著。如原著较厚，可以运用选择性阅读的方法进行阅读。读后可以写导读短文，在班级进行介绍推荐，分享交流经验。

五、大单元教学设计

（一）本册书基本问题

如何从自身需求出发进行选择性阅读。

（二）阅读目标

1. 学会根据兴趣、目的，有选择、有计划地进行阅读，掌握阅读序言和目录、钩玄提要等选择性阅读的方法。

2. 欣赏本书兼具知识性和通俗化的语言，学会写简单的导读性书评短文。

3. 了解中华传统文化经典的相关知识，激发阅读中华传统文化典籍的兴趣，认识阅读中华传统文化经典的现实意义。

（三）大单元教学设计框架图

随大家读小书，于小书窥经典
——《经典常谈》大单元教学设计

	读前指导（1课时）	读中指导（2课时）		拓展阅读（2课时）	阅读活动（1课时）
基本问题	如何从自身需求出发进行选择性阅读				
学习进程	读前指导（1课时）	读中指导（2课时）		拓展阅读（2课时）	阅读活动（1课时）
学习目标	1.通过阅读序言和目录，了解本书的基本内容。2.能够根据兴趣，自主制订阅读计划。3.学会用思维导图等方法钩玄提要，做阅读笔记。	1.通过制作知识索引图谱归纳梳理主要内容。2.学会根据目的进行选择性阅读，为课内古诗文制作资料卡片。	关注作者在书中的评述性语言，联系已有的知识对作者的观点进行验证和反思。	1.能够拓展阅读，分享阅读内容和阅读经验。2.了解导读性书评的特点以及本书的艺术特色，学会写导读短文。	能够结合自己的经历和现实，理解阅读传统文化经典的现实意义，发表自己的阅读感悟。
典型任务	线上：1.学生完成《经典常谈》读前调查问卷和阅读体验调查问卷。2.按照阅读计划进行阅读。完成阅读笔记和阅读摘抄，并在线上发布交流。	线上：听线上微课导读，进行自主阅读，自主检测。	线上：听线上微课导读，进行自主阅读，自主检测。	线上：将修改后的导读短文编纂排版，起一个好听的名字，班级内传阅。	线上：组织开展"阅读传统文化经典的现实意义"主题论坛
	线下：1.阅读序言和目录，了解本书的基本内容。2.根据兴趣，做私人订制版阅读计划。3.以"文解字第一"为例，钩玄提要做笔记。	线下：1.班级分组合作制作每一章的知识索引图谱。2.参考《经典常谈》的具体篇目，为课文制作出处或作者的资料卡片。	线下：1.针对自己熟悉或想要了解的经典和人物丛书中摘录朱自清的评议性语言。2.用已有的知识对作者的观点进行验证或反思。	线下：1."我谈经典"：向朱自清学写导读性短文。2."我荐经典"：向朱自清学写导读性短文，形成导读性短文写作指南，并完成短文的写作和修改。	线下：1.请联系你的阅读经历和切身体验，任选一个话题，谈谈你的看法。2.请以你读过的文化经典为例，谈谈阅读中华传统文化经典在当今有何意义，撰写发言提纲。
学习评价	1.能够根据兴趣，制订完整、合理、清晰的阅读计划，在7天内完成阅读。2.能够完成阅读笔记，在线上发布两次笔记。	1.能够提取章节的关键话题，制作完整的知识索引图。2.能提取信息，完成资料卡，内容简洁清楚，有益于理解课文或拓展知识，语言通俗易懂，逻辑清晰。	能够针对本书的观点，深入思辨，联系已有的知识进行验证与反思，有理有据地表达自己的看法。	落实阅读计划，并形成内容充实、形式新颖的阅读成果。	能够发现中华传统文化经典的意义，并且能联系自身经历和社会生活有理有据地进行阐述。
作业设计	1.按照阅读计划，进行阅读。2.完成阅读笔记和阅读摘抄，并在线上发布交流。	《经典常谈》介绍了不少文化经典。请你从中选择一本感兴趣的经典，进行选择性阅读，完成阅读计划，形成阅读成果。阅读成果的形式包括做笔记、摘抄，拓展资料卡、观点思考和心得等。		在小组内交流。	完成主题论坛发言稿。

图 1　大单元教学设计框架图

六、课时教学设计

表 1　阅读任务一

线上调查	学生完成《经典常谈》读前调查问卷、阅读体验调查问卷、传统文化典籍知识水平小测验。		
课堂学习	1. 通过阅读序言和目录，了解本书的基本内容。2. 能够根据兴趣，自主制订阅读计划。3. 学会用思维导图等方法钩玄提要，做阅读笔记。		
线上讨论＋自主阅读	时间	私人订制阅读计划	发布 1 次阅读笔记
	1 天		

读前指导课教学设计

准备环节：走进"大家小书"

学生活动：阅读资料，了解本书，说说为什么这是一本"大家小书"。

资料支撑：朱自清简介、本书简介、名人评价。

【学习资料1】别样的朱自清

朱自清不仅是独树一帜的文学家，同时也是学者、教育家。朱自清几乎半生都在研究中国历史文化，具有很高的学术造诣。他以认真严谨的态度从事教学和文学研究，曾与叶圣陶合著《国文教学》等书，此外，朱自清从北大毕业后，曾在江浙一带先后执教过六所师范学校和中学，他的许多作品就是写给中学生看的。

【学习资料2】本书简介

朱自清的《经典常谈》包括说文解字、周易、尚书、诗经、三礼、春秋三传、四书、战国策、史记汉书、诸子、辞赋、诗、文等十三篇，系统地介绍了中国古代文学的发展与历史脉络。全书对经典的梳理与讲解，不仅知识上简洁精辟，文字上更是白话文通俗流畅的典范；让古文对读者来说更为亲近、熟悉，从而启发读者的兴趣，是读者概览中国古典文学的不二之选。丰富的中等教育的经验，加上他简练朴实、自然流畅的散文风格，使《经典常谈》具有极强的可读性。

——百度百科

【学习资料3】名人评价

朱先生的《经典常谈》却是负起这方面的责任来的一本书。它是一些古书的"切实而浅明的白话文导言"。谁要知道某书是什么，它就告诉你个什么，看了这本书当然不就是变了古书，可是古书的来历，其中的大要，历来对于该书有什么问题，直到现在为止，对于该书已经研究到什么程度，都可以有个简明的概念。学生如果自己在一大堆参考书里去摸索，费力甚多，所得未必会这么简明。因这本书的导引，去接触古书，就像预先看熟了地图跟地理志，虽然到的是个新地方，却能头头是道。

——叶圣陶《读〈经典常谈〉》

环节一：阅读序言和目录，了解本书的基本内容

序言和目录是我们在阅读一本书时的重要工具，它能带我们了解写作的相关背景、内容提要、主要风格特点以及该书的地位价值和相关评价等。请你阅读本书的序言和目录，完成两个小活动。

学生活动1：阅读目录，说说你的阅读期待——"阅读此书我想获得什么"。

学生活动2：阅读序言，说说本书的创作目的和体例，揣摩"通过阅读此书，我能获得什么"。

环节二：根据兴趣，做私人订制版阅读计划

学生活动 1：请阅读目录，说说你最想阅读哪几章，原因是什么。

学生活动 2：以一周为限期，制订私人订制版阅读计划。

教师指导：阅读计划一般包括阅读章节、阅读时间；阅读顺序可以根据自己的兴趣或内容关联程度决定；要根据阅读限期，合理分配阅读任务，把握阅读进度；可以用表格、思维导图等形式呈现。

学生活动 3：小组分享讨论阅读计划，互相点评，修改完善。

评价工具：

表 2　私人订制阅读计划自查表(在达标项目前打"√")

合格	优秀
□计划内容完整、具体。详细列出每天的阅读章节和阅读时间。	□在合格的基础上，能够加入每日阅读心得、每日反思等自我评价的内容。
□计划合理，可以在 7 天内完成所选篇目的阅读。	□在合格的基础上，能够任务分配合理，阅读时间具体有保证，每天的阅读任务具有可完成性。
□计划呈现方式清楚。	□在合格的基础上，能够做到有条理，用时间轴、表格等方式呈现，一目了然，方便参考。

学生作品展示：

表 3　《经典常谈》阅读规划表

时间	阅读章节	阅读时长（计划）	实际时长	阅读心得与内容概括	自我反思
第一天	《说文解字》第一，《周易》第二	15 分钟			
第二天	《尚书》第三，《春秋》三传第六，《战国策》第八	15 分钟			
第三天	三礼第五，四书第七，诸子第十	25 分钟			
第四天	《史记》《汉书》第九	10 分钟			
第五天	辞赋第十一	8 分钟			
第六天	诗第十二，《诗经》第四	15 分钟			
第七天	文第十三	17 分钟			

（北京市第八中学 2021 级初中 9 班　刘梓钰）

设计原因：章节阅读安排上以内容关联为标准。第一天两篇介绍的书都是工具书，且年代较早；第二天的篇目都介绍了记言书目；第三天介绍了春秋战国各派别的主张和代表人物，与前一天时代相近；第四天时代较后，都是记事书目且都为纪传体；第五天开始介绍文体；第六天介绍了诗和记载了诗歌的书；第七天是最后概括，总的来介绍，将整本书串联在一起。表格设置上有预计时长和实际时长，可通过对比在反思栏写下待改进的地方。阅读心得与内容概括帮助掌握这本书。

（教师点评：小小一张表格，足见这位同学充足的阅读准备和高昂的阅读热情。这位同学在了解各篇目的大概内容和长度后安排了阅读的先后顺序，并且预计了阅读时长。在阅读计划上还增加了阅读心得与内容概况、自我反思两栏内容，帮助自己进行阅读提升，做到了有计划、有效果、有反思。）

环节三：以《说文解字》第一为例，学习用思维导图等方法钩玄提要，做阅读笔记

介绍"钩玄提要"的读书法。所谓的"钩玄提要"读书法，就是指不拘泥于字义，抓住要点，探求书中的精义，领会本质的内容。第一种思路是可以用此方法提纲挈领，梳理结构，将书读"薄"。第二种思路是摘录书中的经典语句、精辟论述、精彩片段，方便后续思考探究，将书读精。下面就以本书的第一章"《说文解字》第一"为例，体验一下两种读书方法。

学生活动1：阅读"《说文解字》第一"，用思维导图梳理章节结构。

教师指导：引导学生关注段落的首尾句、结论性的语句、关联词，了解段落大意；梳理段落间的关系，对篇目进行分层。

学生作品展示：

《说文解字》第一
- 第一段～第二段："仓颉造字说"是统一文字的需要
- 第三段～第四段：识字教育越来越注重，秦始皇为了统一文字，制定标准字书，称为"小篆"
- 第五段：东汉时许慎作的《说文解字》是一部划时代的字书，是研究文字学的工具或门径
- 第六段：金文、钟鼎文、甲骨文等古文名称的由来与留存方法
- 第七段～第八段："六书"的内容
- 第九段：象形、假借、形声是为了使相同的"名"有不同的意、不同的"文"
- 第十段：秦后的隶书、草书、楷书、行书等书体演变是求应用便利

（北京市第八中学2021级初中9班　朱韵涵）

（教师点评：这位同学使用"钩玄提要"法，用思维导图梳理了章节结构，使章节内容一目了然。）

学生活动2：摘抄章节中你认为精彩的、有用的论述，完成吉光片羽摘抄卡，小组内相互分享。

环节四：拓展训练

1. 按照阅读计划，进行阅读。

2. 完成阅读笔记和阅读摘抄，并在线上发布交流。

学习评价

表4　《经典常谈》读前指导课学习评价表

评价内容	评价方式	评价依据	评价工具
是否了解本书的大致内容	教师点评	学生课堂回答	—
是否能够自主订制阅读计划	学生自评、学生互评	阅读计划	私人订制阅读计划自查表
是否能够运用"钩玄提要"法阅读	学生互评、教师点评	思维导图读书笔记	—

表5　阅读任务二

课堂学习	第一课时： 1. 通过制作知识索引图谱归纳梳理主要内容。 2. 学会根据目的进行选择性阅读，为课内古诗文制作资料卡片。		
	第二课时： 关注作者在书中的评述性语言，联系已有的知识对作者的观点进行验证或反思。		
线上学习＋自主阅读	时间： 5天	线上微课导学： 根据私人订制阅读计划选择对应章节听课	线下自主阅读： 按私人订制阅读计划进行阅读

读中指导课教学设计

第一课时

环节一：知识索引图谱

学生活动：班级分组合作制作每一章的知识索引图谱。将每一章的核心知识概括为关键词，并且标注页码范围，以图谱的方式呈现，便于索引、查找。给出示例图如下。

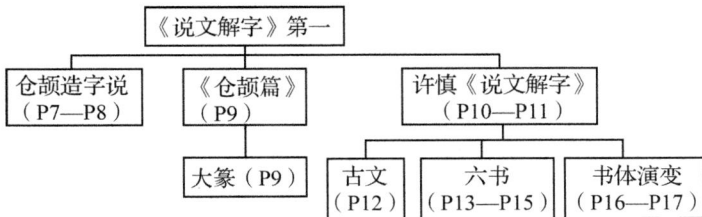

图 2　知识索引图谱示例

学生作品展示：

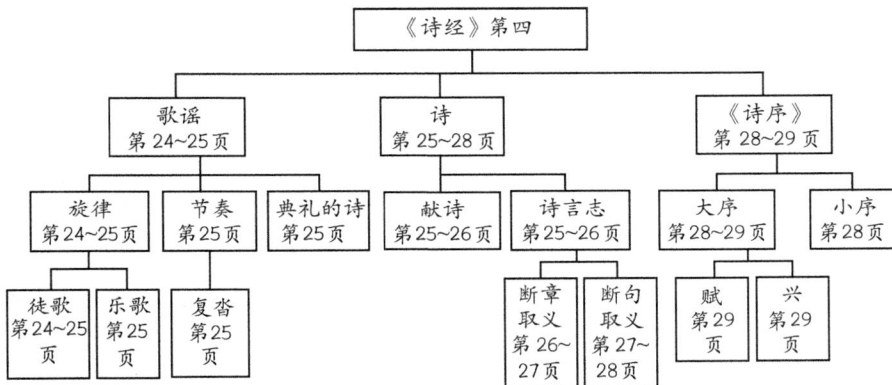

图 3　学生作品展示图

（教师点评：这位同学制作的图谱关键词选取得准确、清晰、全面，布局工整简洁，便于索引、查找。）

环节二：为课内古诗文制作资料卡片

学生活动 1：参考《经典常谈》的具体篇目，为课文制作出处或作者的资料卡片。

课文《诗经》二首、《庄子》二则、《礼记》二则、《小石潭记》、《石壕吏》、《茅屋为秋风所破歌》。

资料支撑：班级合作制作的知识索引图谱；资料卡片思维引导表格。

表 6　资料卡片思维引导表格

我为哪篇课文补充资料卡片	我补充卡片的目的是什么	我补充的内容类型	原文相关内容摘录
		例如：出处简介/作者简介/课文相关问题解说	

学生活动 2：小组合作，讨论资料卡应该具备哪些标准，制作评价表，并相互评阅。按照标准进行修改。

评价标准参考（可以根据学生的讨论进行完善修改）：

表 7 资料卡片评价标准参考表

内容	简洁清楚，有针对性，能够将某个知识点介绍或者解释清楚。 有价值，能够帮助读者理解课文或了解作者。
语言	有读者意识，语言通顺易懂，表意准确。 句子或者段落间逻辑清晰。

学生作品展示：

表 8 资料卡片思维引导表格

我为哪篇课文 补充资料卡片	我补充卡片的 目的是什么	我补充的 内容类型	原文相关内容摘录
《小石潭记》	希望能够对本文的背景有更深刻的理解（全面了解） 方便理解文章内容 了解诗人写作特点与独特风格	《小石潭记》作者，即柳宗元的"文"的特点	"他的文深幽精洁，最工游记；他创造了描写景物的新语"。
		"文"的发展历程	1."现存最早的文，是商代的卜辞，还有诰辞"。
			2."春秋时期，这也称为'辞'，又称为'命'，合称为'辞命'/'辞令'"。
			3."战国时期，游说之风大盛，那时最重辩"。
			4."自从有了私家著作，雅言便成了凝定文体，言文渐渐分离"。
			5."伴随议论文的发展，记事文也有了长足进步"。
			6."汉代是赋的时代，所谓'骈文'或'骈体'"。
			7."《文选》第一次提出'文'的标准。以'文辞'或'文章'称记言、记事之作"。
			8."唐初，陈子昂改革文体，韩愈倡导古文运动。这实在是新体的'古文'，宋代又称为'散文'"。
			9."到了宋代，又有'话本'，是白话小说的老祖宗"。
			10."清末，梁启超先生的'新文体'可算登峰造极"。
			11."经五四运动，白话文畅行"。

资料卡片

《小石潭记》作者为柳宗元。柳宗元的诗文深幽精洁，他最擅长写作山水游记，也是他确立了山水游记作为独立的文学体裁在文学史上的地位。柳宗元主张"文以明道"，他提倡思想内容与艺术形式的完美结合。要知道"文"最早可并不是像《小石潭记》这样哦！根据《经典常谈》中"文第十三"一章可知，"文"最早起源于商代，称为卜辞、讼辞。至春秋战国时期，因各国之间交往频繁，外交言语更需慎重，便将其合称为"辞命""辞令"。到战国时期，由于游说之风兴盛，所以最重说辞，最重辩。自从有了《论语》等四部儒家经典后，"雅言"成了官方语言。再至汉代，"文"又有了新的发展。在汉武帝时期，盛行辞赋。所谓"骈文"或"骈体"都出自于此。同时，汉代《文选》第一次提出了"文"的标准，后以"文章"称记言之作。至柳宗元所处的唐朝，陈子昂提出改革文体，柳宗元的好友韩愈倡导古文运用，为"文"的发展做出了重要贡献。这新体的"古文"在宋代又称"散文"。而在宋代，又有了"话本"，为白话小说（如《三国演义》《水浒传》）奠基。明清分别有八股文与梁启超先生的"新文体"。最终胡适等新文化先驱倡导的白话文经过"五四运动"畅行。如此可见我国"文"的发展源远流长。

（北京市第八中学 2021 级初中 9 班　王嘉翙）

（教师点评：这位同学充分利用了资料卡片思维引导表格，清楚地梳理了自己制作资料卡片的目的，预设了资料卡片的内容：柳宗元"文"的特点以及"文"的文体发展历程。在摘抄时这位同学从书中准确地撷取了自己所需的内容，而后将这些内容融入资料卡片，用通俗易懂的语言做了一番新阐述，帮助读者获得了新知识，从文体发展的层面了解了《小石潭记》这篇文章的独特价值。）

第二课时

环节一：明辨观点，学思并进

学生活动1：朱自清在叙述介绍经典或者人物的过程中往往会发表一些精辟的观点，其中不乏我们熟悉或想要进一步了解的对象，比如李白、杜甫、孔子、屈原、陶渊明等人物以及《礼记》《庄子》《史记》等作品，请你从中选择一到两个对象，翻阅这本书，找一找朱自清的观点，摘录下来。

学生活动2：结合课文，思考验证书中的以下观点是否成立，谈谈你的看法。

观点1：（杜甫）身经离乱，亲见了民间疾苦。他的诗努力描写当时的情形，抒发自己的感想。

观点2：（柳宗元）他的文幽深精洁，最工山水游记，他创造了山水游记这种文学体裁在文学史上的独立地位。

观点3：还有一种"寓言"，借着神话或历史故事来抒论。《庄子》多用神话，《韩非子》多用历史故事。

观点4："记"是儒家杂述礼制、礼制变迁的历史，或礼论之作；所述的礼制有实施的，也有的是美好的愿望。

教师指导：关注作者在书中的评述性语言，用已有的知识对作者的观点进行验证或反思。

环节二：拓展训练

《经典常谈》介绍了不少文化经典。请你从中选择一本感兴趣的经典，进行选择性阅读，完成阅读计划，形成阅读成果。

阅读成果的形式：做笔记、摘录；拓展资料卡；对观点的思考心得。

学习评价

表9 《经典常谈》读中指导课学习评价表

评价内容	评价方式	评价依据	评价工具
是否能提取书中的关键话题	教师点评	索引图谱	—
是否能够根据目的提取并整合信息	学生自评、学生互评	资料卡	资料卡片评价标准参考表
是否能够用已有的知识对作者的观点进行验证或反思	教师点评	课堂发言	—

表10 阅读任务三

自主阅读	时间	拓展阅读
	5天	运用选择性阅读的方法阅读一本经典，并形成阅读成果。
课堂学习	1. 能够拓展阅读，分享阅读内容和阅读经验。 2. 了解导读性书评的特点以及本书的艺术特色，学会写导读短文。	
线上活动	时间	线上活动
	1天	小组编纂导读性短文集

拓展阅读课教学设计

环节一：向朱自清学写导读性短文之"我谈经典"

学生活动：交流分享你读了哪本文化经典，简单地介绍这本书的内容并且谈谈自己的读后感。

环节二：向朱自清学写导读性短文之"我荐经典"

学生活动1：思考，如果要为你读的文化经典写导读，你会如何写？

学习资源：统编教材名著导读（范例）、《经典常谈》（范例）、马晓声《论导读性书评》（参考资料）。

教师指导：介绍导读性书评的特点（选择优秀图书作为评论对象；以读者为阅读对象；以指导读法和链接相关知识为主）。

学生活动2：小组讨论总结，在《经典常谈》中，朱自清是如何做导读的？你从中获得了哪些启示？

教师指导：阅读"《春秋》三传第六"中介绍《左传》的部分。可以引导思考以下问题：

1. 朱自清介绍了哪些内容？
2. 朱自清的语言有什么特点？
3. 朱自清使用了哪些方法让论述更可信？
4. 在这本书中朱自清提示了哪些阅读方法？

学生活动3：综合自己的思考和《经典常谈》的启示形成导读性短文写作指南。

资料支撑：导读性短文写作指南。

表11 导读性短文写作指南

内容由哪些部分构成	
语言特点	
其他注意事项/要求	

学生活动4：根据写作指南，为自己阅读的传统经典写简单的导读性短文，小组根据写作指南互相阅读，给出修改意见。

环节三：拓展训练

修改完善导读短文，修改后班级编纂成册，起一个好听的名字，班级内传阅。

学习评价

表12 导读性短文评价表

评价内容	评价方式	评价依据
是否知道导读性短文的特点	教师点评	导读性短文写作指南
是否了解本书的内容和语言特点	学生互评、教师点评	学生发言
是否会写导读性短文	学生互评、教师批阅	导读性短文作品

作业展示

《论语》导读

春秋末年，政局动荡，战争频发。到了战国，战争更多。在这样动乱的局面下，一些有才能的人纷纷发表主张，不论是拥护还是反对旧文化、旧制度的，都各抒己见。这是思想解放的时代，诸子百家也是这时兴起的。孔子，是旧文化、旧制度的维护者，是儒家学派创始人。他开门授徒，提倡"有教无类"，相比于空读诗书，他更注重人格的修养。所以，儒家学说以"仁"为核心，重视君子的道德教育。孔子倡导仁义礼智信，他以身作则，为弟子们作表率。记载孔子及其弟子言行的文集，便是"四书"之一的《论语》了。

《论语》是儒家经典，是记言为主的语录体散文集。《论语》包括二十篇，共四百九十二章，大部分是孔子与他人谈论之语，小部分是孔门弟子交谈之语。孔子在世时，《论语》主体内容就已创成，去世后，他的弟子及再传弟子代代传授他的言论，并逐渐将口头记诵的言行记录下来，因此称为"论"；《论语》记载了孔子及其弟子的言语，因此称为"语"，故名《论语》。《论语》较为集中地体现了孔子及儒家学派的政治主张、伦理思想、道德观念、教育原则等。书中不同弟子问孔子"仁"的含义，他答颜渊"克己复礼为仁"，答仲弓"己所不欲，勿施于人"，对不同弟子作不同回答，因材施教。

《论语》中的语句形象生动，刻画人物鲜明，语言简练，一语中的，令人回味无穷，因此《论语》也具有较强的艺术性。

这部书成于战国初期，秦始皇焚书坑儒时，它被藏于孔子旧宅墙壁中，鲁恭王时期在旧宅被发现，才得以保存下来。总之，《论语》是儒家学派的代表作，在古代社会发挥着极大的作用。

（北京市第八中学 2021 级初中 9 班　刘梓钰）

（教师点评：这位同学为《论语》写导读，内容包括《论语》的时代背景简介、体例和内容介绍、艺术特色的评点，还讲述了它的相关故事。整体上以叙述介绍为主、评点为辅。叙述语言通俗明白，评点语言简洁精练，带读者认识了《论语》这部作品。）

表 13　阅读任务四

课堂学习	能够结合自己的经历和现实，理解阅读传统文化经典的现实意义，发表自己的阅读感悟。	
线上活动	时间	线上主题论坛
	1 天	组织开展"阅读传统文化经典的现实意义"主题论坛

阅读活动课教学设计

环节一：争鸣，讨论阅读中华传统文化经典的意义

学生活动："经典之我见"，请联系你的阅读经历和切身体验，任选一个话题，谈谈你的看法。

随大家读小书，于小书窥经典

问题 1：阅读传统文化经典和我们的现实生活有何关联？

问题 2：当今世界瞬息万变，阅读传统文化经典在当下有何意义？

问题 3：我们应该对传统文化经典抱有怎样的态度？

环节二：起草，为主题论坛写发言提纲

学生活动："论坛先锋"，请以你读过的文化经典为例，谈谈阅读中华传统文化经典在当今有何意义，写出你的发言提纲，为主题论坛做准备。

资料支撑：

表 14　发言提纲示例

我认为阅读传统文化经典有这些意义	1. 2. 3. ……
有哪些经典著作可以作为依据？	1. 2. 3. ……
联系自身或现实，举例说说这些经典著作具体在哪些方面产生了意义？	1. 2. ……

环节三：拓展训练

根据发言提纲，形成发言稿。发言稿由小组进行初审，老师复审，决定论坛发言名单。

学习评价

表 15　《经典常谈》拓展阅读课学习评价表

评价内容	评价方式	评价依据
是否能够发现中华传统文化经典的意义	教师点评	学生发言
是否能够有理有据地阐述中华传统文化经典的意义	教师评阅	提纲作品

"阅读传统文化经典的现实意义"主题论坛活动方案

【活动目的】结合自己的经历和现实，理解阅读传统文化经典的现实意义，发表自己的阅读感悟。

【活动方式】线上主题论坛

【准备活动】

1. 学生提交发言提纲，报名申请论坛发言。由小组进行初审，老师复审，

129

决定发言名单。

2. 活动需要 2 名主持人，撰写主持稿，主持论坛。学生自主申请担任。

3. 小组分工，组员轮流担当点评委员，负责点评发言。

【活动流程】

1. 主持人开场白，介绍论坛举办目的和论坛流程。

2. 论坛参与者发言。

以读过的传统文化经典为例，谈谈阅读传统文化经典在当今有何意义。

3. 点评委员点评发言。

由负责点评该发言的同学组成评委组进行点评，并发表感想。

表 16　论坛发言评价表

评价内容	观点明确，条分缕析。	依据文本，解读得当。	联系现实，事例充分。	有自己的感受，见解独特、深刻。
评价发言	声音响亮，口齿清晰，听者能听清楚。	语速适中，听者能跟上思路。	有重音和语调的变化，听者能注意到重点。	发言幽默、文雅、深刻，有个人风格。
做笔记提要				
你的感想与收获				

4. 教师点评。

教师针对发言和评价中可圈可点的地方进行表扬，对于需要修改的地方进行指导。

5. 主持人发表结束语。

七、自主阅读迁移指导

（一）阅读策略

1. 引领学生在阅读中懂得取舍、学会取舍

在信息爆炸的年代，面对浩繁卷帙，无论成人还是孩子，如何取舍都是一个关键的问题。而选择性阅读正是"取舍"艺术的表现。在取舍的原则上，我们大致可以引导学生根据兴趣取舍、根据目的取舍、根据问题取舍。在具体的读书方法上，我们可以教会学生或"钩玄提要"，取其精华；或"一意求之"，多次阅读，每次只着重解决一个问题。

2. 引领学生在阅读中发现需求、满足需求

在阅读中"取舍"需要读者明确自己读书的需求。这种需求或产生于阅读之前，以读书期待或者实际目的的方式呈现；或产生于阅读过程中，以读书

乐趣、对内容的好奇心、疑问的方式呈现。因此，为了促进学生的阅读，教师一方面应当激励学生不断产生阅读需求，另一方面也要让学生的阅读需求得到满足，形成成果，从而促进学生的阅读行为。尤其是《经典常谈》这种学理性较强、阅读起来较为枯燥的书目，教师可以采取任务驱动、实践活动等方式。

（二）推荐书目

1.《给青年的十二封信》（朱光潜）

这本书是朱光潜专门写给中学生的，以书信的形式，每次一个话题，探讨读书、习俗与革新、爱情与道德、升学与专业、参与社会运动，以及人生烦恼与乐趣等。每一封书信都闪耀着朱光潜先生理想的光芒和对青年人的热切关怀。你可以带着兴趣，或是带着困惑去这本书中领略人生，寻找答案。

2.《苏菲的世界》（乔斯坦·贾德）

这本书以小说的形式，以一名哲学导师的口吻向一个叫作苏菲的小女孩传授知识，讲述了西方哲学发展的历程，是一本西方哲学的启蒙书。在这本书里，14岁的苏菲在一次次的神秘来信中穿越时空，从北欧神话到启蒙运动、从苏格拉底到柏拉图、从黑格尔到马克思、从文艺复兴到浪漫主义……如果你想了解更多，可以跟随苏菲一起踏上西方哲学之旅。

八、附录

附录一

《经典常谈》读前调查问卷

1. 你是否读过这本书？

A. 是　　　　　　　B. 否

2. 你是否熟悉这本书的作者朱自清？

A. 非常熟悉，阅读过他的散文集或诗集

B. 熟悉，课内学习过他的课文

C. 不太熟悉，有点忘记了

3. 你是否读过学术散文？

A. 读过　　　　　　B. 没有读过

4. 你是否读过介绍我国传统文化经典的作品？

A. 读过　　　　　　B. 没有读过

5. 这本书是一部介绍我国传统文化经典的著作。你对这本书的感兴趣程度是？

A. 非常感兴趣　　B. 一般　　　　　C. 不感兴趣

6. 你的阅读期待是什么？（主观题）

7. 你预计的阅读困难有哪些？（主观题）

8. 你通常使用的阅读方法有哪些？（多选题）

A. 跳读　　　　　B. 做笔记　　　　C. 做摘抄　　　　D. 专题探究

E. 梳理结构　　　F. 做摘要　　　　G. 其他

9. 你希望开展什么形式的线上阅读活动？（多选题）

A. 线上问题讨论　B. 读书分享会　　C. 主题论坛　　　D. 辩论赛

E. 其他建议＿＿＿＿＿＿＿＿

附录二

《经典常谈》阅读体验调查问卷

请你阅读本书的第一章"《说文解字》第一"，然后完成下面的问卷。

1. 你用了多长时间读完这一章？（填空）＿＿＿＿＿＿＿分钟

2. 对于你来说，本章的阅读理解难度大小是＿＿＿＿＿＿＿。

A. 停下来的次数多（超过 5 次），读起来难度较大

B. 偶尔需要停下来（5 次以内），难度适中

C. 读起来比较顺畅，难度不大

3. 在阅读过程中遇到困难的原因是＿＿＿＿＿＿＿。（多选题）

A. 知识量大，陌生的名词较多　　　B. 篇幅较长，读起来花费时间长

C. 比较枯燥，不想往下读　　　　　D. 其他＿＿＿＿＿＿＿＿

4. 你对本章内容感兴趣的程度是＿＿＿＿＿＿＿。

A. 很感兴趣　　　B. 一般，无感　　C. 不喜欢

5. 你对本章内容感兴趣的原因是＿＿＿＿＿＿＿。（多选题）

A. 对《说文解字》感兴趣，有好奇心和求知欲

B. 对作者朱自清感兴趣，想了解他的观点

C. 对传统文化典籍感兴趣，想了解更多知识

D. 其他

6. 你认为这本书的阅读重点是什么？（按重要程度排序）

A. 积累传统文化典籍知识

B. 学习朱自清的语言特色

C. 了解中华优秀传统文化

D. 扩展视野，引发阅读传统文化典籍的兴趣

E. 学习读书方法

7. 请你用自己的方式，提炼梳理本章的关键内容。（主观题）

附录三

传统文化典籍知识水平小测验

1."风骚"是哪两部作品的合称？

A.《论语》《离骚》　　　　　　　　B.《诗经》《离骚》

C.《论语》《庄子》　　　　　　　　　　D.《诗经》《庄子》

2. 被誉为"史家之绝唱，无韵之离骚"的史书是哪一部？

A.《史记》　　　　B.《战国策》　　　　C.《汉书》　　　　D.《春秋》

3. "四书"指的是哪四部儒家经典？

A.《大学》《论语》《中庸》《孟子》　　　　B.《诗经》《尚书》《论语》《孟子》

C.《大学》《尚书》《礼记》《周易》　　　　D.《诗经》《尚书》《礼记》《周易》

4. 下面哪部作品不属于文字学的相关著作？

A.《说文解字》　　　B.《尔雅》　　　C.《广韵》　　　D.《尚书》

5. 以下哪一部史书属于纪传体通史？

A.《史记》　　　　B.《战国策》　　　　C.《汉书》　　　　D.《左传》

6. 被称为"文起八代之衰"的是哪位文学家？

A. 王安石　　　　B. 韩愈　　　　C. 柳宗元　　　　D. 欧阳修

7. 从哪位诗人的作品开始，"香草美人"成为政治的譬喻，对后世诗歌影响深远。

A. 屈原　　　　B. 陶渊明　　　　C. 李白　　　　D. 杜甫

8. "诗六艺"指的是？

A. 礼乐射御书数　　　　　　　　B. 诗书礼乐易春秋

C. 风雅颂赋比兴

9. 八卦起源于哪部经典？

A.《尚书》　　　B.《周易》　　　C.《老子》　　　D.《庄子》

10. 哪一流派主张"兼爱""非攻"？

A. 儒家　　　　B. 法家　　　　C. 墨家　　　　D. 纵横家

着眼人物成长，解密精神特质

——《钢铁是怎样炼成的》融合式大单元教学设计

北京市第八中学　刘嘉扬

一、推荐版本

长篇小说《钢铁是怎样炼成的》是苏联社会主义文学中最辉煌的名著，也是世界文学的经典巨作。作者尼古拉·奥斯特洛夫斯基 1936 年去世，他去世之前，每次出版都要重新修订一次，因此便有了 40 多个不同版本。1989 年，苏联青年近卫军出版社出版《奥斯特洛夫斯基文集》，其中收录的《钢铁是怎样炼成的》的版本，在最大限度上符合作者 1936 年逝世前两个月亲自签署印行的版本原貌，并且将作品在修改定稿过程中删掉的一部分文字，以校勘札记的方式整理出来，作为"附注"附在小说正文之后，供读者参考。

《钢铁是怎样炼成的》被译介到中国已有半个多世纪，先后有 200 余家出版社出版印刷，译本众多。此次推荐人民文学出版社 1995 版。此版译本是我国最早出版的中译本，也是影响最大的梅益先生的译本。从 1942 年出版至今，它经历了千锤百炼的加工过程。此版是出版社征得梅益先生同意后，根据 1989 年苏联青年近卫军出版社出版的版本，对译本进行最后校订，并按照新《文集》原编者的做法，将"附注"译出来印在正文后面。

同学们在阅读这个版本时，除了可以阅读到"规范文本"，还可以在"附注"中看到定稿中被删除的部分和修改之处，以及新《文集》编者对这些删改的点评，从而更加全面地了解此书。

二、内容简介

(一)作品简介

1927 年初，22 岁的奥斯特洛夫斯基完全瘫痪，卧病在床，并且双目失明。正是在这一人生的艰难时刻，奥斯特洛夫斯基决意通过文学作品，来展现当时的时代面貌和个人的生活体验。奥斯特洛夫斯基在与病魔做斗争的同时，创作了一篇关于科托夫斯骑兵旅成长壮大以及英勇征战的中篇小说。两个月后小说写完了，他把小说封好让妻子寄给敖德萨科托夫斯骑兵旅的战友们，征求他们的意见，战友们热情地评价了这部小说，可万万没想到，手稿在回寄途中被邮局弄丢了。这意外的打击对他来说，实在是太残酷了，但这并没有挫败他的坚强意志，在参加斯维尔德洛夫共产主义函授大学学习的同时，他开始构思《钢铁是怎样炼成的》。当时奥斯特洛夫斯基已经双目失明，全身瘫痪。这部书是他强忍病痛，在病榻上历时三年完成的。故事就取材于他的亲身经历。

《钢铁是怎样炼成的》是一部闪烁着崇高的理想主义光芒的长篇小说，被称为是"生活的教科书"，"保尔精神"也被称为是青少年永恒的人生精神坐标。保尔是一位刚毅坚强的革命战士，他在人生各个阶段都表现出超人的毅力和坚定的信念，经受住了严峻的考验。面对敌人的严刑拷打，他坚贞不屈；驰骋在枪林弹雨的战场，他奋勇向前；投身抢修铁路的工作，他忘我献身；与吞噬生命的病魔搏斗，他令死神望而却步……保尔又是一个于平凡中见伟大的英雄人物。他是一个普通的人，他出身于贫苦家庭，从小辍学做工；他是一个平凡的人，他没有受过太多教育，他曾犯过与党组织对立的错误。但是正是在这最平凡的环境中，在所经历的一件件小事中，他不断成长、成熟，最终成为一位有着崇高品质的英雄人物。

保尔的奋斗、成长历程告诉人们：一个人只有在革命的艰难困苦中战胜敌人、战胜自己，只有把自己的追求和祖国、人民的利益联系在一起，才会创造出奇迹，成长为钢铁战士。革命者在斗争中百炼成钢，这是小说的一个重要主题。

（二）阅读价值

《钢铁是怎样炼成的》作为一部自传体小说，是以作者的亲身经历为素材、经过艺术加工处理而成的小说。小说的主人公就是作者的化身和投影，作者自身的经历构成了小说创作的源泉。小说体现作者对自我的探索，个体的感受、情绪和情感也具有丰富的社会意涵，展露了个人生活与整个社会之间的复杂关联。

八年级的学生正处于青春期，此阶段的学生面临自我同一性和角色混乱的矛盾冲突期。一方面他们对自身具有高度的关注性，另一方面他们会因为新的社会情境中的不同角色定位而感到混乱。所以，此时期的学生需要在正确认知的基础上理解自己的角色和社会形象，形成正确的人生观和价值观。

这部作品中保尔、冬妮亚以及朱赫来等人都具有突出的形象特征，对学生树立正确的角色观念和社会形象具有重要的导向作用。教师在教学中，应引导学生在对主人公保尔成长史的研读中，获得精神的力量。

三、学情分析

八年级的学生对小说阅读已经有了一定的经验，但在课内还没有进行系统的小说阅读的学习与训练，学生虽然比较喜欢小说类的作品，但是受篇幅、作品特点等因素的影响，很多学生读书时只是随意翻看，了解一下大致的故事情节。他们不能做到深入阅读，不能运用正确的读书方法，以致缺乏对作品的深入分析和思考，不能领悟到名著的精华之处。所以在教学的过程中一定要注重培养学生自主学习、合作学习的能力，使学生学会做摘抄、做笔记的读书方法，结合时代背景，分析人物形象，对作品形成自己独到的见解和感悟。

从学情调查的统计结果看，大多数学生没有读过外国名著，部分学生读过传记类作品，但对自传体小说缺少了解。基于上述情况，学生在阅读《钢铁是怎样炼成的》时，对时代背景与地域文化的了解，对外国人名与人物关系的梳理，是理解人物的行为与情感、小说主题的前提与基础。另外因为有时代的差异性，学生是否能够把"保尔精神"与当今社会、与自身成长发展建立起关联，也是在后面的阅读任务中要解决的重要问题。

四、阅读策略

(一)思维导图法，梳理小说情节，厘清人物关系

思维导图展现的是有形的阅读思维，是抽象思维的具体化。思维导图可以从整体上把握作品的全貌，相当于是一个人物的全景图。可以包括主要事件的脉络、事件之间的关联、人物关系、人物心理品行等。《钢铁是怎样炼成的》一书，讲述了保尔战斗成长的一生，用思维导图的方法，可以把保尔不同阶段成长的经历清晰地呈现出来。同时通过对事件关联、人物关系的梳理，能够对保尔的形象有更加深入的理解与认识。

(二)比较阅读法，深入理解人物形象

比较阅读法是阅读时常用的一种读书方法，是深入文本的思考性阅读，可以让我们对文本的深度和广度有进一步的理解和掌握，同时也能培养我们的理解、分析、鉴赏和探究的能力。《钢铁是怎样炼成的》一书重点在对人物形象的理解与文章所反映的时代精神的领悟。其切入点是理解保尔的成长过程与思想境界。阅读时，可以采用比较阅读的方法，把保尔与不同阶段他身边的人进行比较，结合时代背景，进一步理解保尔精神的可贵。比如作为同龄人的维克多、冬妮亚，与保尔观点立场的不同；面对德国人的侵略行径，保尔的表现与周围人的表现有什么不同；谢廖沙与保尔身上有什么相似的地方；在遇到考验，比如处理钻头损坏事件时，保尔与周围人的表现有什么不同。在比较的过程中，我们能够深入理解保尔的形象特点，领悟他的精神的可贵。

五、大单元教学设计

（一）本册书基本问题

着眼人物成长历程及精神内涵，促进自传体小说的深度阅读。

（二）阅读目标

1. 了解小说创作的时代背景，明晰主人公保尔的成长经历。

2. 通过摘录、做笔记的读书方法，深读文本，理解小说形象与主题，形成体验与感悟。

3. 明确阅读"红色经典"的现实意义，联系自身实际，获得对自己成长有益的人生启示。

（三）大单元教学设计框架图

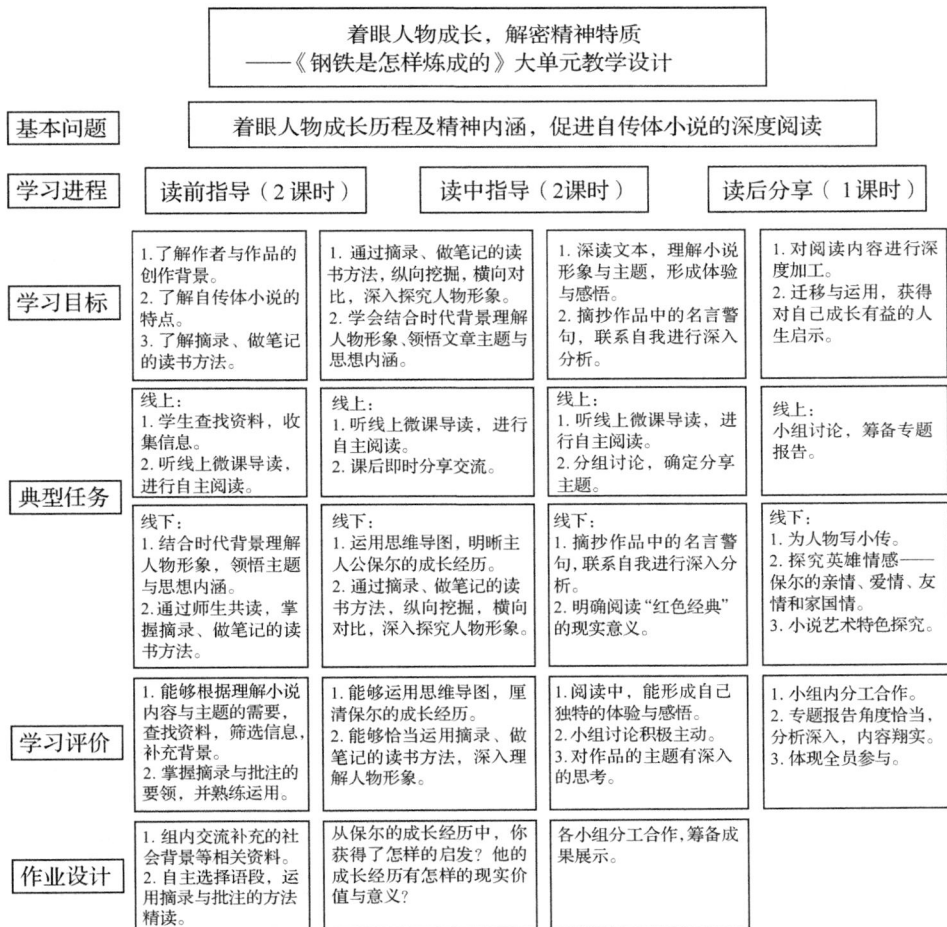

	着眼人物成长，解密精神特质 ——《钢铁是怎样炼成的》大单元教学设计			
基本问题	着眼人物成长历程及精神内涵，促进自传体小说的深度阅读			
学习进程	读前指导（2课时）	读中指导（2课时）		读后分享（1课时）
学习目标	1.了解作者与作品的创作背景。 2.了解自传体小说的特点。 3.了解摘录、做笔记的读书方法。	1.通过摘录、做笔记的读书方法，纵向挖掘、横向对比，深入探究人物形象。 2.学会结合时代背景理解人物形象、领悟文章主题与思想内涵。	1.深读文本，理解小说形象与主题，形成体验与感悟。 2.摘抄作品中的名言警句，联系自我进行深入分析。	1.对阅读内容进行深度加工。 2.迁移与运用，获得对自己成长有益的人生启示。
典型任务	线上： 1.学生查找资料，收集信息。 2.听线上微课导读，进行自主阅读。 线下： 1.结合时代背景理解人物形象、保尔的成长经历。 2.通过师生共读，掌握摘录、做笔记的读书方法。	线上： 1.听线上微课导读，进行自主阅读。 2.课后即时分享交流。 线下： 1.运用思维导图，明晰主人公保尔的成长经历。 2.通过摘录、做笔记的读书方法，纵向挖掘、横向对比，深入探究人物形象。	线上： 1.听线上微课导读，进行自主阅读。 2.分组讨论，确定分享主题。 线下： 1.摘抄作品中的名言警句，联系自我进行深入分析。 2.明确阅读"红色经典"的现实意义。	线上： 小组讨论、筹备专题报告。 线下： 1.为人物写小传。 2.探究英雄情感——保尔的亲情、爱情、友情和家国情。 3.小说艺术特色探究。
学习评价	1.能够根据理解小说内容与主题的需要，查找资料，筛选信息，补充背景。 2.掌握摘录与批注的要领，并熟练运用。	1.能够运用思维导图，厘清保尔的成长经历。 2.能够恰当运用摘录、做笔记的读书方法，深入理解人物形象。	1.阅读中，能形成自己独特的体验与感悟。 2.小组讨论积极主动。 3.对作品的主题有深入的思考。	1.小组内分工合作。 2.专题报告角度恰当，分析深入，内容翔实。 3.体现全员参与。
作业设计	1.组内交流补充的社会背景等相关资料。 2.自主选择语段，运用摘录与批注的方法精读。	从保尔的成长经历中，你获得了怎样的启发？他的成长经历有怎样的现实价值与意义？	各小组分工合作，筹备成果展示。	

图 1　大单元教学设计框架图

六、课时教学设计

表1　阅读任务一

线上任务	完成《钢铁是怎样炼成的》读前调查问卷。				
课堂学习	1. 了解作者与作品的创作背景。 2. 了解自传体小说的特点。 3. 了解摘录、做笔记的读书方法。				
线上学习＋ 自主阅读	时间： 2天	线上微课导学： 共2节	线下自主阅读： 每日1章	自主检测： 客观题＋主观题	线上讨论： 1次（微信群）

读前指导课教学设计

第一课时

环节一：课前准备

学生分小组查阅《钢铁是怎样炼成的》背景资料，包括时代背景、作者生平和作品影响等。

环节二：课中交流

1. 学生活动。分小组展示查阅资料成果，介绍时代背景、作者生平和作品影响。

2. 情境呈现。播放《钢铁是怎样炼成的》电影、电视剧片段，进一步了解俄国十月革命前后的历史背景，形成对作品中人物的初步印象。

3. 补充资料。长篇小说《钢铁是怎样炼成的》是一部自传体小说。作者可歌可泣的人生经历，他的思想言行、道德情操是小说主人公保尔性格表现的现实依据，但并非作者简单的生平传略。它是一部艺术作品，作者使用了"虚构的权利"，目的"是要在作品中创造一种典型，一种在我们时代——无产阶级革命时代青年革命者的典型"。

《钢铁是怎样炼成的》以俄国十月革命前后（1915年至20世纪30年代初）这一段历史时期为背景，描绘了当时的社会变革、阶级斗争和各阶层人物的心态。1917年，俄国相继爆发二月革命和十月革命，沙皇的黑暗统治结束了，无产阶级专政建立。新生的苏维埃国家面临着严峻的任务：对内摧毁旧的国家机器，镇压反革命势力，积极开展经济建设；对外抗击帝国主义的武装干涉，保卫新政权。奥斯特洛夫斯基目睹了剥削阶级对劳动人民施加的种种暴行，亲身遭遇过不公平的对待，这一切在未来作家的胸膛里埋下了阶级仇恨的种子。这部小说真实生动地反映了这一段历史时期的社会面貌，被誉为"苏联革命建设的伟大史诗"。

环节三：导读探究

学生阅读"导读"，初步了解保尔，勾画出表现他特点的词句。

如："书中描写的不是某一个保尔·柯察金，而是千千万万个柯察金，千千万万个为争取自己的幸福而奋不顾身地投入战斗的男女青年""是苏联第一代共青团员的缩影""他对革命理想的无限忠诚，百折不挠的战斗精神和积极乐观的人生态度""革命英雄""人性英雄""人类精神世界的永恒强者""反对压迫、反对倚强凌弱、反对官僚主义、反对假公济私，见义勇为、知难而上、不怕艰苦，忠于职守、为公众的利益勇于献身而无怨无悔的高尚情操"。

第二课时

环节一：读法指导

读书时，除了在书中直接圈点批注，还可以做一些摘抄和笔记。摘抄和笔记可以帮助你重温作品内容，积累语言和素材，有助于提高阅读质量，提高分析能力、鉴赏能力和写作能力。我们应该怎样摘抄和做笔记呢？

1. 精选摘抄内容。我们在摘抄时，可以选择原作中的妙词、佳句和精彩片段等。妙词如准确的动词、副词、叠词，恰当的成语典故等；佳句如富含哲理的名言警句，抒发作者感情的优美语句；精彩片段如运用对比衬托、正面描写和侧面描写相结合、各种修辞等写作技巧的语段。在《钢铁是怎样炼成的》中的保尔关于"生命"论述的片段，可以摘抄作为自己的座右铭。摘抄时，可以利用多种彩笔，设计不同的小栏目，分门别类地进行整理。一般要根据学习、借鉴的意图来选择。

2. 做笔记，主要有写提要和写心得两大类。写提要，就是用精练的语言准确概括全书的基本内容或要点。所写的提要，可以是语意连贯的成段文字，可以是按层次和要点罗列的提纲，还可以是能够体现作品结构思路的图表。同学们在阅读《钢铁是怎样炼成的》这部书时，可以用填写时间轴的方式，理顺人物关系与人物主要经历。写心得，则是记录自己阅读时产生的体会、感想，如自己对于作品的内容（人物、情节、情感、思想等）和形式（写作技巧、行文风格、艺术特点等）的看法和评价，以及自己在阅读中生发的新认识、新观点。可以针对作品整体发表感想，也可以只对其中某一点或几个点进行发挥和评论。《钢铁是怎样炼成的》有鲜明的时代特色，要想对小说的情节、人物有准确的理解，务必要了解当时的社会背景，进而进行深入的理解与分析。

在阅读实践中，摘抄和做笔记常常是结合在一起的，有时几则摘抄连贯起来便可以成为作品的提要，有时摘抄之后可以随手记下读书心得。

环节二：师生共读

师生共同阅读第一部分第一章，用摘抄和做笔记的方法，进一步理解作品内涵。

1. 填写时间轴，梳理人物经历与人物关系。

2. 摘抄体现人物特点的描写性语句和有深意的议论性语句，并进行理解、分析。

如："他从不饶恕稍微侮辱过他的人。"

思考：如果是在当今这个社会，保尔这样的态度则是显得有些计较、不够宽容。但当时正是沙皇俄国的统治末期，保尔的这种态度正是他对当时的社会现状有冷静的认识，对不平等、黑暗的社会现实非常不满的表现，他希望改变现状，有强烈的反抗精神。

"保尔已经窥见了生活的最深处，生活的底层。从那里，一阵阵腐烂的臭味，泥坑的潮气正朝他这个如饥似渴地追求一切新鲜事物的孩子扑过来。"

思考：这句话照应了前面的情节，食堂的伙计恃强凌弱，洗碗女工和女招待要出卖肉体才能生存，堂倌们不劳而获，做工的普通工人工作非常辛苦，收入很低，又不能得到尊重，甚至会受到无端的打骂。

3. 补充相关的社会背景。

环节三：课堂结语

当一名英国记者问作者奥斯特洛夫斯基，为什么以"钢铁是怎样炼成的"为书名时，他回答说："钢是在烈火与骤冷中铸造而成的。只有这样它才能坚硬，什么都不惧怕。我们这一代人也是在这样的斗争中、在艰苦的考验中锻炼出来的，并且学会了在生活面前不颓废。"接下来，让我们一起去领略在烈火中百炼成钢的一代人的风采吧！

环节四：课后作业

继续阅读《钢铁是怎样炼成的》剩余章节，关注保尔的成长经历，思考从中获得的启发以及保尔精神的现实价值与意义。

表2　阅读任务二

课堂学习	1. 通过摘录、做笔记的读书方法，纵向挖掘，横向对比，深入探究人物形象。 2. 学会结合时代背景理解人物形象，领悟文章主题与思想内涵。 3. 深读文本，理解小说形象与主题，形成体验与感悟。 4. 摘抄作品中的名言警句，联系自我进行深入分析。			
线上学习＋自主阅读	时间	线上微课导学	线下自主阅读	自主检测	线上讨论
	4天	共2节	每日3章	客观题＋主观题	1次（微信群）

读中指导课教学设计

第一课时

有一位作家被罗曼·罗兰誉为"最罕见的道德、最纯洁的勇气的同义词"，有一部文学作品被视为"人生的路标和精神补品"。这位作家就是苏联文学家奥斯特洛夫斯基，这部作品就是他的代表作《钢铁是怎样炼成的》。有人问奥斯特洛夫斯基是如何成为一个作家的，他这样回答："若问我怎样成为一个作家的，这个，我可不知道，但是若问我怎样成为一个布尔什维克的，这一点我却知道得很清楚！"

保尔正是这千千万万个布尔什维克的代表，今天，让我们一起走进他的成长历程。

环节一：填写保尔人生经历图

梳理保尔的人生经历。

下面（见图 2）是他人生第一阶段的经历图示例。同学可以仿照示例，完成他的人生第二、第三阶段的经历图。如果觉得第一阶段的示例不够完善，还可以加以增删。

第一阶段：苦难的生活经历，逐步迈向革命道路（热情，乐于助人，有反抗精神，勇敢）

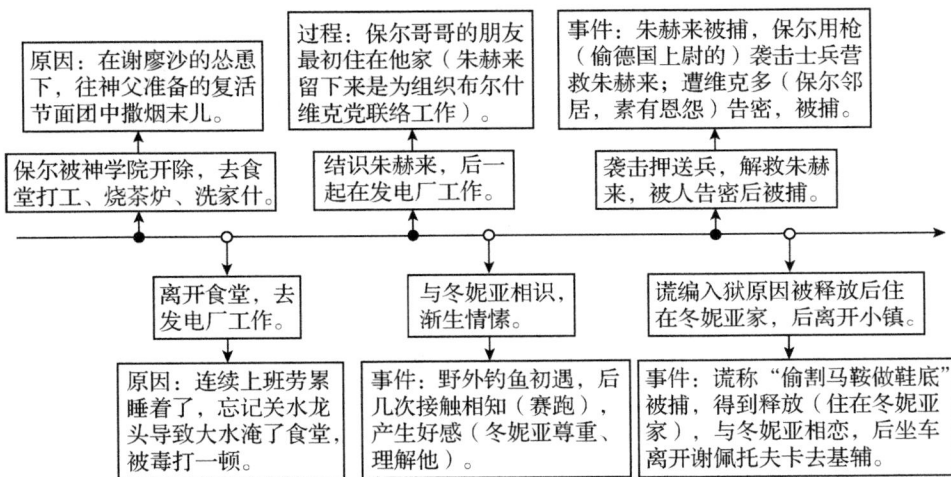

图 2　保尔人生经历第一阶段

学生研究成果：

第二阶段：革命意识初步萌发，投身革命

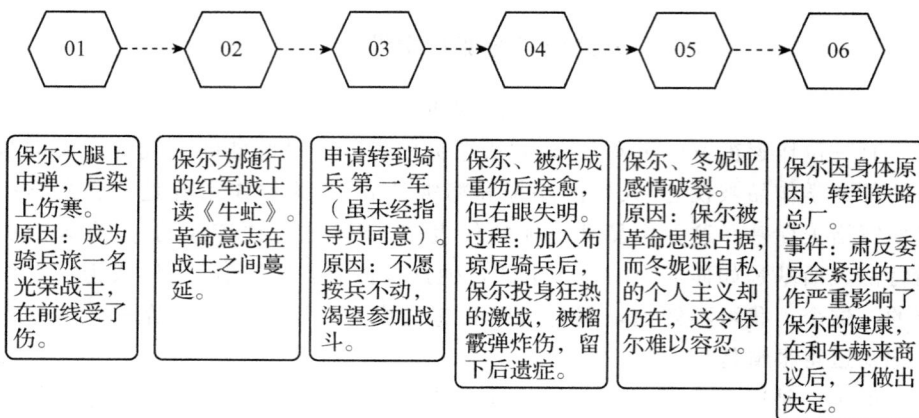

图 3　保尔人生经历第二阶段

01	02	03	04	05	06
保尔大腿上中弹，后染上伤寒。原因：成为骑兵旅一名光荣战士，在前线受了伤。	保尔为随行的红军战士读《牛虻》。革命意志在战士之间蔓延。	申请转到骑兵第一军（虽未经指导员同意）。原因：不愿按兵不动，渴望参加战斗。	保尔、被炸成重伤后痊愈，但右眼失明。过程：加入布琼尼骑兵后，保尔投身狂热的激战，被榴霰弹炸伤，留下后遗症。	保尔、冬妮亚感情破裂。原因：保尔被革命思想占据，而冬妮亚自私的个人主义却仍在，这令保尔难以容忍。	保尔因身体原因，转到铁路总厂。事件：肃反委员会紧张的工作严重影响了保尔的健康，在和朱赫来商议后，才做出决定。

第三阶段：成为一名优秀的布尔什维克

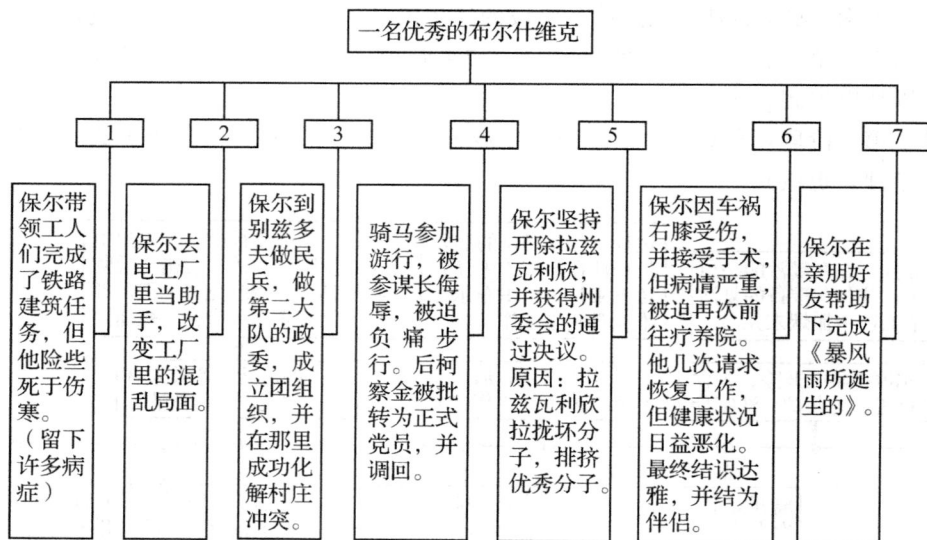

一名优秀的布尔什维克

1	2	3	4	5	6	7
保尔带领工人们完成了铁路建筑任务，但他险些死于伤寒。（留下许多病症）	保尔去电工厂里当助手，改变工厂里的混乱局面。	保尔到别兹多夫做民兵，做第二大队的政委，成立团组织，并在那里成功化解村庄冲突。	骑马参加游行，被谋长侮辱，被迫负痛步行。后柯察金被批转为正式党员，并调回。	保尔坚持开除拉兹瓦利欣，并获得州委会的通过决议。原因：拉兹瓦利欣拉拢坏分子，排挤优秀分子。最终结识达雅，并结为伴侣。	保尔因车祸右膝受伤，并接受手术，但病情严重，被迫再次前往疗养院。他几次请求恢复工作，但健康状况日益恶化。	保尔在亲朋好友帮助下完成《暴风雨所诞生的》。

图 4　保尔人生经历第三阶段

（北京市第八中学 2023 级初中 10 班　赵心怡）

环节二：梳理保尔战胜死神的情节

学生快速浏览文本，梳理保尔几次战胜死神的情节。

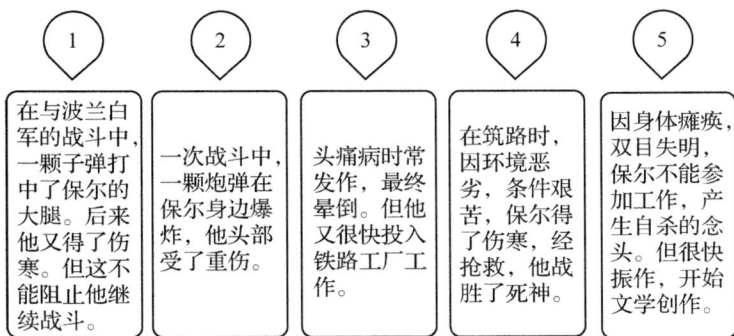

① 在与波兰白军的战斗中，一颗子弹打中了保尔的大腿。后来他又得了伤寒。但这不能阻止他继续战斗。

② 一次战斗中，一颗炮弹在保尔身边爆炸，他头部受了重伤。

③ 头痛病时常发作，最终晕倒。但他又很快投入了铁路工厂工作。

④ 在筑路时，因环境恶劣，条件艰苦，保尔得了伤寒，经抢救，他战胜了死神。

⑤ 因身体瘫痪，双目失明，保尔不能参加工作，产生自杀的念头。但很快振作，开始文学创作。

图 5　保尔战胜死神的经历

（北京市第八中学 2023 级初中 10 班　蔡瑭宁）

环节三：分析保尔形象特点

用"摘抄"和"做笔记"的方法，分析保尔人物形象。

保尔·柯察金具有顽强的毅力、永不言败的精神，他在重重磨砺下无所畏惧，意志如同钢铁般坚强。然而除此之外，他还有温情的一面，比如书中写到的亲情、恋情、友情等。阅读的过程中，摘录一些能够体现保尔·柯察金性格不同侧面的句子和段落，结合这些具体描写，对主人公丰满的艺术形象做出分析。

学生小组活动，交流讨论研读结果。

表 3　保尔的形象特点与精神品质

书中位置	文本摘录或事件概括	分析感悟
第 1 处，书中第（　）页		
第 2 处，书中第（　）页		
第 3 处，书中第（　）页		
……	……	……

1. 为理想而献身的精神：

（1）保尔冒着生命危险，营救布尔什维克朱赫来。

（2）保尔为了更好地与侵略者作斗争，从骑兵侦察营转到骑兵战斗营。

（3）保尔为替师长报仇，奋勇杀敌而负伤。

（4）保尔在铁路肃反委员会艰苦工作，几次因头痛而晕倒。

（5）保尔冒着严寒，忍受着饥饿，带领他的小队，加快速度修铁路，最终病倒。

（6）保尔为了他的理想——革命事业，放弃与丽达的感情。

(7)保尔虽失明，但为了不脱离革命队伍，努力学习写作，最终成功写出《暴风雨所诞生的》。

2. 钢铁般的意志、顽强奋斗的高贵品质：

(1)保尔在车站食堂吃足了苦头，但仍在食堂里干了两年。

(2)保尔为救朱赫来而被抓走，被狠狠揍了一顿，但是始终不说朱赫来的下落。

(3)保尔在作战中受了重伤，他在换药时，从来没有发出过呻吟。

(4)保尔一只眼睛失明，可心里还想着上前线。

(5)出院后保尔在铁路肃反委员会工作，保尔的头经常痛得很厉害，可还是坚持到站台上去。

(6)在修筑铁路过程中，保尔忍受着饥饿和寒冷坚持工作。他的靴底掉了下来，双脚泡在烂泥里，已经冻得麻木却仍在坚持工作。

(7)保尔已经骨瘦如柴，两眼布满血丝，脖子上长了两个大毒疮，但他仍挥动大木锹铲雪。

(8)保尔发高烧却仍在工作，关节炎和毒疮都算小病，肺炎和伤寒让他最终昏倒在雪地里。

(9)保尔患了急性风湿骨病，并且发着高烧和同志们一起抢救木材。

(10)保尔双腿肿胀，忍着关节的疼痛参加演习。

(11)保尔的脊柱上有一个被一块3寸厚的石头崩出的坑，当时躺了2个钟头就骑上马走了。

(12)他将稿子寄给以前的老战友征求意见，可不幸被邮局中途丢失，但他能继续坚持写作。

(13)保尔在完全瘫痪、双目失明的情况下创作出《暴风雨所诞生的》。

第二课时

环节一：小说人物形象探究

表4 梳理作品中其他主要人物形象特点

其他主要人物	性格特征	相关情节
朱赫来	无私奉献，关爱他人；坚定的革命信念；遇事沉着冷静、敢于斗争；有很强的组织领导才能。	他是位令人敬佩的革命者、优秀的共产党员、坚强的红军战士。做事情很有主见，认真负责，勇敢、机智，善于领导和组织群众，他在革命斗争中很好地团结了广大的工人和教育了无数的青年，保尔就是深受他的教育和培养而成长起来的。他常常教保尔打拳，给保尔讲布尔什维克的故事，教保尔要有"敢于拼搏的精神"，保尔也因

续表

其他主要人物	性格特征	相关情节
朱赫来		他那句"敢于拼搏的精神"而变得英勇，最终成为一名意志坚强的革命战士。他沉着冷静，善于结交朋友、关心集体。如果没有朱赫来，保尔可能和许多人一样没有坚强的性格、对理想的坚守。
冬妮亚	天真淳朴、大方热情。身上有着强烈的小资产阶级情调，贪图安逸的生活。	她是保尔·柯察金少年时代的爱、初恋对象，她是一个林务官的女儿。她纯洁善良，美丽动人。她曾把《牛虻》这部小说介绍给保尔看，这部书启发了保尔的思想。她是在偶然的相遇里认识保尔·柯察金的，由于他的倔强和热情，她不自觉地喜欢上了他。但由于阶级出身的关系，她没有和当时许多的青年一样去参加保卫苏维埃政权的伟大斗争。她只醉心于爱情，最后由小资产阶级小姐完全变成时代落伍者和寄生虫，与保尔之间的差距越来越远，于是，保尔放弃了他们的感情。
丽达	漂亮、机智，打扮简单而干练，心地善良而坚定。她爱憎分明，热爱自己所信仰的共产主义，与保尔志同道合。	优秀的共产党员，保尔·柯察金真正深爱的对象。她漂亮、机智、打扮简单，干练又勇敢，心地善良而言语坚定，有着顽强的革命意志。她思想丰富，热爱工作，善于出谋划策，能很好地处理爱情和工作的关系。她工作积极认真，富有创造性，能够很好地理解别人，不会怨天尤人。她爱憎分明，热爱自己信仰的共产主义，非常憎恨资产阶级，与保尔志同道合，配合默契。
阿尔焦姆	他具有工人阶级的高尚品质，和敌人进行了不懈的斗争，是朱赫来最好的助手。	保尔的哥哥，一个火车司机、钳工，市苏维埃主席。他十分爱护保尔，希望保尔能成为一个不会闹事、有出息，能够自力更生的人。

环节二：各章阅读提示探究

各小组分任务完成各章阅读提示的撰写。

为进一步理解小说内容，对每章内容进行深入探究，撰写阅读提示。阅读提示可以关注以下几个方面：

介绍式：抓住本章节的主要矛盾冲突，介绍、概括本章节的主要内容。

解读式：就本章节的内容、人物形象进行深入解读。

赏析式：从写作手法、语言的角度赏析文段。

评价式：就文本内容（人物形象、情节发展、主题主旨等）进行评价。

环节三：佳句推荐

学生设计《钢铁是怎样炼成的》佳句书签，分享作品中的佳句，并分析其现实意义。

作品中的名句：

1. 人最宝贵的是生命，生命对人来说只有一次。人的一生应当这样度过：当他回首往事时，不会因为碌碌无为，虚度年华而悔恨，也不会因为为人卑劣，生活庸俗而愧疚。

2. 人应该支配习惯，而决不能让习惯支配人。

3. 当一名英国记者问作者奥斯特洛夫斯基，为什么以"钢铁是怎样炼成的"为书名时，他回答说："钢是在烈火与骤冷中铸造而成的。只有这样它才能坚硬，什么都不惧怕。我们这一代人也是在这样的斗争中、在艰苦的考验中锻炼出来的，并且学会了在生活面前不颓废。"接下来，让我们一起去领略在烈火中百炼成钢的一代人的风采吧！

4. 人不能改掉坏习惯，那他就毫无价值。

5. 哪怕，生活无法忍受也要坚持下去，这样的生活才有可能变得有价值。

6. 要抓紧时间赶快生活，因为一场莫名其妙的疾病，或者一个意外的悲惨事件，都会使生命中断。

7. 人活着，不应该追求生命的长度，而应该追求生命的质量。

8. 生命中可能会刮风下雨，但我们可以在心中拥有自己的一缕阳光。

9. 任何一个傻瓜在任何时候都能结束自己！这是最怯弱也是最容易的出路。

10. 当一个人身体健康、充满活力的时候，坚强是一桩比较简单和容易的事，而只有在生活用铁环紧紧把你箍起来的时候，坚强才是最光荣的事情。

11. 生活就是这样变幻莫测——一会儿是满天云雾，转眼间又出现灿烂的太阳。

12. 生命的价值在于不断超越自我。

13. 不管怎样我得到的东西要多得多，失去的东西是没法同它相比的。

保尔身上体现出他敢于与命运挑战、自强不息、奋发向上的精神，崇高的革命思想，高尚的道德情操，明确的人生目标，这些都是我们需要学习的。他的那种为理想而献身的精神、钢铁般的意志和顽强奋斗的高贵品质，对当今社会青少年的成长依然有着积极的影响力。

环节四：课堂结语

保尔的经历给我们以启迪：人到底应该怎样度过一生？人到底应该具有怎样的品质？通过阅读作品，同学们应该懂得了人生的意义，学会了不畏艰难、顽强坚毅的精神，用正确的心态面对人生的磨难，用钢铁般的意志去迎接生活中的挑战，让生命充实而有意义。

环节五：拓展训练

各小组分工合作，分专题筹备成果展示。专题包括：为人物写小传、探究英雄情感、"红色经典"的现实意义、小说艺术特色探究。

表5　阅读任务三

课堂学习	1. 对阅读内容进行深度加工，分专题进行深入探究，形成报告。 2. 迁移与运用，获得对自己成长有益的人生启示。				
线上学习＋ 自主阅读	时间： 2天	线上微课导学： 共1节	线下自主阅读： 每日2章	自主检测： 客观题＋主观题	线上讨论： 1次（微信群）

读后分享课教学设计

准备环节：展示内容筹备

1. 各小组确定专题报告主题。

2. 小组内分工合作，查找资料，交流讨论。

3. 形成报告，做好展示准备：确定发言人、PPT制作等。

环节一：小组展示一，为人物写小传

历练与考验、坎坷与挫折，锻造了保尔·柯察金的信念和意志。梳理保尔·柯察金的成长史，列出提纲，给这位主人公写一个小传。

表6　"为人物写小传"评价量表

评价层面	客观真实，记述完整	材料典型，详略得当	线索分明，层次清楚
优良			
合格			
待努力			

环节二：小组展示二，探究英雄情感

英雄也多情。请你结合文章具体内容分析一下保尔的亲情、爱情、友情和家国情。

表7　"英雄也多情"评价量表

评价层面	内容具体翔实	英雄情感分析准确	英雄情感角度全面
优良			
合格			
待努力			

环节三：小组展示三，"红色经典"的现实意义

有人认为，文学要有所担当，"红色经典"作为特定历史时期的精神路标，其厚重感与担当意识在现实生活中依然富有生命力。你怎么看待"红色经典"的现实意义？带着这个问题阅读这部具有年代感的作品，在阅读的过程中留意自己的感受，看看其中哪些段落让你读来觉得困惑，哪些段落依然新鲜刺激，哪些段落令你深受触动。详细记录这些心得体会，整理成读书笔记，并与同学探究"红色经典"的现实意义。

表8 "红色经典"的现实意义评价量表

评价层面	"现实意义"分析准确	联系自身实际自然、贴切	读书笔记内容全面
优良			
合格			
待努力			

环节四：小组展示四，小说艺术特色探究

可以从小说的情节设计、形象塑造、写作手法、语言特点等方面来评析小说的艺术特色。

表9 "小说艺术特色探究"评价量表

评价层面	角度全面	评价准确	分析具体
优良			
合格			
待努力			

学生专题汇报示例：

钢铁是这样炼成的

——保尔·柯察金人物小传

保尔·柯察金出生在乌克兰一个贫困的工人家庭。少年时期的他爱惹是生非。保尔因为受到瓦西里神父很多次侮辱和惩罚，恨死了神父，所以他往神父在复活节蒸糕用的面团里撒烟末，结果被学校开除。母亲只好送12岁的他到车站食堂做童工，后来他又到发电厂做工。在这期间，他受到了很多折磨，但是他干的活比谁都多，从来不知道疲乏。此时的保尔已经窥见了生活的最深处，处在生活的底层。从那里，一阵阵腐烂的臭味、泥坑的潮气正朝他这个如饥似渴地追求一切新鲜事物的孩子扑过去。

随着时间的推移，激烈而残酷的阶级斗争席卷了乌克兰。和平和安静的日子已经成为遥远的、过去的事情了。拿起枪的人们一天比一天多，而每次战斗都产生了新的战士。在那个动荡的时期，保尔初次从水兵朱赫来口中听到了那样多新鲜的、重要的和令人激动的话，懂得了只有布尔什维克党才是不屈不挠地跟所有财主作顽强斗争的革命政党。这些话语使这个年轻人萌发了革命意识，并且对他的一生有着决定性的意义。

保尔从匪兵手里解救朱赫来后，被关进了监狱，幸运的是，他被错放了出来。可是他不得不离开家乡，庆幸的是，他从此走上了革命的道路。他和战士们一起走遍了乌克兰，尽管面对各种困难和危险，但是为建立本阶级的政权而斗争的意志却像烈火一样永不熄灭。保尔已经长成大人，也更加强壮了，尽管受过伤，但是他已经在灾难和痛苦中成长起来了。

勇敢的红军战士保尔在战斗中是那样的英勇，他已经完全忘记了个人，每天都在同敌人战斗。保尔·柯察金已经融入集体里面；他，像每个战士一样，已经把"我"字给忘了，只知道"我们"。这时的保尔已经从一个无视纪律，自己转到骑兵连，不太成熟的士兵成长为一个铭记"不能在红军的旗帜上染上一个污点"的战士。在一次激烈的战斗中，保尔被一块榴霰弹片击中了头部，右眼几乎要被摘除，昏迷了十三天之后他才恢复知觉，他像一株被大火焚烧的野草，虽然不为人们所看好，但是仍旧顽强地再一次吐出嫩芽。

尽管不能再上前线，保尔仍然积极投身到了革命斗争中。他参加了异常烦琐和艰巨的肃反工作，过于繁重的工作严重损害了保尔的健康，受伤后遗留的头疼病经常发作，有时像针扎一样疼，他的健康状况又恶化了。万般无奈的他只好请求调动工作，他并没有要求去轻松的或者待遇好的地方，而是主动要求到铁路工厂去。保尔在新的工作中遇到了新的困难，在学习研讨党的新政策提纲时，保尔不完全理解政策提纲的精神实质，与其他同志产生了很大的分歧，竟不知不觉地站到了党的对立面，被开除出共青团。这是保尔人生中最黯淡的日子，他苦苦地思考，也感悟到了许多道理：革命不仅需要热情和忠心，还要能够理解斗争中复杂的策略和战略。他真切地明白了，离开了党，自己真的没法生存下去。他深刻地做了检讨并承认错误，重新回到了党的队伍中，他说道："无论是生命、家庭，还是个人幸福，所有的一切，我们都愿意献给我们伟大的党！"

保尔参加了辩证唯物主义学习小组的学习，在政治上越来越积极进取，思想觉悟有了很大提高。新的政权还面临着很多挑战，前方还有很多困难，而保尔也渐渐成熟起来。为了给后方提供木材，他参加了修建新的铁路的工作，在天寒地冻、缺吃少穿、异常艰苦的工作环境中，保尔穿着没有底的靴子铲雪，结果把脚冻得溃烂。但他没有退缩，依然坚持工作，以"疯狂的速度""拼命走在前面"。最后，他染上了伤寒，差点丢掉了性命。但是他战胜了死亡！这已经是他第四次跨过死亡的门槛。随着身体的渐渐好转，保尔迫不及待地想回到基辅，与朝气蓬勃、意志坚强的同志们一起劳动，一起战斗。在离开的前一天，保尔来到了郊外烈士墓，发出了这样的感慨："人最宝贵的是生命，每个人的生命只有一次。人的一生应当这样度过：当他回首往事的时候，不因虚度年华而悔恨，也不因庸庸碌碌而羞愧。在临死的时候，他能够说：我的整个生命和全部精力，都献给了世界上最壮丽的事业——为解放全人类而斗争！我要珍惜生命的每分每秒。"

保尔回到了铁路工厂工作，尽管遇到了自以为是、独断专行的茨韦塔耶夫，可是他以大局为重，尽量配合他的工作，多次不声不响地帮助他解决了不少工作中的难题。同时，他毫不留情地对待不负责任和不守纪律的现象，勇于同不良现象作坚决斗争。但是在抢救木材的工作中，忘我的劳动让他患上了急性风湿病，丧失了劳动能力，不得不退职回家。在母亲无微不至的照顾下，保尔可以走路了，他内心充满了喜悦，立刻重新投入工作中。保尔带着新的使命，来到了边境小镇别列兹多夫。他的工作异常繁重，他为培养共青团支部付出了很多心血。在区党委会议上，组织通过了对他的鉴定，并且批准了他转为共产党正式党员。

两年过去了，国家在重建中日益强大，保尔一边如饥似渴地学习，一边忘我地投入工作，学习和工作，给了他力量，给了他生活最大的乐趣。刚正不阿、仗义执言的保尔，不满别人的无所事事和拉帮结派，为了集体的利益，为了党的纯洁，坚持同不良现象做斗争。由于一次车祸，保尔的右膝盖被压坏了，手术之后，他的腿仍然不能下地走动，保尔不得不在疗养院休养生息。这个时候，他遇到了自己今后的妻子达雅，并引导她参加革命工作。

保尔的健康每况愈下，恢复工作已经根本不可能。保尔开始大量地读书看报，他每天阅读的时间竟然达到十八个小时。生活就是难以预料，即使有着钢铁意志的人有时候也会产生懦弱的想法。他甚至想结束自己的生命。但是他以坚强的毅力克服了悲剧命运的打击，战胜了自己。尽管他双目失明并且瘫痪了，但他准备走文学的道路，用笔作为武器来坚持革命斗争。

最终，保尔战胜病魔和伤痛，完成作品《暴风雨所诞生的》并发表，以新的武器——笔，重新回到战斗英雄的行列。此时的他凭着崇高的理想、顽强的毅力，实现了生命的意义。

（北京市第八中学 2023 级初中 10 班　金欣玥）

七、自主阅读迁移指导

（一）阅读策略

1. 抓住作品文体特征，深入理解作品主题。

在阅读作品时，要抓住自传体小说的文体特征。借助资料了解小说的创作背景，了解小说中所提及的历史事件，高度还原保尔所处的社会环境，这样才能深入理解小说内容，理解人物形象。梳理保尔的成长史，关注人物在情节发展过程中的表现，分析其思想和行为上的变化，深入理解人物形象特点。用角色代入与主人公共情，从他的成长经历中，引发深入的思考，领悟人生的哲理，获得成长的精神力量。

2. 摘抄和做笔记。

（1）精选摘抄内容。阅读中，遇到触动自己的妙词、美句和精彩片段等，要及时摘抄下来。摘抄时，可以根据内容的不同进行归类，同时建立索引，方便以后查找。《钢铁是怎样炼成的》一书中，有很多名言警句，富含人生哲理，特别是对青少年有积极的激励、引领作用，在遇到困难、陷入迷茫时，可以帮助我们指点迷津。

（2）用做笔记的方式来加深对文章内容与主题思想的理解。《钢铁是怎样炼成的》一书中的人物较多，一些内容前后呼应，可以边读边列提纲，边画思维导图，有利于厘清人物关系，梳理小说主要内容，发现前后的逻辑关系。

在阅读时，对小说的人物形象、故事情节的设计、小说反映的主题以及文章的写作方法、艺术特点，要有关注、有思考、有记录、有评价。在阅读过程中，遇到有时代特色的情节时，要上网查找相关时代背景资料，以利于进一步理解小说情节、人物形象和思想主题。

读书笔记，可以是有感而发片段式的，也可以在读完全部内容后，针对某一个话题进行深入分析。

（二）推荐书目

1.《平凡的世界》（路遥）

《平凡的世界》是中国作家路遥创作的一部百万字的小说。这是一部全景式地表现中国当代城乡社会生活的长篇小说。

该书以中国20世纪70年代中期到80年代中期十年间为背景，以孙少安和孙少平两兄弟为中心，刻画了当时社会各阶层众多普通人的形象；劳动与爱情、挫折与追求、痛苦与欢乐、日常生活与巨大社会冲突纷繁地交织在一起，深刻地展示了普通人在大时代历史进程中所走过的艰难曲折的道路。

《平凡的世界》是茅盾文学奖皇冠上的明珠，是路遥在当代文学史上创造的神话，是激励千万青年的不朽经典。同学们需要用心去体验与感悟，去感知平凡人物的积极进取、不懈奋斗、永远保持真善美内心的精神力量。

2.《呼兰河传》（萧红）

《呼兰河传》是中国作家萧红创作的长篇自传体小说。作家萧红以自己童年生活为线索，把孤独的童年故事串联起来，形象地反映出呼兰这座小城当年的社会风貌、人情百态。小说叙述的是以"呼兰河"为中心场景的乡土人生的小城故事，展示的是"北中国"乡民的生存状态和精神状态。"它是一篇叙事诗，一幅多彩的风土画，一串凄婉的歌谣"（茅盾）。

用儿童视角进入历史，可以呈现出生活的原生态。把自己对生活的体验和认识，用一种率真的方式描绘出来。同学们在阅读中，可以从"我"的视角去感知、体会、理解与共情。

八、附录

《钢铁是怎样炼成的》读前问卷调查

班级 _____ 姓名 _____ 学号 _____

1. 你平均每天花在课外阅读上的时间是多少。（ ）（单选）

A. 偶尔　　　　　B. 不超过 30 分钟　　　C.30 到 60 分钟

D.1 到 2 个小时　　E.2 个小时以上　　　　F. 从不

2. 下列描述，哪些跟你自己的实际情况比较相符。（ ）（可多选）

A. 我只在老师要求时才读课外书

B. 我非常喜欢课外阅读

C. 我阅读课外书，只是为了寻找需要的信息

D. 我一般只看那些好玩的书

E. 总觉得没有时间看课外书

F. 对我来说，阅读是浪费时间

G. 我在读书时只是喜欢浏览主要情节

H. 我发现自己很难完整阅读一本书

I. 我喜欢深入品读文本，能够理解作品的内涵与思想

3. 下列图书，哪些你会因为自己想要看而去看。（ ）（可多选）

A. 传记　　　　　B. 漫画书　　　　C. 散文集　　　　D. 诗词集

E. 科普作品　　　F. 童话故事　　　G. 历史著作　　　H. 小说

I. 军事读物　　　J. 哲学读物　　　K. 心理学读物

4. 课外阅读时，你有没有下列的阅读习惯。（ ）（可多选）

A. 我会努力记住书中的关键人物和情节

B. 遇到不理解的内容，我会停下来查找资料把它弄清楚

C. 我会通过联系自身经验来更好地理解书中内容

D. 我会发挥联想和想象，在头脑中再现书中的情境

E. 我会在读后跟朋友分享阅读的经验

F. 我会随手做点儿笔记

G. 我会在书上做点儿圈点批注

H. 我会拿一个专门的笔记本做些摘录和笔记

5. 你是否读过自传体小说？具体篇目是什么？

6. 你读过哪些"红色经典"类的作品？你是否喜欢读，为什么？

7. 说一说你阅读的方法和技巧。

8. 你是否了解俄国沙皇统治，俄国十月革命？如果了解，请简单说一说当时的社会现实。

意象关联品意蕴，含英咀华育诗心

——《艾青诗选》融合式大单元教学设计

北京市第八中学　党啸林

一、推荐版本

推荐版本是 2018 年 4 月人民文学出版社出版的《艾青诗选》。该诗选是我国诗坛泰斗艾青一生创作的精华。人民文学出版社的版本所选的艾青的诗歌相对完整与典型，涵盖了艾青各个时期的代表作，具有可读可藏的价值。除此之外，此版本卷首配导读文字，可以引导学生快速理解作品。

二、内容简介

（一）作品简介

《艾青诗选》收集了艾青从 20 世纪 30 年代到 70 年代末的作品，共 41 篇。艾青曾经说过："如果逐一去掉诗歌的要素，那么最后剩下的、不能再去掉的一定是情感。"诗选里收录的前期诗歌情感张力十足，艾青以深沉、激越、奔放的笔触诅咒黑暗，讴歌光明，比如《大堰河——我的保姆》《雪落在中国的土地上》等，情感至真至纯。新中国成立后的诗歌，一如既往地歌颂人民，礼赞光明，思考人生。艾青在"归来"之后的诗歌，如《鱼化石》《镜子》等，内容更为广泛，思想更为浑厚，情感更为深沉，诗意警策，手法更为多样，艺术更为圆熟。结合创作背景，知人论世，就能更好地读懂艾青诗歌饱含的深情。

艾青是"太阳与火把的歌手"，这一称号表明了艾青诗歌的常见意象就是"光明与太阳"。在"土地"的意象里，凝聚着诗人对祖国——大地母亲最深沉的爱。爱国主义是艾青作品中永远唱不尽的主题。诗人关注的中心始终是与中国土地合而为一的普通农民的命运。他写出了"土地—农民"受蹂躏的痛苦；"雪落在中国的土地上，寒冷在封锁着中国呀"，更写出了"游动于地心的热气""土地—农民"的复活。"我们的曾经死了的大地，在明朗的天空下，已复活了"，写出了"土地—农民"的翻身与解放。这正是对于土地的痛苦、复活与解放的描绘，真实地写出了中国农村现实的灵魂。"太阳"的意象表现了诗人灵魂的另一面：对于光明、理想、美好生活热烈的不息的追求。诗人几十年如一日地热情讴歌太阳、光明、春天、黎明、生命与火焰。这正是艾青的"永恒主题"。抓住"强烈鲜明的意象"来看诗歌意蕴，是我们读《艾青诗选》要思考的最重要的问题。

另外，艾青把绘画手法用在诗歌中，用"直截了当的语言"，赋予诗歌以朴素、自然、自由的表现形式，具有"诗中有画"的特点，我们不妨慢慢品析艾青用怎样的意象和手法技巧来传达情理的。

(二) 阅读价值

《艾青诗选》本身具有独特的价值。它具有雄浑的力量，直截了当的语言，强烈鲜明的意象，蕴含着强烈深沉的情感，集历史性、思想性和艺术性于一体。这本诗集放在诗歌活动单元，是第一单元"活动·探究"三个任务的自然延伸。作为大单元教学的一部分，它可以成为课内诗歌教学、教读的有机组成部分。

作为初中阶段统编教材推荐的唯一一本诗集，《艾青诗选》是一个很好的媒介与工具，对学生导读的重点应该落在"如何读诗"上。借助读艾青写的现代诗，可以帮助孩子们学会如何读诗，从而提升学生的语文素养。读《艾青诗选》，让学生不仅可以对艾青及其"诗选"在表现形式、语言、意象、情思或艺术手法等方面的特色有一定的了解，还可以纵古联今，学会一些现代诗的阅读方法，提高诗歌鉴赏水平，培养学生的诗心与家国情怀。

三、学情分析

在进行《艾青诗选》融合式阅读教学活动之前，我们进行了一个学情调查，学生普遍表示对艾青的诗歌接触不多，而且对于近现代诗歌非常陌生，除了课本选编的，其他作品他们几乎没有涉猎。学生在初一、初二已经接触过《天上的街市》《未选择的路》《黄河颂》等现代诗歌，也已经进行了大量古诗词的鉴赏感悟，但基本都是围绕词语锤炼、写作手法的表达效果进行赏析，并没有从诗歌这一体裁特点探究欣赏。

虽然每首诗在编排时都配以注释与旁批，但是学生对于活动任务中提到的感情基调、意象、意境等概念还是比较陌生，即使想进行自主欣赏，也缺少抓手。前期调查表明，学生对艾青及其作品了解不多，即使有一些了解，也是刻板固化，套话多。学生希望对艾青的某一个方面展开学习和研究，方式应多样化。

四、阅读策略

(一) 以"古"带"新"，"新""古"比较，把艾青的诗放在诗歌的历史纵轴中读，消除"新"的陌生感

欣赏诗歌对于学生而言是一项比较有挑战性的活动，需要学生有较强的

审美感知力与一定量的古诗词积累，以及比较勾连意识，才能在面对连语言都是"陌生化的""凝练的""跳跃的"诗歌时，不会束手无策。《艾青诗选》所选的现代诗作为新诗，的确不同于古诗，但新诗也绝不是横空出世的，它们是与古诗有着千丝万缕联系的。比如艾青诗歌中的主要意象是"土地"与"光明"，这是历朝历代古诗一直吟唱的对象，而艾青诗歌中深沉的忧患意识、动人的家国情怀，也是从古到今诗歌的主旋律。学生可能不了解艾青，但是如果引导孩子们注意艾青的新诗与古诗的千丝万缕的血脉联系，以"古诗"勾连"新诗"，读"新"不忘"古"，关注艾青诗中的"古"，以"古"带"新"，在"新""古"比较中，厘清渊源，知晓来处。之后再从"古"走向"新"，挖掘出艾青诗歌有异于古诗的种种特点，比较艾青诗歌与其他现代诗歌的异同之处，从而关注发展，体会变化，挖掘出诗歌的"艾青味儿"，这是我们阅读的策略与重点。

（二）先探寻出读诗的基本路径——捕捉意象、品析意境、体味情思，之后再尝试自主欣赏诗歌

《艾青诗选》既然承担了落实"如何读诗"的任务，那就不能进行支离破碎的讲析，不是割裂诗中意象的联系，模糊诗中意境的营造，淡漠诗中意蕴的探究，而是应该帮助学生探寻出读诗的基本路径——从"意"入手，抓"意"中之"象"，品"意"中之"境"，探"意"中之"蕴"，从而突出诗歌的审美性。诗歌的创作离不开意象，意象的选择是第一步，意象的组合则是第二步，艾青总善于把一些看似平常的意象组合成一幅或绚丽或凝重的图画，从而传达出一种动人心魄的感情。《我爱这土地》最主要的意象是鸟儿，之后选取了四个意象作为鸟儿歌唱的对象，"被暴风雨所打击着的土地"是满目疮痍，遭受欺凌的；"永远汹涌着我们悲愤的河流"是汹涌奔流，义愤填膺的；"无止息地吹刮着的激怒的风"是呼天抢地，不可逆转的；那"来息林间的无比温柔的黎明"则是自由的曙光。从这四个意象上，从它们前面长长的定语上，我们不难理解在那个特定的背景下，祖国的饱经沧桑，人民的不屈抗争。把这些意象组合一起，整合意象的特点，从而入诗、入情、入境。

可以《我爱这土地》为例带着孩子们探寻出读诗的基本路径——抓意象、品意境、探意蕴，抓住"意"中之"象"去品味"意"中之"境"，揣摩"意"中之"蕴"，就走进了诗，走进了诗人的内心。之后再尝试放手让学生自主欣赏诗歌，学生按照感知感情基调、把握意象特点、体会诗歌意境、探寻诗歌意蕴的读诗路径，读时才会有底气，有信心，从而有成果。

（三）边读边思，按照兴趣，以多元开放的方式分层次展现学生的阅读成果

诗歌是用来读的，读诗是感悟诗歌的第一步，所以诗歌一定要读。《毛诗序》中说："诗者，志之所之也。在心为志，发言为诗。情动于中而形于言；言之不足，故嗟叹之；嗟叹之不足，故咏歌之；咏歌之不足，不知手之舞之，足之蹈之也。"诗歌感发人心的力量，源自它本身的节奏、声韵，以及那种抑扬顿挫。一次次揣摩每一字的形、音、意，一遍遍品味每一句的音节、重音、停顿，都是学生一步步走进诗人的情感，加深对诗歌的理解的过程。可以尝试默读、朗读、跳读、小组合作读、分角色读等。借助读，以读带赏，以读带品，达到朗读其表、品味其里的目的。

但是仅仅读诗是不够的，德国文学理论家胡戈·弗里德里希在《现代诗歌的结构》一书中指出："对于有心读诗的人来说，在开始时可以给他的建议无非就是，让自己的眼睛努力适应笼罩着现代诗歌的晦暗。我们处处都可以看到，这种诗歌总倾向于尽可能地远离对单义性内涵的传达。"现代诗歌形式自由、内涵开放的特性，决定着我们的阅读取向应是开放的、多元的，而不是耽于索取明晰、单一的结论和主题。粗粗阅读一遍诗歌，就径直奔向"思想性"，急于提取归纳几条明确的意义和道理，就会破坏现代诗的诗性，滑入非诗的阅读轨道。

因此，可以设置供学生自主选择的"边读边思"任务单，任务单里一共设计了由浅入深的7个任务。这种开放题的设置形式可以把学生带到自主赏析诗歌的活动里。学生可以自主选择符合自己兴趣或水平的开放题来梳理自己的阅读成果，比如以文品诗、以画绘诗、以声润诗等，从而在诗歌的王国张开想象的翅膀，调动感官，体验和感知，用心去"细读""体验""意会"和"感悟"，发现平凡事物中所蕴含的新鲜有趣的情思，培育诗心。

五、大单元教学设计

(一)本册书基本问题
如何通过捕捉意象、品析意境、体味情思，逐层深入读现代诗。

(二)阅读目标
1. 通过朗读与比较等方法，感知艾青诗歌的表现形式，品味其精练优美的语言。

2. 捕捉"强烈鲜明的意象"，分析艾青诗歌营造的"诗中有画"的意境与艺术手法。

3. 结合创作背景，品悟意境背后的情思，体味艾青诗歌"雄浑的力量"与理性美。

（三）大单元教学设计框架图

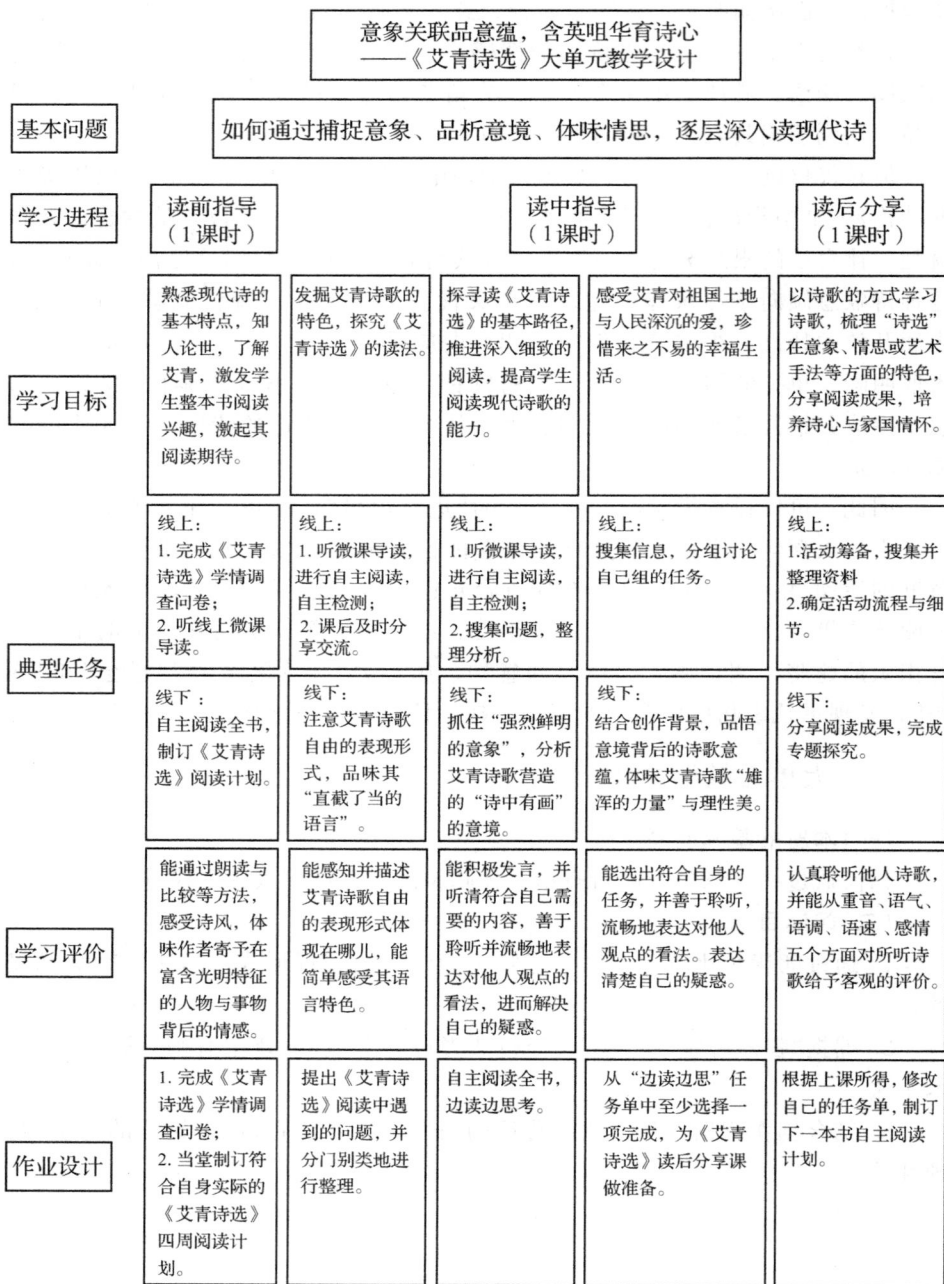

意象关联品意蕴，含英咀华育诗心
——《艾青诗选》大单元教学设计

基本问题	如何通过捕捉意象、品析意境、体味情思，逐层深入读现代诗				
学习进程	读前指导（1课时）		读中指导（1课时）		读后分享（1课时）
学习目标	熟悉现代诗的基本特点，知人论世，了解艾青，激发学生整本书阅读兴趣，激起其阅读期待。	发掘艾青诗歌的特色，探究《艾青诗选》的读法。	探寻读《艾青诗选》的基本路径，推进深入细致的阅读，提高学生阅读现代诗歌的能力。	感受艾青对祖国土地与人民深沉的爱，珍惜来之不易的幸福生活。	以诗歌的方式学习诗歌，梳理"诗选"在意象、情思或艺术手法等方面的特色，分享阅读成果，培养诗心与家国情怀。
典型任务	线上：1.完成《艾青诗选》学情调查问卷；2.听线上微课导读。 线下：自主阅读全书，制订《艾青诗选》阅读计划。	线上：1.听微课导读，进行自主阅读，自主检测；2.课后及时分享交流。 线下：注意艾青诗歌自由的表现形式，品味其"直截了当的语言"。	线上：1.听微课导读，进行自主阅读，自主检测；2.搜集问题，整理分析。 线下：抓住"强烈鲜明的意象"，分析艾青诗歌营造的"诗中有画"的意境。	线上：搜集信息，分组讨论自己组的任务。 线下：结合创作背景，品悟意境背后的诗歌意蕴，体味艾青诗歌"雄浑的力量"与理性美。	线上：1.活动筹备，搜集并整理资料 2.确定活动流程与细节。 线下：分享阅读成果，完成专题探究。
学习评价	能通过朗读与比较等方法，感受诗风，体味作者寄予在富含光明特征的人物与事物背后的情感。	能感知并描述艾青诗歌自由的表现形式体现在哪儿，能简单感受其语言特色。	能积极发言，并听清符合自己需要的内容，善于聆听并流畅地表达对他人观点的看法，进而解决自己的疑惑。	能选出符合自身的任务，并善于聆听，流畅地表达对他人观点的看法。表达清楚自己的疑惑。	认真聆听他人诗歌，并能从重音、语气、语调、语速、感情五个方面对所听诗歌给予客观的评价。
作业设计	1.完成《艾青诗选》学情调查问卷；2.当堂制订符合自身实际的《艾青诗选》四周阅读计划。	提出《艾青诗选》阅读中遇到的问题，并分门别类地进行整理。	自主阅读全书，边读边思考。	从"边读边思"任务单中至少选择一项完成，为《艾青诗选》读后分享课做准备。	根据上课所得，修改自己的任务单，制订下一本书自主阅读计划。

图1　大单元教学设计框架图

六、课时教学设计

表1　阅读任务一

线上调查	完成《艾青诗选》学情调查问卷。
课堂学习	1. 知人论世，了解艾青的生平经历等，激起阅读期待； 2. 熟悉现代诗的基本特点，消除畏难情绪； 3. 学会一些读诗和赏诗的基本方法，提高读诗的能力。

读前指导课教学设计

准备环节：读前问卷调查

请同学们完成《艾青诗选》读前调查问卷（详见附录）。

环节一：问卷结果反馈

导入：展示《艾青诗选》读前调查问卷结果，让每个同学知道，许多同学甚至是老师对于艾青的诗歌接触并不多，甚至非常陌生。有些学生希望对艾青的某一个方面展开学习和研究，方式应多样化。因此，面对欣赏艾青诗歌这项比较有挑战性的活动，同学们需要教师指导，找到读诗的基本路径与方法，再进一步以此为抓手自主欣赏，学会读诗。

环节二：了解背景，走进艾青

【材料一】艾青的生平经历

艾青（1910—1996），原名蒋正涵，浙江金华人，现当代文学家、诗人。1928年中学毕业后考入国立杭州西湖艺术学院。后到法国继续学习美术。1932年在上海加入中国左翼美术家联盟，从事革命文艺活动。1933年第一次用笔名"艾青"发表长诗《大堰河——我的保姆》。1935年，出版了第一本诗集《大堰河》。以后陆续出版诗集《火把》《向太阳》等，倾诉对祖国和人民的情感。新中国成立后的诗集有《欢呼集》《春天》等，1948年以后发表了《在浪尖上》《光的赞歌》等诗作。1957年被错划为右派。曾赴黑龙江、新疆生活和劳动，创作中断了二十余年。1979年平反后，任中国作家协会副主席、国际笔会中心副会长等职。

【材料二】艾青的创作高峰

第一高峰：20世纪30年代

　　　　　作为"太阳与火把"歌手

　　　　　充满"土地的忧郁"

　　　　　创作一系列凝重、深厚、大气的自由体诗

　　　　　比较典型的有《向太阳》《火把》《北方》等

另一高峰：1978 年以后

        作为"归来"诗人

        诗情更深沉，诗意更警策

        比如哲理小诗《鱼化石》《镜子》等

环节三：自由朗读，感受现代诗基本特点

从《艾青诗选》中选择自己喜欢的篇章或段落自由朗读，之后交流分享，完成表格梳理：艾青的诗歌与传统诗歌有什么区别和联系？《艾青诗选》作为一本现代诗集基本特色是什么？

表 2　艾青诗歌与传统诗歌特点对比表

对比项	传统诗歌特点	艾青诗歌基本特色	艾青诗歌对传统诗歌的传承与发展
表现形式（韵脚、字数、行数等）			
语言			
意象			
情感/理性美			

【材料】以艾青部分诗歌为例

震惊沉睡的山脉，

若火轮飞旋于沙丘之上，

太阳向我滚来。

                  ——《太阳》

为了我的祈愿

诗人啊，你起来吧

而且请你告诉他们

说他们所等待的已经要来

说我已踏着露水而来

已借着最后一颗星的照引而来

我从东方来

从汹涌着波涛的海上来

                  ——《黎明的通知》

雪落在中国的土地上，

寒冷在封锁着中国呀⋯⋯

中国，

我的在没有灯光的晚上

所写的无力的诗句

能给你些许的温暖吗？

——《雪落在中国的土地上》

表 3　学生总结表格示例表

对比项	传统诗歌特点	艾青诗歌基本特色	艾青诗歌对传统诗歌的传承与发展
表现形式（韵脚、字数、行数等）	一般需要押韵，字数、句数固定	很少注意诗句的韵脚；诗行长短错落；不求整齐划一的诗节	常用有规律的排比、铺排、呼告、复沓等，读起来气韵通畅
语言	精练优美	朴素自然；直截了当	语言"陌生化"处理，"能量"更大
意象	注重选择富有表现力的意象，传达出独特的情感	捕捉瞬间印象与感觉；意象鲜明，诗中有画	"土地""太阳"意象突出，对传统诗歌一脉相承
情感/理性美	注重抒情，情感美的背后往往蕴藏着理性美	前期情感至真至纯，后期诗情更深沉，诗意更警策	忧国忧民、家国情怀的情感一脉相承于传统诗歌

（北京市第八中学 2021 级初中 6 班　肖敬轩）

环节四：制订《艾青诗选》线下阅读计划

请根据自己的阅读水平与能力，合理分配时间，自主制订《艾青诗选》阅读计划与任务，课上完成表格，注意最好能在一个月内读完此书。

学生所填表格示例：

表 4　线下阅读计划表

时间	阅读任务	补充信息
第一周	从 1933 年到 1937 年的 13 首早期作品	收录内容：1933 年到 1946 年的早期作品共 27 篇，新中国成立后到"文革"刚结束时的作品共 10 篇，1979 年及以后有 9 篇作品。
第二周	从 1937 年到 1939 年的 9 首诗歌，其中包括 2 首长诗	
第三周	从 1940 到"文革"刚结束时的 15 首诗歌	
第四周	1979 年及之后的 9 首诗歌	

（北京市第八中学 2021 级初中 6 班　胡杨雅隽）

环节五：拓展训练

1. 线上讨论安排：线上讨论一共有六次，以便及时解决阅读这些篇目时遇到的障碍。六次讨论的内容根据书的编排顺序划分，依次为 1933—1937 年的早期作品 13 篇，1937—1939 年的早期作品 7 篇，1937—1939 年的早期作品 2 篇，1940—1946 年的作品共 5 篇，新中国成立后到"文革"刚结束时的作品共 10 篇，1979 年及之后的作品共 9 篇。

注意：(1)第一次讨论安排在阅读开始的第二天；

(2)在参与线上讨论前，请想清楚需要与老师或同学探讨的问题。

2. 线下阅读时，请记录自己的阅读疑惑。

按照阅读进度阅读《艾青诗选》时，你还遇到了哪些问题需要与老师或同学探讨？请简要陈述。

环节六：教师小结

在读诗时，一次次揣摩每一字的形、音、意，一遍遍品味每一句的音节、重音、停顿，都是我们一步步走进诗人的情感，加深诗歌理解的过程。期待同学们跟着线上与线下阅读计划走，学会阅读好诗，在诗的王国中尽情遨游。

学习评价

表 5　自由朗读任务评价量表

评价层面	选出自己喜欢的篇章或段落	有感情地朗读	发表见解表达流畅	找到区别点	梳理出诗选的基本特色
优秀					
合格					
需努力					

表 6　阅读任务二

线上调查＋线上讨论	收集整理读《艾青诗选》中的问题；微信群讨论，共 1 次。
课堂学习	1. 探寻读《艾青诗选》的基本路径，能够通过捕捉意象、品析意境、体味情思逐层深入，自主欣赏诗歌； 2. 关注《艾青诗选》"意象"所传达的"诗性"以及本身的"现代性"，提高读现代诗歌的能力； 3. 领会诗歌延续传承的主题，培养崇高的家国情怀与诗心。
线上微课导学＋线下自主阅读＋线上自主检测	每日一节，共 2 节
	根据自己制订的阅读计划完成，最迟一个月以内完成
	每日一次，共 2 次完成客观题与主观题检测

读中指导课教学设计

准备环节

请同学们提出《艾青诗选》阅读中遇到的问题，并对问题分门别类，进行整理。

环节一：展示阅读遇到的最主要问题

同学们不知道如何读现代诗，缺少自主欣赏诗歌的读诗路径指引。

环节二：老师带读，解决学生的主要问题

实施目的：老师带领同学通过捕捉意象、品析意境、体味情思，逐层深入地涵泳品味诗歌《我爱这土地》，从而找到读诗的基本路径，为学生自主赏析以及评判别人读诗成果做铺垫。

具体操作流程示例：

1. 捕捉诗歌意象

老师提问：

文章题为"我爱这土地"，作者借助了哪些形象表达了这种情感呢？初步感受诗的情感美和意象美。

答案示例：

《我爱这土地》最主要的意象是鸟儿，之后选取了四个意象——土地、黎明、风、河流，作为鸟儿歌唱的对象。

2. 品析诗歌意境

实施目的：分析意象特点，体会意象组合形成的诗歌意境。

老师提问：

这些意象具有怎样的特点？意象组合在一起，让我们感受到了"我"爱的是一片怎样的"土地"？

老师引导：

诗歌的创作离不开意象，意象的选择是第一步，意象的组合则是第二步，优秀的诗人总善于把一些看似平常的意象组合成一幅或绚丽或凝重的图画，从而传达出一种动人心魄的感情。鉴赏诗歌一定要去品味诗的意境。有意境的诗往往情深意远，耐人寻味，能给人以美的享受和情感思想的启迪。

答案示例：

"被暴风雨所打击着的土地"表达的是满目疮痍，遭受欺凌；"永远汹涌着我们的悲愤的河流"表达的是汹涌奔流，义愤填膺；"无止息地吹刮着的激怒的风"表达的是呼天抢地，不可逆转；那"来自林间的无比温柔的黎明"则是自由的曙光。把"土地""河流""风""黎明"这四个意象组合一起，整合意象的特点，我们不难理解在那个特定的背景下，祖国的饱经沧桑，人民的不屈抗争。

"我"化身为一只鸟儿，深沉地爱着这片多灾多难的土地。

3. 体味诗歌情思

实施目的：体会意象选取对表现诗歌情思的作用。

老师提问：

作者为什么"假设"为"一只鸟"来"歌唱"这样的一片土地呢？

答案示例：

鸟儿自古就是多情的象征。童话中的鸟儿"夜莺"等是多情的，而古诗中的"杨花落尽子规啼""望帝春心托杜鹃""青鸟殷勤为探看"等鸟儿也是多情的。鸟儿最后连羽毛也"腐烂在土地"里，表明了鸟儿对土地至死不渝的忘我的爱。而这只鸟儿一出现，就能勾起我们的情思，引发我们的共情，因为艾青新诗里的鸟儿并不是横空出世的，它们是与古诗有着千丝万缕联系的。

艾青诗歌中"鸟儿"的意象与古诗有联系，而艾青诗歌中流露的忧患意识与家国情怀也是从古到今一直在诗歌中延续的，这种深沉的忧患意识、动人的家国情怀，是从古到今诗歌的主旋律。

4. 总结读诗基本路径

捕捉意象、品析意境、体味情思。

5. 小组讨论，整理并分享其他读诗方法

读无定法，读无定论，鼓励同学们尝试用各种形式展现自己的读后所得。

诗歌的凝练性和跳跃性注定了读者对于现代诗歌的理解是多元的，言有尽而意无穷，能把自己的阅读理解与感受通过多种形式展现出来是一种非常棒的选择。默读可以，自由创作也可以，鼓励同学们以多种形式表现自己的阅读感受。以下是孩子们喜欢的几种读诗方式：

（1）以文品诗：文字总会给人无穷的力量，读诗歌时，可以结合注释，把自己的情感体验，用诗评或即兴创作的形式写出来。

（2）以画绘诗：艾青曾经创作过绘画，他的诗歌"诗中有画"，读诗时可以用图画展现自己品读出的画面。

（3）以声润诗：阅读一首诗，可以通过遣词造句或直抒胸臆的诗句来把握作品想表达的基本的情感取向或情感态度，即感情基调。常见的感情基调有悲哀、欢快、忧愁、喜悦、寂寞、热烈、深沉、奔放、闲适、昂扬进取……如果在把握基调的基础上再进一步品读意象与意境，欣赏的方向会更加准确。可以选择自己最喜欢的诗，根据诗歌的情感基调选择一曲贴合的配乐，带感情地朗读出来，可以为它写出朗诵方案，也可以制作音频与同学分享。

环节三：小组讨论，解决阅读中遇到的其他问题

1. 小组成员就组内成员所提问题进行讨论，并尝试给出答案。
2. 小组代表展示本组研讨成果，并提出组内解决不了的问题。
3. 小组成员就其他组所提问题进行讨论，并尝试给出答案后分享。

环节四：学以致用，学生自主赏析诗歌

老师提问：

聂华苓评价艾青说："艾青的诗，好在雄浑的力量，直截了当的语言，强烈鲜明的意象。"请你结合《刈(yì)草的孩子》或者《艾青诗选》中的其他诗作，任选这句评论中的某一点，谈谈你的理解，你的理解可以写出来，也可以读出来或画出来。

刈草的孩子

艾青

夕阳把草原燃成通红了。

刈草的孩子无声地刈草，

低着头，弯曲着身子，忙乱着手，

从这一边慢慢地移到那一边……

草已遮没他小小的身子了——

在草丛里我们只看见：

一只盛草的竹篓，几堆草，

和在夕阳里闪着金光的镰刀……

一九四○年

答案示例1：

这首诗歌呈现出散文化、口语化的语言风格，字数句数没有刻意限制。"低着头，弯曲着身子，忙乱着手"三个短句子是一行，形成了一个长句子，是对上面"刈草的孩子无声地刈草"的进一步口语化、散文化的表达。"低着头"三个字，"弯曲着身子"五个字，"忙乱着手"四个字，下一句"从这一边慢慢地移到那一边"十二个字，构成了行与行之间的长短错落。在长短错落中，把孩子刈草时的忙乱、艰难非常自然地表现出来。

答案示例2：

作者运用"忙乱""慢慢地""小小的身子"等词语，写出刈草孩子的小，小到身躯被麦子遮挡，还不会用镰刀。这么小的孩子，连"草"都能把其"遮没"，还要割草，"盛草的竹篓""几堆草"表现出孩子已然承担起生活的重负。在"闪着金光"的镰刀这个意象的映衬下，孩子的形象不免让人心疼与敬佩。这些意象放在一起，让我们感受到在那个艰苦的年代，人们生活的艰辛，民族的苦难。

环节五：拓展训练

从"边读边思"任务单中至少选择一项，为《艾青诗选》读后分享课做准备。

"边读边思"任务单

1. 我可以概述一下自己最喜欢的诗歌的主要内容。

2. 我可以简单分析一下自己最喜欢的诗歌的主要写作手法。

3. 我可以猜测一下某首诗的写作意图，并从本诗中了解到艾青是一个 _____ 的人。

4. 我可以选择我感触最深的一段诗，用批注、图或诗评的方式展现自己的品读成果。

5. 我可以设计一个有深度的问题来考考大家。

6. 我可以设计一个朗诵方案，进而可以有感情地朗读我喜欢的诗歌，并且不出错。

7. 我可以即兴创作一首可长可短的诗歌，用意象来表现我的情思。

学习评价

表7　小组讨论任务评价量表

评价层面	积极发言	内容能符合自己需要	善于聆听	表达流畅	我的问题得到解决
优秀					
合格					
需努力					

表8　阅读任务三

线上任务+ 线上讨论	筹备《艾青诗选》读后分享活动，搜集并整理"边读边思"任务单结果；微信群讨论，共1次。
课堂学习	1. 完成专题探究，梳理《艾青诗选》在意象、情思或艺术手法等方面的特色； 2. 以各种形式学习诗歌，分享阅读成果，培养诗心与家国情怀； 3. 感受艾青对祖国土地与人民深沉的爱，珍惜来之不易的幸福生活。
线上微课导学+ 线下自主阅读+ 线上自主检测	每日一节，共4节
	根据自己制订的阅读计划完成阅读任务，最迟一个月以内完成。
	每日一次，共4次完成客观题与主观题检测

读后分享课教学设计

准备环节：分享活动内容筹备

1. 活动工作人员：总主持人、"边读边思"七个任务结果分享的负责人、各个任务的组员、展板以及 PPT 制作人员。

2. 明确工作内容及时间安排。

"边读边思"里的七个任务自由灵活，是以多种形式呈现学生不同阅读水平的阅读成果。这七个选项考虑到学生的个性差异、阅读基础，形式多元，但都围绕《艾青诗选》特色而设，为的是引导学生进入诗歌的王国去体验和感知，培养学生养成足够的耐心，张开想象的翅膀，利用感官，用心去"细读""体验""意会"和"感悟"。

环节一："边读边思"前四个探究任务结果分享

选择"边读边思"任务单中同一题的同学自然为一组，"边读边思"任务单中前四个任务将通过概述、知人论世、画批、为诗配图配文配音频等形式，多元展示。

请各组负责人按照下面"边读边思"任务单顺序，用 PPT 展示分析本组的读诗成果：

1. 我可以概述一下自己最喜欢的诗歌的主要内容。

2. 我可以简单分析一下自己最喜欢的诗歌的主要写作手法。

3. 我可以猜测一下某首诗的写作意图，并从本诗中了解到艾青是一个_____的人。

4. 我可以选择我感触最深的一段诗，用批注、图或诗评的方式展现自己的品读成果。

学生任务结果展示示例：

1. 我可以概述一下自己最喜欢的诗歌的主要内容：

我最喜欢的诗歌是《大堰河——我的保姆》。

诗歌前两节点明了大堰河保姆名字的由来和与艾青的关系。之后写了与大堰河保姆的生活经历。其中"看到雪使我想了你"，通过雪的寒冷突出大堰河生活的悲苦。通过离开时大堰河的哭泣写出了大堰河对我的深爱。最后通过大堰河无私奉献时劳动的场景表达了对大堰河这类母亲的赞美。"大堰河，是我的保姆"这句话运用反复的修辞手法，在文中多次出现，表达了"我"对大堰河的歌颂，增强了表达效果。

（北京市第八中学 2021 级初中 4 班　张云鹤）

2. 我可以简单分析一下自己最喜欢的诗歌的主要写作手法：

《树》这首诗写于抗战时期，诗的篇幅不长，语言简单明了。

诗的前四句写了树在地上的样子，后四句则写了地下。结合时代背景我认为前四句写树在世人前"彼此孤离地兀立着"。"彼此"和"孤离"体现出当前外国人羞辱我们是"一盘散沙"。而"风"与"空气"可能是敌人们用强劲的实力和无尽的掠夺"告诉着它们的距离"。但后面四句发生了转折。在外人看来我们孤立无援，可我们的心在地下互相"纠缠"着。在敌人看不到的地方，我们团结在一起，凝聚着力量，有朝一日拔地而起汇聚成荫。后来艾青本人在谈到此诗的创作体会时曾说："把没有关联的东西紧紧地纠结在一起了。人与人之间，表面上是分离的，但在心灵深处总是相通的。"

（北京市第八中学 2021 级初中 6 班　单靖涵）

3. 我可以猜测一下某首诗的写作意图，并从本诗中了解到艾青是一个＿＿＿＿＿＿的人：

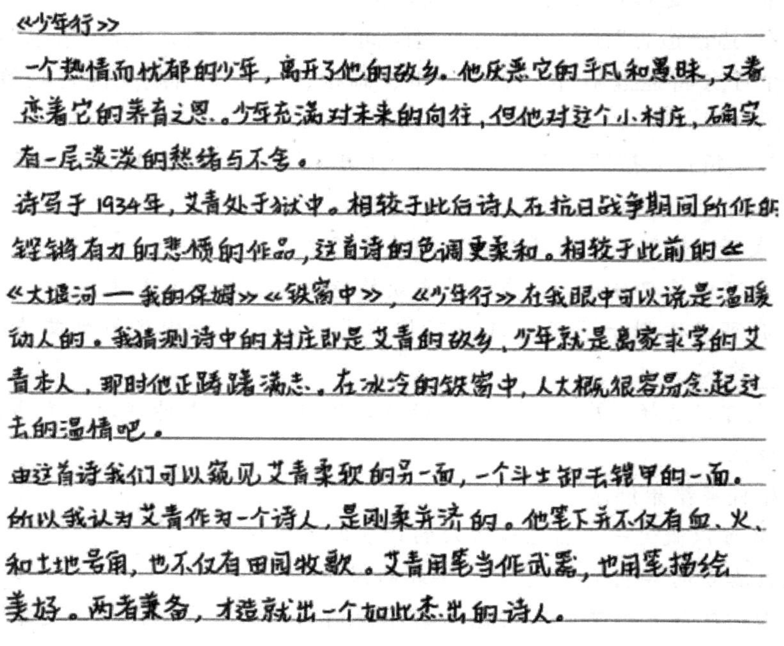

《少年行》

一个热情而忧郁的少年，离开了他的故乡。他厌恶它的平凡和愚昧，又眷恋着它的养育之恩。少年充满对未来的向往，但他对这个小村庄，确实有一层淡淡的愁绪与不舍。

诗写于1934年，艾青处于狱中。相较于此后诗人在抗日战争期间的作那铿锵有力的悲愤的作品，这首诗的色调更柔和。相较于此前的《大堰河——我的保姆》《铁窗中》，《少年行》在我眼中可以说是温暖动人的。我猜测诗中的村庄即是艾青的故乡，少年就是离家求学的艾青本人，那时他正踌躇满志。在冰冷的铁窗中，人大概很容易念起过去的温情吧。

由这首诗我们可以窥见艾青柔软的另一面，一个斗士卸去铠甲的一面。所以我认为艾青作为一个诗人，是刚柔并济的。他笔下并不仅有血、火和土地号角，也不仅有田园牧歌。艾青用笔当作武器，也用笔描绘美好。两者兼备，才造就出一个如此杰出的诗人。

图 2　任务结果展示

（北京市第八中学 2021 级初中 4 班　毛伊浩）

4. 我可以选择我感触最深的一段诗，用批注、图或诗评的方式展现自己的品读成果：

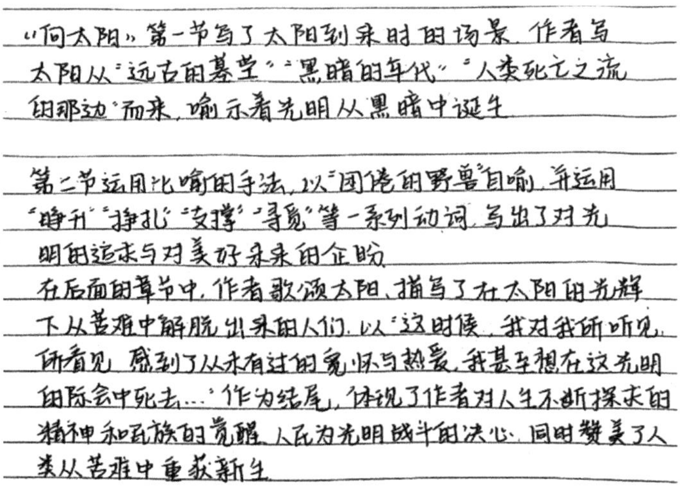

《向太阳》第一节写了太阳到来时的场景，作者写太阳从"远古的墓茔"、"黑暗的年代"、"人类死亡之流的那边"而来，喻示着光明从黑暗中诞生。

第二节运用比喻的手法，以"困倦的野兽自喻"，并运用"腾开"、"挣扎"、"支撑"、"寻觅"等一系列动词，写出了对光明的追求与对美好未来的企盼。

在后面的章节中，作者歌颂太阳、描写了在太阳的光辉下从苦难中解脱出来的人们，以"这时候，我对我所听见、所看见，感到了从未有过的宽怀与热爱，我甚至想在这光明的际会中死去……"作为结尾，体现了作者对人生不断探求的精神和民族的觉醒，人民为光明战斗的决心，同时赞美了人类从苦难中重获新生。

图3　学生批注展示

（北京市第八中学2021级初中4班　胡紫萱）

环节二：我问你答——分享"边读边思"第五个探究任务结果

请"边读边思"任务单中的第五个任务负责人展示本组筛选后的问题，请同学们随机抽取问题回答。

"边读边思"任务单中的第五个任务：

5. 我可以设计一个有深度的问题来考考大家。

通过问答的形式，勾连诗选中的篇章，对《艾青诗选》的理解会更深一层。学生设计的部分问题展示：

1. 艾青的生活经历对艾青的诗歌创作有什么影响？

2. 艾青有什么诗歌创作观念？

3. 艾青最常用的艺术表现手法有什么？

4. 艾青诗歌的价值是什么？

5. 艾青诗歌里常用的形象是什么？

6. 艾青诗歌的象征意义是什么？

7. 艾青用散文表述的形式展现诗歌美合适吗？

环节三：我读你改——分享并完善"边读边思"第六个探究任务结果

请"边读边思"任务单中的第六个任务负责人播放展示本组所选的最好的一首朗读音频，请同学们为其修改朗诵方案，助力其参加初三年级诗歌朗诵比赛。

任务支撑——修改诗歌朗诵方案建议

可以补充或修改诗歌朗诵方案中的重音、停连、节奏、配乐等。

"边读边思"任务单中的第六个任务：

6. 我可以设计一个朗诵方案，进而可以有感情地朗诵我喜欢的诗歌，并且不出错。

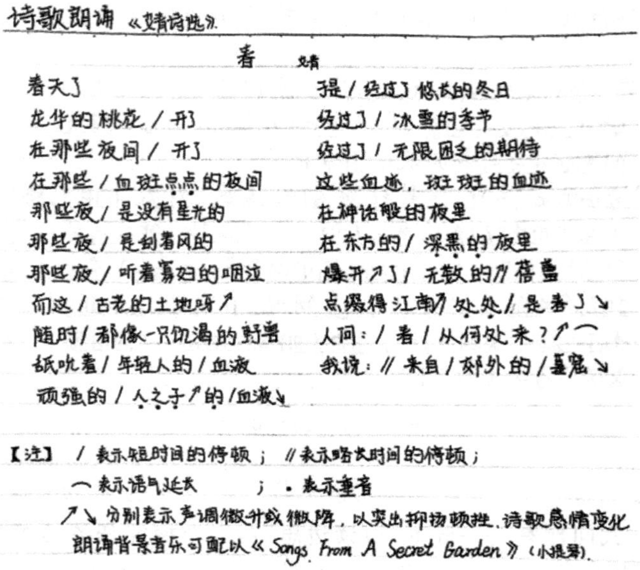

图4 学生朗诵方案展示

（北京市第八中学 2021 级初中 17 班 叶广涵）

学习评价

表9 诗歌朗诵组内评分表

作品序号	重音(10分)	语速(10分)	语气(10分)	语调(10分)	感情(10分)	总分

环节四：我写你选——"边读边思"第七个任务探究结果展示

请"边读边思"任务单中的第七个任务负责人以展板的形式展示本组成员原创诗歌作品(作者名等投票结果出来再公布)。

"边读边思"任务单中的第七个任务：

7. 我可以即兴创作一首可长可短的诗歌，用意象来表现我的情思。

请全体同学根据评价表，用贴纸或便利贴投票选出自己觉得最好的一首，再从意象、意蕴、炼字、表现形式等角度修改该诗。

老师公布统计出的投票结果，第一只有一个，其他孩子的诗作也要多发现亮点，多鼓励。得票最高者的诗歌会被选入初三年级《新诗雅集》中出版。

选出的诗歌请大家帮忙一同修改，之后再投稿初三年级《新诗雅集》。

学生诗歌创作作品展示：

祖国

我不知怎样才能将你回报，

就让我变成一把矛，

为你扫除一切阻挠，

为你辉煌的未来开路守道，

为你抵挡那冰冷刺骨的冰雹，

为你承担百火千烧，

就算我冻死，烧焦，

也要扑进你的怀抱。

你，我的祖国，我的骄傲。

来世还做你的儿女，

在你的土地上生根出苗。

（北京市第八中学 2018 级初中 8 班　董浩翔）

任务支撑——修改原创诗歌建议

【材料】

修改原创诗歌时可以思考这些问题：如何更好地抒发情感？意象是不是最典型的，需要再换意象吗？意象之间营造的意境如何？语言的陌生化（词语的搭配、新颖的修辞、句式的杂糅、视角的转换、节奏与排列）效果如何？诗歌需怎样调整可以让节奏和韵律更美？

环节五：活动小节

展示老师平常拍摄的学生共读场景、探究场面等，肯定学生的参与和创作，颁发奖状，引导学生继续阅读其他比较好的诗歌选。

七、自主阅读迁移指导

（一）阅读策略

阅读诗歌的总思路是有方法，有路径，逐层深入，消除畏难情绪，培养诗心。

具体策略有五个：

其一，选取典型的、有韵味的、学生容易理解的诗歌进行欣赏阅读。

其二，尝试通过捕捉意象、品析意境、体味情思，逐层深入读诗，用这样的读诗路径，可以更深入地阅读。

其三，知人论世，以诗人的经历与诗歌特色为切入点可以引发学生的好奇心，促进学生进一步细品诗歌的语言。

其四，贯通古今，联系中外。明白新诗脱胎于古诗，而古诗需要新诗的

171

传承与发扬。不管国内还是国外，许多诗歌有着共同的主题，能引人共鸣，在古今比较中，在中外勾连中，实现深度阅读。

其五，现代诗歌形式自由、内涵开放的特性，决定着我们的阅读取向应是开放的、多元的，而不是耽于索取明晰、单一的结论和主题。粗粗阅读一遍诗歌，就径直奔向"思想性"，急于归纳几条明确的意义和道理，就会破坏现代诗的诗性，滑入非诗的阅读轨道。

此外，学生阅读兴趣各异，阅读能力也不尽相同，可以通过概述、知人论世、批画、为诗配图配文配音频、原创诗歌等形式，多元展示阅读成果。在培育孩子的诗心、提升孩子想象力和创造力上，新诗创作是一个"良好的辅助性工具"。诗歌创作的目的并不是培养诗人，而是培养诗心。孩子的想象力和创造力需要成人去启发和引导，由于学生创作起点不同，不必达到很高的要求，能掌握基本的意象选取和排列方法即可。在进行诗歌创作时，一般学生可以借此进行修辞训练，哪怕是文字游戏。较好的学生可以进行仿写改写，感受诗歌的韵味，练就优美的文笔。优秀的学生可以尝试进行诗歌创作，抒发青春性灵。

（二）阅读工具：阅读规划表

明确、合理、具体的阅读规划是辅助所有同学完成阅读的有力工具。阅读规划至少应该包含以下几个方面：

（1）书籍名称及版本信息。

（2）符合自身生活实际与阅读能力，根据阅读内容制定的阅读进度。如《艾青诗选》总计线上六天任务跟进，线下四周内读完。

（3）阅读活动安排。如：每隔三天进行一次读中讨论，读后三天内完成任务单的修改与完善工作。

（4）小组分工。具体到每位小组成员负责的具体任务及所需完成的时间节点。

（5）评价方式以及每种评价方式在最终的综合评价中所占比重。如：读中讨论与测试，读后任务单的修改与完善等。

（三）推荐书目

1.《泰戈尔诗选》（泰戈尔）

作为亚洲第一位获得诺贝尔文学奖的作家，泰戈尔不愧为"印度文学巨匠"的称号，他在诗歌、小说、戏剧、散文，甚至绘画、音乐领域都是不可多得的人才，而且他毕生致力于诗歌创作，并且成就颇丰。泰戈尔崇尚纯真和简朴，企望自己的生命"简单正直像一枝苇笛"。

随着岁月的流逝，《泰戈尔诗选》愈发放射出璀璨的思想光芒，显示出永恒的艺术魅力。它被译成多种文字，在世界各地广泛流传，并被作为教材在中学和大学讲授，产生着巨大的影响。

艾青喜欢歌咏土地和太阳，而泰戈尔喜欢赞美母爱和童真，抒写爱情和人生。泰戈尔的诗短小而精悍，饱含了一种对生活的热爱以及对爱的思索，为世间万物记录下灵感闪动的瞬间。泰戈尔的灵感来源于生活，但同时更高于生活。他由人与自然、感情和事例，由一花一草、一片云、一轮月、一滴水等生发情感，用三言两语写出那些"人人心中有，个个笔下无"的哲理，体现了自然与人心灵的交融。他用自己对生活的热爱，巧妙地隐去了一些苦难与黑暗，而将光明与微笑毫无保留地献给了读者。大诗人威廉·叶芝曾经这样评价泰戈尔的诗歌："他的诗歌那么丰富多彩，那么浑然天成，那么激情澎湃，那么令人惊异……多少世代之后，旅人还会在路途上吟咏它们，船夫还会在河上吟咏它们。"我国的诗人冰心也深受其影响，说"谢谢你以超卓的哲理，慰藉我心灵的寂寞"。

2.《唐诗三百首》（孙洙选编）

诗者，歌以咏志，对于古人而言，诗词就相当于古代的"流行音乐"，它是诗人用来表达内心情绪、志向的一种文学体裁。唐朝（618—907）二百九十年间，是中国诗歌发展的黄金时代，云蒸霞蔚，名家辈出，唐诗数量多达五万首。《唐诗三百首》由清代孙洙（1711—1778）选编，选编的三百多首唐诗出自七十七位唐代诗人之手，力图反映出不同作者各自的诗歌风貌。按照诗歌体裁的不同，分为古诗、乐府、绝句、律诗，每个类别下的作家作品是按照年代先后编排的。

唐朝是一个全民爱诗、全民写诗的时代，我们现在所熟悉的唐诗，有的出自帝王将相，有的出自贩夫走卒，有的出自渔夫樵人……这七十七位诗人来自社会的不同阶层，诗人从各自的生活出发，用不同的意象来表达内心的情感，这种不同"意象的组合、意境的开拓，创造了中国古典诗歌的最高审美境界"。所以，《唐诗三百首》具有极大的包容性和创造性，书中所收诗歌题材广泛，涉及政治经济、边塞行旅、宫闱妇怨、酬酢应制、宦海升沉、隐逸山林等多方面的社会生活。

唐诗具有最充沛的感情，诗歌所描写的内容都是真情流露，诗歌所蕴含的情感具有极强的感染力，很容易引起人的共鸣。读这些诗，能读到心怀天下、忧国忧民的士人情怀，也能感受到寄情山水、怡然自得的隐逸之风；可以感受诗人慷慨激昂的壮志，也因诗人落寞黯淡的愁肠而感伤，或者被诗人婉转低回的心曲打动。在千姿百态的唐诗背后，有大唐风范，有那个时代特有的风流与热情。诗人们对于世界、家国、自我的发现和表达，有着赤子般未经损伤的天真与纯粹，这让他们的诗作历经千载，今天读来依然动人。

由于唐诗的风格不同，这不仅可以让孩子领略诗歌不同体裁之美，也可以开启孩子美感、语感、阅读力、想象力的大门，让孩子在平仄中品味诗语的芬芳，在诗意中感恩生命，敬畏自然，体悟人情。因此我们说，唐诗非常适合初中生诵读、领悟。

八、附录

《艾青诗选》学情调查问卷

1. 你是否喜欢现代诗歌？

A. 喜欢，并读过一些课外的现代诗歌（写出自己喜欢的诗歌名字）

B. 喜欢，但读的大都是课本里选录的诗歌

C. 感兴趣，但是不太了解

D. 不喜欢

2. 你是否读过《艾青诗选》？

A. 读过

B. 没读过，但是听说过

C. 没读过，也没有听说过

3. 是什么让你开始阅读这本书？（读过的同学作答）

A. 老师、家长或考试要求读

B. 朋友或同学推荐阅读

C. 被书名、情节、封面等吸引，主动阅读

D. 无意之中发现，开始阅读

E. 其他_____

4. 你对这本书的了解有多少？（多选）

A. 这是一本现代诗歌集

B. 它的作者艾青是现实主义诗人

C. 诗歌表现了诗人对诗歌"散文美"的不懈追求

D. 艾青的诗歌中以"太阳、黎明、光、土地"等一系列物象为诗歌意象的诗占比很高

5. 是什么让你难以把这本书读深入？（多选）（未读或自己读得不太满意的同学作答）

A. 不懂诗歌阅读方法，难以读懂读深

B. 对诗歌不感兴趣

C. 有很多晦涩难懂的内容，不知所云

D. 诗歌太具有时代特征，没什么阅读价值

E. 其他_____

6. 阅读这本书，你最期待的是

A. 获得阅读方法指导

B. 和老师、同学一起探讨交流

C. 培养对诗歌的兴趣

D. 对书中的内容形成自己的感受和看法

E. 其他_____

随情节环环相扣读英雄传奇，
从人物笔笔传神品侠义精神

——《水浒传》融合式大单元教学设计

北京市第一六一中学　张　颖

一、推荐版本

《水浒传》诞生于元末明初，是我国历史上第一部歌颂农民起义的长篇白话小说，主要描写了北宋末年梁山好汉们豪侠仗义、除暴安良的英雄壮举。数百年来，它一直深受国人喜爱，并被译为多种文字，成为我国流传最广的古典长篇小说之一。

根据回目数量的不同，目前流行的版本主要有百回本、百二十回本和七十一回本。百回本属于繁本，叙事详细，文学性强，是水浒故事成形最早的本子。百二十回本是以百回本为基础，又加入描写征田虎、平王庆的故事。新中国成立后，人民文学出版社以明末金圣叹的七十回本为基础，把"楔子"恢复成第一回，又去掉金圣叹加的尾巴，仍以梁山英雄排座次作结，形成了七十一回本。

此次我们选择人民文学出版社 2018 版作为推荐版本。这是在人民文学出版社 1975 版的百回本基础之上又重新进行了校订，而且卷首配有导读和前言，介绍作者生平、写作背景、作品成就与特点等；卷末附有知识链接，包括章回体小说等文学常识和作品特点、学习思考等要点提示。这个版本非常有助于初中生开展古典小说的阅读。

二、内容简介

《水浒传》记叙了北宋末年梁山好汉们从起义到兴盛再到最终失败的全过程。小说从仁宗时期张天师祈禳瘟疫、洪太尉误掘石碑、一百单八个魔君被放走引入故事。

哲宗时期，高俅因踢球被端王赏识。后端王登基，高俅被提拔。高俅挟私报复王进，王进逃跑时与史进成为师徒。史进与少华山好汉结为兄弟，被小人告发，后前往关西寻王进，偶遇鲁达。

鲁达为救金氏父女，三拳打死镇关西，后避祸于五台山，取法名智深。因不守清规，被派往东京大相国寺。路经桃花村，醉打周通，为刘太公女儿解除婚约。后与史进火烧瓦罐寺。到大相国寺看守菜园时倒拔垂杨柳，力伏泼皮，与林冲结拜。

高衙内欲夺林冲之妻，林冲受陷误入白虎堂，被刺配沧州。途经野猪林险些被害，幸得鲁智深救护。到了沧州，又被高俅追杀，忍无可忍，奋起反抗，火烧草料场。后经柴进引荐，上梁山落草。梁山寨主王伦故意刁难，让林冲做投名状。林冲路遇杨志，与之拼杀，不分胜负。王伦劝止，收下林冲，劝杨志入伙。

杨志不肯入伙，径奔东京。钱财散尽后，不得已上街卖刀，杀死牛二，被充军大名府。梁中书提拔杨志为提辖，并委派他押送生辰纲。吴用等人智取生辰纲。杨志走投无路，后在二龙山落草为寇。

吴用等人被官府缉拿，晁盖率七雄到梁山入伙。林冲火并王伦，晁盖成为头领，把梁山治理得人丁兴旺。

宋江收到晁盖书信和谢金，被外室阎婆惜发现并以此相要挟，宋江忍无可忍杀掉婆惜，在朱仝帮助下逃往柴进庄上躲避，遇到武松。

武松寻兄，景阳冈打虎后遇哥哥武大。武大妻子潘金莲被西门庆勾引，与王婆毒杀武大。武松杀了奸夫淫妇，被刺配孟州，在十字坡遇到张青夫妇。到孟州后，武松帮施恩醉打蒋门神，复夺快活林。蒋门神勾结张都监，陷害武松。武松被刺配恩州，大闹飞云浦，血溅鸳鸯楼，前往二龙山落草，路过蜈蚣岭杀了王道人，在白虎山又遇到宋江。

宋江前往清风山投奔花荣，却无奈被捉，幸得燕顺等人解救。宋江用计骗秦明入伙。宋太公托石勇带家书寻宋江。宋江回家后，被刺配江州，过揭阳岭时被李俊等救下，过浔阳江时又结识张横等人。在江州牢城，宋江与戴宗、李逵结识。浔阳楼醉酒后，宋江写反诗被陷害。晁盖率众好汉到江州劫法场救宋江，与张顺等在白龙庙小聚义。宋江智取无为军，上梁山入伙，坐了第二把交椅。

公孙胜归家探母，李逵也要回家探母，途中杀了李鬼。李逵老母丧生虎口，他力杀四虎，后被告发。朱贵兄弟智救李逵，并带李云同上梁山。

戴宗奉命寻公孙胜，结识杨林等好汉，又遇石秀救杨雄。杨雄之妻潘巧云与和尚裴如海通奸，被石秀看破。石秀智杀裴如海，又引杨雄除掉潘巧云。两人与时迁同往梁山，时迁却在祝家庄因偷鸡被擒。杨雄、石秀求救于李应无果，不得已投奔梁山搭救。

宋江一打祝家庄失利，二打祝家庄又失利，三打祝家庄获胜。

雷横看曲时，打死白秀英父亲。白秀英让知县枷押雷横，雷母与白秀英发生口角，雷横枷打白秀英致死。朱仝私放雷横，被刺配沧州。沧州知府赏识朱仝，让他照看小衙内。李逵奉命杀死小衙内，朱仝欲杀李逵，吴用只得让李逵暂住柴进处。

李逵同柴进看望柴皇城，又遇殷天赐来强占屋宇，愤怒至极打死殷天赐，逃往梁山泊。柴进受牵连入狱。宋江率众人前来解救，却失陷高唐州，只得让戴宗请来公孙胜。公孙胜大败高廉，李逵将枯井中的柴进救出。

高俅进攻梁山，宋江被连环马打败。吴用派时迁盗甲，汤隆赚徐宁上山，徐宁教众军使钩镰枪，宋江大破连环马。呼延灼奉命保护青州城，与孔氏兄弟交手。桃花山、二龙山和白虎山聚义，求救于梁山，后智取青州，擒获呼延灼。呼延灼仰慕宋江义气，落草为寇。

鲁智深前去牢中救史进，不料被抓。宋江率梁山好汉直取华州救人。吴用赚金铃吊挂，骗杀贺太守，救出史进和鲁智深。公孙胜做法降魔，芒砀山贼寇归顺梁山。

晁盖带兵打曾头市，被史文恭毒箭致死。梁山暂由宋江为头领。宋江闻卢俊义之贤，派吴用、李逵将其骗上梁山，又散布谣言陷害。卢俊义回家后，却被刺配沙门岛，途中幸得燕青相救，但终究难逃问斩。燕青向梁山求救，石秀跳楼劫法场。石秀和卢俊义被捉，一同被押入死囚牢。

梁山兵打北京城，朝廷派关胜等议取梁山，却被吴用计擒收降。吴用派时迁等潜入城中放火，奇袭大名府，救出卢俊义和石秀。史文恭被卢俊义、燕青擒住。宋江兵至东平府，计擒董平，夺下府城。卢俊义兵临东昌府，久攻不下。宋江等驰援，计擒张清，破城成功。

宋江率兵回梁山，成为第一头领，请公孙胜主持罗天大醮。天降石碣，上书梁山一百零八将座次表。

宋江为求招安，往东京求李师师相助。朝廷派童贯、高俅多次围剿梁山皆败，只好派宿太尉招安梁山。宋江等受招安后，备受高俅、蔡京等人排挤。

宋江、卢俊义率梁山旧部征辽，迫使辽国纳表投降。

回京后，宋江和众兄弟被封官。之后，宋江等又奉诏讨方腊，平定方腊后，梁山好汉仅余三十六人。之后，梁山好汉相继离开或归隐。宋江、卢俊义等屡遭奸臣迫害。不久，二人被毒害。宋江恐李逵再叛朝廷，趁机毒死李逵。吴用、花荣在宋江的坟前自缢身亡。

三、学情分析

七年级上学期学生已经读过《西游记》，对古典小说有了一定的接触。但《西游记》是一部想象力极为丰富的"神魔小说""童心之作"，学生本来就喜欢读，尤其是其中很多耳熟能详的故事情节，更是在他们的心中留下了不可磨灭的印象。而《水浒传》是一部英雄传奇，编排在九年级上册第六单元之后，教材定位是"古典小说的阅读"。第六单元主要选取的是明清白话小说的精彩片段。学生学完这些篇目之后，知道了读古典小说不仅要了解故事情节，更要分析人物形象，理解作品主题。然而教材上的单篇课文仅是节选，学生对整部小说的主要线索、人物形象的全面把握、主题的深入认识等尚不够清晰，所以教师需要通过整本书阅读加以训练和巩固。

教师在阅读前利用线上问卷平台，发布了"《水浒传》学情调查问卷（附录）"，了解学生对这本书的熟悉程度。

调查结果显示，95％以上的学生没有读过《水浒传》，超过70％的学生了解一些耳熟能详的情节或者能说出书中一些人物的名字，超过半数的学生对本书有期待，希望了解精彩的故事情节。可见大多数学生对古典白话小说抱有比较浓厚的兴趣，《水浒传》对他们来说也并不太陌生。但学生对本书的了解大多限于几个主要人物和一些主要情节等表面的认识，对人物之间的关联、事件之间的逻辑关系和时代背景、小说主题等都不甚熟悉，而这些对于理解小说至关重要。近80％的学生认为，本书语言尽管为古白话，但生动易懂，阅读起来基本没什么问题，其他同学的困难主要集中在枯燥乏味的诗词上，可见提供"跳读和精读相结合"的阅读方法很有必要。共读这部书，同学们最期待的是"获得阅读方法指导"及"和老师、同学一起探讨交流"。

《水浒传》故事性强，人物形象栩栩如生，但由于文字量巨大，其中也不乏枯燥乏味的诗词和烦冗复杂的各类介绍等。基于以上认识，教师提前为学生规划好阅读进程，什么时间、哪些章节适合采用怎样的阅读方法，读到什么程度才算合格，完成哪些任务才能让学生心中充满成就感等；然后，通过读前指导课、读中指导课和读后分享课，从多个角度给学生搭设不同级别的阅读台阶，督促学生坚持读书，鼓励学生大胆表达内心所想，给学生提供展示自己的舞台，激发阅读兴趣，直至读完、读懂全书。

四、阅读策略

（一）精读与跳读

读一本书，可以根据自己的阅读目的或阅读兴趣，采取精读与跳读相结合的方法。《水浒传》作为一部百万字的长篇小说，初次阅读，要重点关注精彩的情节，对于书中的环境描写、外貌描写或者古诗词等不感兴趣或不大理解的内容，可一扫而过，或放置不读。再读全书时，需要借助各种描写来品读人物形象，了解人物性格形成的原因，感悟作品主题，而原来弃而未读的某些内容这时就需要格外关注，甚至需要精读深思。

（二）圈点与批注

不动笔墨不读书。读书时的圈点与批注必不可少。圈点就是随手勾画出作品的重点、难点、疑点或者自己深有体会的地方；批注就是从作品的内容、结构、写法或语言等方面着手，尝试进行品析和鉴赏。像《水浒传》这样的经典作品，需要我们反复阅读，每次可采用不同颜色的笔，从内容、结构、写法或语言等不同角度进行圈点与批注。

（三）专题阅读

对《水浒传》感兴趣的同学，在读完两遍之后，建议选取一个主题再进行精读。比如，对于作品中相似的情节——武松打虎和李逵杀虎、江州劫法场和大名府劫法场、鲁提辖救金氏父女和刘氏父女等，可以从情节发展的作用、人物形象的塑造、写作手法的运用、语言特色的呈现等方面分析它们的同中之异。再如，对于作品中有些貌似矛盾的人物言行，可以统观全书，有针对性地扩大精读范围，选取描写这个人物的所有的文字片段，前后勾连，思考作者刻画人物形象的意图，形成自己的个性化认识。当然，还可以从古典小说的写作方法切入，从矛盾冲突、悬念、照应、链式结构等进行多角度专题阅读。最后，把自己的阅读过程和思考成果记录下来，形成文字，和同学进行交流分享。

（四）跨界阅读

作为我国古典四大名著之一，《水浒传》有着相当广泛的影响力，其表现形式也是多种多样的。对绘画感兴趣的同学，可以把原著与连环画版的《水浒传》或者陈洪绶的"水浒叶子"等进行对比阅读；对影视作品感兴趣的同学，可以把原著与影视版的《水浒传》进行对比阅读；对评书或曲艺感兴趣的同学，可以把原著与之进行对比阅读。同样作为文字版的《水浒传》原著与青少年版本有何异同，为什么青少版的文字篇幅要相对较少，不同回目数量的版本到底是要突出什么主题……总之，跨界阅读可以帮助学生更立体、更深入地理解原著。

五、大单元教学设计

（一）本册书基本问题

怎样从古典小说的情节安排手法，全面理解人物形象。

（二）阅读目标

1. 结合目录，梳理全书的主要故事情节，直观感受环环相扣的链式结构。
2. 结合内容，分析栩栩如生的人物形象，全面理解饱满独特的侠义精神。
3. 统观全书，探究人物生活的社会背景，帮助学生建构个性化批判意识。
4. 勾连其他，从跨学科或跨书籍等角度，深入感悟此书的人物形象价值。

(三)大单元教学设计框架图

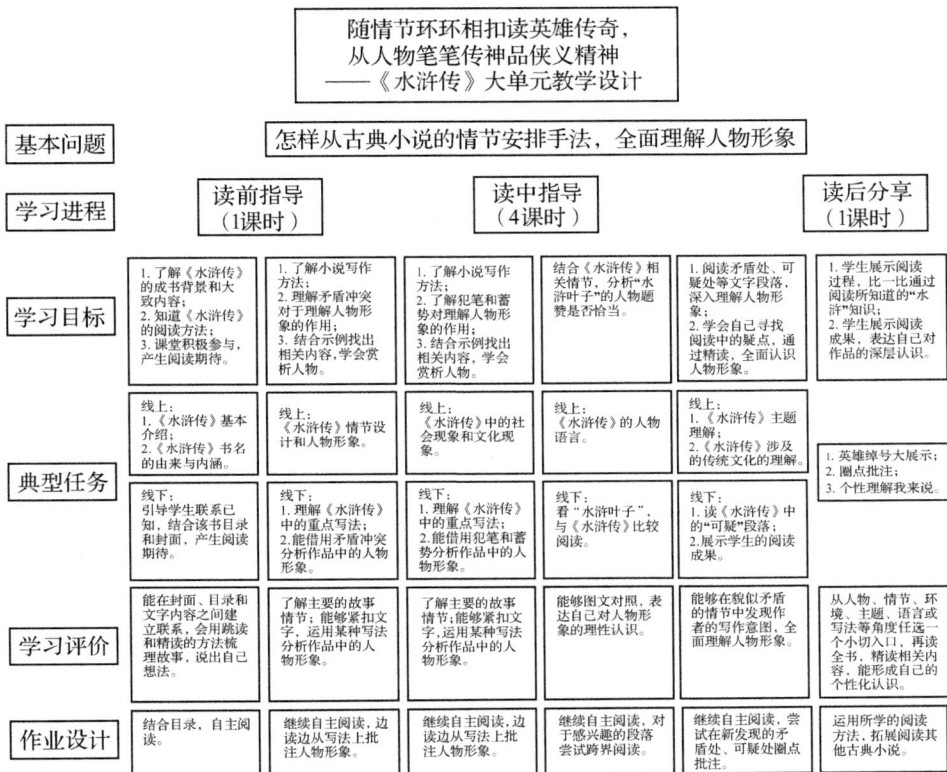

随情节环环相扣读英雄传奇，
从人物笔笔传神品侠义精神
——《水浒传》大单元教学设计

基本问题	怎样从古典小说的情节安排手法，全面理解人物形象				
学习进程	读前指导（1课时）	读中指导（4课时）			读后分享（1课时）
学习目标	1.了解《水浒传》的成书背景和大致内容；2.知道《水浒传》的阅读方法；3.课堂积极参与，产生阅读期待。	1.了解小说写作方法；2.理解矛盾冲突对于理解人物形象的作用；3.结合示例找出相关内容，学会赏析人物。	1.了解小说写作方法；2.了解犯笔和蓄势对理解人物形象的作用；3.结合示例找出相关内容，学会赏析人物。	结合《水浒传》相关情节，分析"水浒叶子"的人物题赞是否恰当。	1.阅读矛盾处、可疑处等文字段落，深入理解人物形象；2.学会自己寻找阅读中的疑点，通过精读，全面认识人物形象。	1.学生展示阅读过程，比一比通过阅读所知道的"水浒"知识；2.学生展示阅读成果，表达自己对作品的深层认识。
典型任务	线上：1.《水浒传》基本介绍；2.《水浒传》书名的由来与内涵。 线下：引导学生联系已知，结合该书目录和封面，产生阅读期待。	线上：《水浒传》情节设计和人物形象。 线下：1.理解《水浒传》中的重点写法；2.能借用矛盾冲突分析作品中的人物形象。	线上：《水浒传》中的社会现象和文化现象。 线下：1.理解《水浒传》中的重点写法；2.能借用犯笔和蓄势分析作品中的人物形象。	线上：《水浒传》的人物语言。 线下：看"水浒叶子"，与《水浒传》比较阅读。	线上：1.《水浒传》主题理解；2.《水浒传》涉及的传统文化的理解。 线下：1.《水浒传》中的"可疑"段落；2.展示学生的阅读成果。	1.英雄绰号大展示；2.圈点批注；3.个性理解我来说。
学习评价	能在封面、目录和文字内容之间建立联系，会用跳读和精读的方法梳理故事，说出自己想法。	了解主要的故事情节；能够紧扣文字，运用某种写法分析作品中的人物形象。	了解主要的故事情节；能够紧扣文字，运用某种写法分析作品中的人物形象。	能够图文对照，表达自己对人物形象的理性认识。	能够在貌似矛盾的情节中发现作者的写作意图，全面理解人物形象。	从人物、情节、环境、主题、语言或写法等角度任选一个小切入口，再读全书，精读相关内容，能形成自己的个性化认识。
作业设计	结合目录，自主阅读。	继续自主阅读，边读边从写法上批注人物形象。	继续自主阅读，边读边从写法上批注人物形象。	继续自主阅读，对于感兴趣的段落尝试跨界阅读。	继续自主阅读，尝试在新发现的矛盾处、可疑处圈点批注。	运用所学的阅读方法，拓展阅读其他古典小说。

图1 大单元教学设计框架图

六、课时教学设计

表1 阅读任务一

线上调查	学生完成《水浒传》读前调查问卷。		
课堂学习	1.了解《水浒传》的成书背景和大致内容；2.知道《水浒传》的阅读方法；3.积极参与课堂，产生阅读期待。		
线上微课学习＋线下自主阅读	时间	线上微课学习	线下自主阅读
	第1天	《水浒传》基本介绍	第1—2回
	第2天	《水浒传》书名的由来与内涵	第3—4回

读前指导课教学设计

准备环节

《水浒传》（上下册）（人民文学出版社）

环节一：我知道《水浒传》

学生结合小学学过的课文《智取生辰纲》等已有知识背景，说说自己对《水浒传》的了解。然后阅读《水浒传》（上）中的"导读"和"前言"，分条梳理知识。例如：小说体裁、成书背景、版本介绍、主要人物及事件、结构特点、艺术价值等。

环节二：你是怎么阅读《水浒传》的？

1. 封面探秘

学生结合《水浒传》上下两册的封面故事，用自己的话说出其主要情节，并谈谈对这两个故事的认识，思考编者用此做封面的原因。

学生回答：

《水浒传》上下册的封面故事分别是鲁提辖拳打镇关西和武松打虎。这两个故事都是《水浒传》中十分有名的故事。

鲁提辖拳打镇关西是鲁提辖为金家父女鸣不平，体现出鲁提辖疾恶如仇的性格特点，也表现出了当时底层百姓生活之苦，还引出后来鲁提辖出家成为鲁智深这些情节。武松打虎是武松喝醉酒后，上景阳冈遇到老虎，赤手空拳打死了大老虎，被称为"打虎英雄"。这个故事体现出武松武艺高强，正是从这个故事开始，武松的英雄之路拉开了序幕。

大部分读者对这两个故事很熟悉，这两个人物形象也非常深入人心。编者拿这两个故事做封面，可以引起读者的阅读兴趣，也能体现出《水浒传》中英雄人物的侠义精神。

（北京市第一六一中学 2018 级初中 2 班　杨蕙萍）

2. 回目引路

学生阅读回目，说说回目特点。例如：在形式上，分为上下两联，它们的字数相等、结构相同等；在表述方式上，基本都是采用"人物＋事件"的方式。

学生找出封面故事所在回目及其情节表述；把封面和回目中的关键词联系起来，分析封面插图的好处或不足。

学生回答下册封面故事武松打虎：

①回目特点

回目名称：横海郡柴进留宾　景阳冈武松打虎

回目赏析：回目是章回体小说的一大特色，很有讲究。其意义在于每回前用两句对偶的文字作标题，概括本回故事内容，给读者直观的了解和感受。

以"横海郡柴进留宾　景阳冈武松打虎"为例。从内容上讲，它准确、恰当地概括了本回宋江和武松在柴进庄上偶然相聚，武松执意上冈与虎打斗的故事。从结构上讲，它符合章回体小说分回标目、句式工整、反起平落的基本特点。上句"横海郡＋柴进＋留宾"采用格式为"三字的地点＋两字的人物＋两字的事件"，下句"景阳冈＋武松＋打虎"也符合这个格式，而且上下两句相同位置的词性是相对的。总的来说，此回目是规整、精妙的。

②回目故事

关于结构，本回和其他回目一样，都是以"诗曰"引入，以"毕竟……且听下回分解"作结，自然地引出下一回目。《水浒传》每回叙述一个相对完整的故事段落，每个故事相对独立却又前后相连。本回行文通顺流畅，在故事发生前作者就对其有所铺垫。在客栈，武松不听店家劝告，痛饮十五碗"透瓶香"，之后又曲解店家好意，不闻官司榜文，可见武松的一意孤行与傲气，这为后文他看到印信榜文却不甘返回的执拗、好面子做了铺垫。另外，武松与老虎争斗时梢棒断裂，增加了故事的曲折性，也让读者为醉醺醺的武松捏了一把汗，为后文武松徒手打虎更增加了故事的精彩程度。

关于老虎的描写，老虎（大虫）是著名片段"武松打虎"中的一个重要角色。原著中对老虎的描写为"那大虫背后看人最难，便把前爪搭在地下，把腰胯一掀，掀将起来""大虫见掀他不着，吼一声，却似半天里起个霹雳，振得那山冈也动""那大虫咆哮，性发起来，翻身又只一扑，扑将来"。原著通过对老虎的动作描写、外貌描写和侧面描写来体现其凶猛，是武松面对的一大挑战。被武松擒住后，"那只大虫急要挣扎，被武松尽力气捺定，那里肯放半点儿松宽"与前文形成鲜明对比，体现出武松武功高强，二者打斗场面激烈。

关于武松的描写，武松作为故事的主人公，原著对他有如下描述："武松却又闪在一边。原来那大虫拿人只是一扑，一掀，一剪；三般捉不着时，气性先自没了一半。"这些体现出武松很有智慧，讲究策略，并不是仅用蛮力，为后文成功制服如此猛兽做了铺垫。"武松见那大虫复翻身回来，双手轮起梢棒，尽平生气力，只一棒，从半空劈将下来。只听得一声响，簌簌地将那树连枝带叶劈脸打将下来。"这一段运用动作描写和侧面描写，一个"劈"字写出武松力量大，也体现了他打虎的决心。

关于写作优点，文章之所以能把武松打虎的经过写得如此具体、精彩，主要归功于作者对人物细致而敏锐的观察，善于捕捉人物的动作。武松的"闪、轮、劈、揪"等一系列关键动词的贴切运用，突出了人物形象的独特个性。此外，作者措辞精练简洁，不拖泥带水，能调动读者的阅读兴趣，也是写作优点之一。

③封面插图

《水浒传》下册封面插图是武松打虎，画出的是武松打虎时梢棒断裂后，运用智慧占到上风，"两只手就势把大虫顶花皮肐胳地揪住，一按按将下来"，而"那只大虫急要挣扎，早没了气力，被武松尽气力纳定，哪里肯放半点儿松宽"。

封面插图的好处：此图依据原文所绘，称得上惟妙惟肖。绘者画出老虎扒起的黄泥、土坑，贴合原文。不仅如此，编者借武松一人来反映梁山一百单八将的英勇无畏，暗示了他们为民除害、替天行道的原则。因此，作为封面是合适的。

封面插图的不足：图片上的猛虎看起来气宇轩昂，如果绘得更为无力、挣扎、不甘，或许会更加符合老虎被打时窘迫的境地。

④总结

通过这次对回目特点、情节内容和封面插图的浅析，我切身理解到图文结合理解文章的好处。在之后的阅读中，我会结合书中这些特殊的信息来体悟作者表达的情感。

（北京市第一六一中学 2018 级初中 2 班　张　畅）

3. 把握《水浒传》这类古典小说的特点

早期的长篇白话小说，大都是展现宏大的社会历史背景，很少涉及家庭生活和个人情感；一般采取单线结构，即用一条线索把若干个故事连缀起来，顺时叙述；在写作方法上，善于设置悬念，善于在矛盾冲突中推进情节发展，快速转化场景，达到引人入胜的效果；在叙事角度上，一般采取全知全能的视角；在人物形象的塑造上，大都通过外貌描写或古诗词预先告知其形象特点；语言上采用古代白话，质朴生动，洗练明快，富有表现力。《水浒传》是在民间创作基础之上，经过文人雅士创作形成的，其故事性和文学性兼备，很多章节值得反复阅读。难怪明末清初的文学批评家金圣叹说，读《水浒传》"即得读一切书之法也"。

环节三：我还想知道《水浒传》的更多相关知识

学生畅所欲言，表达自己对阅读《水浒传》的期待；老师提示学生课下阅读《水浒传》时一定要结合目录，思考目录对于章节内容的引领作用。

学习评价

表 2 《水浒传》读前指导课学习评价表

评价维度	评价内容
内容	1. 是否能在封面、目录和文字内容之间建立联系； 2. 是否会用跳读和精读的方法梳理故事情节； 3. 是否能图文对照，说出自己对封面设计的理解。
表达	1. 个人观点是否明确； 2. 语言表达是否流畅。

表 3 阅读任务二

课堂学习	1. 了解小说中矛盾冲突的写作方法； 2. 理解矛盾冲突对于深入理解小说人物形象的重要作用； 3. 结合示例，找出相关内容，学会赏析人物形象。		
线上微课学习＋ 线下自主阅读	时间	线上微课学习	线下自主阅读
	第 3 天	《水浒传》的成书	第 5—6 回
	第 4 天	《水浒传》的作者	第 7—8 回
	第 5 天	《水浒传》的版本与结构	第 9—10 回
	第 6 天	林冲人物形象分析	第 11—12 回
	第 7 天	《水浒传》人物塑造艺术特色	第 13—14 回
	第 8 天	智取生辰纲	第 15—16 回
	第 9 天	杨志人物形象分析	第 17—18 回
	第 10 天	何涛、黄安篇情节设计	第 19—20 回
	第 11 天	小说中的官职介绍	第 21—22 回
	第 12 天	闲聊宋酒	第 23—24 回

读中指导课教学设计

第一课时

准备环节

《水浒传》（上下册）（人民文学出版社）

环节一：引入课题

小说是以刻画人物形象为中心，通过完整的故事情节和环境描写来反映社会生活的文学体裁。阅读小说，人物、情节和环境这三个要素一定不能忽视。

各种类型的人物描写都可以直接突出人物形象；环境描写则具有衬托人物性格、推动情节发展，甚至是揭示主题的作用；引人入胜的情节同样可以通过多种写作方法来实现。

这节课重点介绍小说情节安排的重要写法——矛盾冲突，它可以推动情节发展，或突出人物形象，或有助于理解作品主题。

环节二：理解写法

表 4　矛盾冲突范例表

写法	教师出示范例	学生分组完成
写法 1 矛盾冲突	中国古典小说善于在矛盾冲突中推进情节，达到引人入胜的效果。例如《水浒传》中的"智取生辰纲"，杨志的明防与晁盖的暗夺构成了情节的主要矛盾，精彩的故事就此展开；再如《水浒传》中"大闹野猪林"这个故事情节，高俅重金收买衙役让他们在发配途中杀害林冲，这与林冲的结拜兄弟鲁达得知哥哥被陷害，一心要搭救构成了矛盾。在野猪林，正当一个差役举起棍子向林冲下手时，被鲁达抢起禅杖打飞，于是救下了林冲。	结合目录，回忆已读过的情节，再举一例，具体分析矛盾冲突是怎样推动情节发展的。

环节三：学生作业展示

图 2　学生作业展示

（北京市第一六一中学 2018 级初中 1 班　顾玲嫣）

环节四：拓展训练

继续自主阅读，边读边批注，可尝试多从写法上批注人物形象。

学习评价

表5　《水浒传》读中指导课学习评价表（一）

评价维度	评价内容
内容	1. 是否能用自己的话说出主要故事的情节； 2. 能否紧扣文字，从矛盾冲突的角度分析人物形象。
表达	1. 对故事情节的表述是否完整； 2. 对矛盾冲突的理解是否到位； 3. 对人物形象的分析是否具体； 4. 语言表达是否连贯、流畅。

表6　阅读任务三

课堂学习	1. 了解小说中犯笔、蓄势的写作方法； 2. 理解犯笔、蓄势对于深入理解小说人物形象的重要作用； 3. 结合示例，找出相关内容，学会赏析人物形象。		
线上微课学习＋ 线下自主阅读	时间	线上微课学习	线下自主阅读
	第13天	《水浒传》中的司法文化特点	第25—26回
	第14天	从《水浒传》看宋代司法程序	第27—28回
	第15天	武松醉打蒋门神	第29—30回
	第16天	《水浒传》的阅读方法	第31—32回
	第17天	《水浒传》中的人物绰号	第33—34回
	第18天	小李广花荣	第35—36回
	第19天	《水浒传》的人物塑造	第37—38回
	第20天	宋江其人与题反诗	第39—40回
	第21天	刀笔小吏——黄文炳与宋江	第41—43回
	第22天	武松打虎与李逵杀虎	第44—46回

第二课时

准备环节

《水浒传》（上下册）（人民文学出版社）

环节一：引入课题

小说是以刻画人物形象为中心，通过完整的故事情节和环境描写来反映社会生活的文学体裁。阅读小说，人物、情节和环境这三个要素一定不能忽视。

各种类型的人物描写都可以直接突出人物形象；环境描写则具有衬托人物性格、推动情节发展，甚至是揭示主题的作用；引人入胜的情节同样可以通过多种写作方法来实现。

这节课重点介绍小说情节安排的另外两个重要写法——犯笔、蓄势，它们也同样可以推动情节发展，或突出人物形象，或有助于理解作品主题。

环节二：理解写法

表7 犯笔、蓄势范例表

写法	教师出示范例	学生分组完成
写法2 犯笔	中国古典小说创作中有一种技法叫"犯笔"，是指在同一部书中故意做相同内容的文章，讲究同中有异。例如《水浒传》中，鲁达和武松都是性格刚直、不畏强暴、爱憎分明的好汉。小说中先写鲁达为解救金翠莲父女，三拳打死镇关西，体现了他见义勇为、行侠仗义的英雄本色；后写武松受施恩所托，在快活林醉打蒋门神，既有为民除恶的一面，又有为朋友出头的因素。两个惩治江湖恶人的情节类似，但方式、结局和原因明显不同。	结合目录，选取运用犯笔的例子，精读相关段落，分析这对于塑造人物形象的作用。
写法3 蓄势	蓄势是小说和散文中经常使用的一种写作手法。写作上的蓄势，又称为"延宕"，是指作品在故事情节或矛盾冲突发展到一定阶段，在结构上有意识地控制情节的发展，借以渲染气氛，展开故事，使文章情节波澜起伏，曲折有致，从而形成激烈的矛盾冲突以突出主题的写法。《水浒传》就运用了这种写法，让大故事、小故事都能跌宕起伏，一波三折，营造了强烈的艺术效果。 例如武松杀嫂的故事，武松得知兄长武大是被嫂子潘金莲害死的，就去县衙告状，可是县官收了西门庆的贿赂，不给立案。武松出了县衙，不是直接揪住潘金莲寻仇，而是先买笔墨纸砚、酒菜果品，再把四邻街坊请了一个遍，说了很多客套话，最后才到杀嫂这一环节。这些貌似啰里啰唆的文字其实就是在蓄势，是在衬托武松的冷静和精细，从而突出他平静之后的爆发。武松有条不紊地安排，为的是逼取潘金莲和王婆的口供。我们可以想一下，如果没有街坊四邻的见证，潘金莲和王婆的招供就少了见证，肯定不会被县官采信，所以邀请四邻，买酒、买菜、买纸、买笔这些就也是必需的。要逼出两人的口供，还得营造一种仪式感的气氛来震慑人，点香烛、摆纸钱就都是必需的。要保证审问的顺利进行，让两个士兵前后把守就又是必需的。所以，如果仔细想象一下当时的环境，就会发现这些情节虽然拖沓，却没一句废话。正是因为前面貌似平静的蓄势，后面潘金莲被挖心割头、西门庆被当街斩首才更显得惊心动魄，让作品产生了强烈的艺术效果。	阅读第九回"林冲棒打洪教头"，思考这个故事是怎样运用蓄势手法营造强烈的艺术效果，突出林冲的人物形象的。

环节三：学生展示

1. 犯笔

《水浒传》中武松打虎和李逵打虎就是"犯笔"的典型。"同"在于二人打的都是虎，都能体现出二人武艺高强。"异"在于武松无兵器，赤手空拳，还喝醉了酒，突出的是其勇、智、武。李逵打虎时是在母亲被虎吃掉的情况下，有兵器，突出的是其孝顺。此外，武松打一只虎，李逵打了四只虎。

（北京市第一六一中学2018级初中2班　白晟祺）

2. 蓄势

"林冲棒打洪教头"尽管只是《水浒传》中的一个小插曲，但依然一波三折，引人入胜。书中直接描写二人打斗的语句就三百多字，但却用了整整两页半的篇幅来描述整个故事的全过程，作者把笔墨更多地放在了写两人交手前的事情上。

洪教头出场时歪戴头巾，挺着脯子；对林冲毫无礼节，甚至直呼林冲为"配军"；说话的口气也是轻慢狂傲，连柴进都觉得面子上挂不住了。这是从外貌、语言和侧面描写上塑造洪教头，体现他狂傲无礼的性格。林冲面对这样一个强势人物，躬身作揖，不敢抬头，拜了两拜，甚至起身让座。面对洪教头随之即来的挑衅，林冲并不作声，还说"小人不敢"，表面上非常懦弱，但根据下文我们知道林冲此刻心里想的是他要是一棒子打翻了洪教头，恐怕柴进面子上过不去。林冲的所有这些举动和心理都是和林冲一贯的能忍则忍、顾虑颇多的性格如出一辙的。这就是在二人打斗前先蓄势，蓄势是为了交代两个人的性格，为下文的打斗做好铺垫。

作者接着对情节进行蓄势，在二人打斗前，出现了三次叫停。第一次，是柴进发起的。柴进说："且把酒来吃着，待月上来也罢。"作为一个贵族王孙，柴进要的是闲情逸致，他希望林教头和洪教头月夜时分比武；同时，也是为了缓和一下当时紧张尴尬的气氛。月亮终于上来了，该比武了，林冲却很踌躇。柴进很清楚林冲内心所想，就给林冲讲明洪教头的来由，意思是让林冲放下思想包袱，不要顾及我柴进的面子。林冲是个明白人，一下子就领会了柴进的意思，于是放心要和洪教头比武。结果，两个人刚刚使了四五合棒，林冲就把比武给叫停了。这第二次叫停是林冲发起的，原因是枷锁碍事。这具顺手写来的枷锁，作者用得特别好。它既体现了林冲的谨小慎微，又展现出柴进公子王孙的派头。柴进立即意识到自己虑事不周，大笑着非常慷慨地送给押送林冲的两个公人白银十两。此时，洪教头也提起棒来迫不及待了。可是，柴进此刻又把比武推迟了一会儿。为了激励两个人拿出真本事，也为了让林冲放下思想负担，柴进拿出一锭银子作为二人比武的赌注。这个情节充分体现出柴进的财富和地位。洪教头看到这锭大银子后，又要争这锭大银子，体现出他的浅薄爱财，为了争强好胜，更为了争这锭大银子，他也要与林冲决一死战。

以上这三次叫停，延迟了比武情节的发展，渲染了剑拔弩张的气氛，勾画出柴进的贵族排场，林冲的小心谨慎，洪教头的骄横浅薄，为下文洪教头刚战即败做足了铺垫，更衬托出林冲忍辱负重又武艺高强的特点。

（以上内容是北京市第一六一中学2018级初中2班学生集体研讨结果）

环节四：拓展训练

继续自主阅读，边读边批注，可尝试多从写法上批注人物形象。

学习评价

表8　《水浒传》读中指导课学习评价表（二）

评价维度	评价内容
内容	1. 是否能用自己的话说出主要故事的情节； 2. 能否紧扣文字，从犯笔、蓄势的角度分析人物形象。
表达	1. 对故事情节的表述是否完整； 2. 对犯笔、蓄势的理解是否到位； 3. 对人物形象的分析是否具体； 4. 语言表达是否连贯、流畅。

表9　阅读任务四

课堂学习	读中指导课结合具体情节，分析"水浒叶子"的人物题赞是否恰当。		
线上微课学习＋线下自主阅读	时间	线上微课学习	线下自主阅读
	第23天	《水浒传》中的女性描写	第47—48回
	第24天	一丈青扈三娘	第49—51回
	第25天	《水浒传》中的浪漫主义色彩	第52—54回
	第26天	《水浒传》文法之倒插法	第55—57回
	第27天	《水浒传》中的庄园	第58—60回
	第28天	《水浒传》中的丧葬之礼	第61—63回
	第29天	《水浒传》中的节庆	第64—66回
	第30天	《水浒传》中的江湖文化	第67—69回
	第31天	宋江与卢俊义——梁山主位之争	第70—72回

第三课时

准备环节

《水浒传》（上下册）（人民文学出版社）

环节一：看"水浒叶子"

教师介绍"水浒叶子"。

"叶子"是古代行酒时用的一种酒令工具，称为"酒筹"，类似扑克牌。以花荣的"水浒叶子"为例，具体内容如下图：

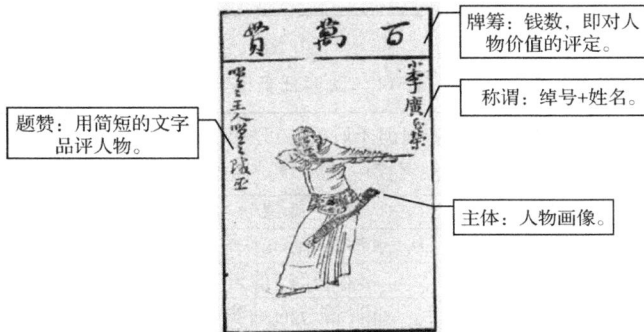

图 3　花荣的"水浒叶子"

环节二：品评人物形象

"水浒叶子"是明末书画家陈洪绶为《水浒传》中的四十名好汉创作的版画精品，人物画像栩栩如生，配以姓名、绰号和题赞（画像左侧的人物评价），歌颂了他们的英雄气概和反抗精神。请结合书中的具体情节，从宋江、吴用、林冲、鲁智深、武松和李逵中任选一个，分析"水浒叶子"的人物题赞是否恰当，并阐明理由。

环节三：展优秀成果

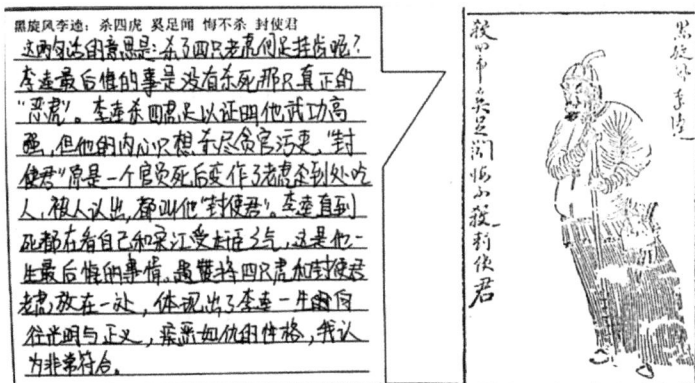

图 4　学生作业展示

（北京市第一六一中学 2018 级初中 1 班　顾玲嫣）

环节四：拓展训练

继续自主阅读，对于感兴趣的段落尝试跨界阅读。

学习评价

表 10　《水浒传》读中指导课学习评价表（三）

评价维度	评价内容
内容	是否能够图文对照阅读，表达自己对人物形象的理性认识。
表达	语言表达是否连贯、流畅。

表 11　阅读任务五

课堂学习	读中指导课：1. 阅读矛盾处、可疑处等文字段落，深入理解人物形象。2. 学会自己寻找阅读中的疑点，通过精读，自行解决问题。		
线上微课学习＋线下自主阅读	时间	线上微课学习	线下自主阅读
	第 32 天	从《水浒传》看北宋市民生活	第 73—75 回
	第 33 天	《水浒传》的语言	第 76—78 回
	第 34 天	小说情节的一波三折	第 79—82 回
	第 35 天	人物组合描写	第 83—85 回
	第 36 天	《水浒传》中的英雄	第 86—88 回
	第 37 天	《水浒传》中的打斗描写	第 89—91 回
	第 38 天	《水浒传》的主题探究	第 92—94 回
	第 39 天	《水浒传》与儒释道	第 95—97 回
	第 40 天	《水浒传》的影响与翻译	第 98—100 回

第四课时

准备环节

《水浒传》（上下册）（人民文学出版社）

环节一：读"可疑"段落

宋江是一个矛盾体，无论是他的言行和性格，还是后世对他的评价。阅读下面文段，任选一个题目，说说你对这句话的认识。

【题目 1】"缓"与"急"：生辰纲事发后，观察何涛来到郓城县准备抓捕晁盖等人。宋江假意答应，却私传讯息使晁盖等人脱险。分析【文段一】（第十八回"美髯公智稳插翅虎　宋公明私放晁天王"节选）宋江急于给晁盖报信，却"慢慢地离了县治"的原因，并说说这一行为体现了他怎样的性格。【文段一】中还有哪些行为也能体现宋江这一性格？

【题目 2】"推"与"就"：宋江是半推半就坐上梁山头把交椅的。结合【文段二】（第六十八回"宋公明夜打曾头市　卢俊义活捉史文恭"节选）宋江所说的"三件不如员外处"和其他好汉的反应，勾连前后情节，分析宋江此时做梁山之主的优势和困难。

【题目3】"忠"与"义"：宋江有一个称号是"孝义黑三郎"，还将"聚义厅"改做"忠义堂"。结合【文段三】（第一百回"宋公明神聚蓼儿洼　徽宗帝梦游梁山泊"节选）宋江临死前的言语行为，判断他最终在"忠""义"之间做出了怎样的选择？结合他的心理活动，分析他做出这样选择的原因。我们还能从《水浒传》哪些情节推测出宋江一定会做出这样的选择。

环节二：展优秀成果

1."缓"与"急"：生辰纲事发后，观察何涛来到郓城县准备抓捕晁盖等人。宋江假意答应，却私传讯息使晁盖等人脱险。分析【文段一】宋江急于给晁盖报信，却"慢慢地离了县治"的原因，并说说这一行为体现了他怎样的性格。【文段一】中还有哪些行为也能体现宋江这一性格？

答：宋江内心很着急，但由于何涛还在场，不能让他看出端倪，所以先"慢慢地离了县治"，出了东门再"快马加鞭"。体现了宋江做事思考周全的特点，也体现出他做事谨慎。文段一中，宋江得知何涛是来抓晁盖等人时，并没有表现出慌张来，还当着何涛的面大骂晁盖，也能体现宋江遇事不慌、思虑周全的特点。

2."推"与"就"：宋江是半推半就坐上梁山头把交椅的。结合【文段二】宋江所说的"三件不如员外处"和其他好汉的反应，勾连前后情节，分析宋江此时做梁山之主的优势和困难。

答：宋江做梁山之主的优势是他在众好汉心中的地位高，且梁山泊有许多成员都是被宋江招揽来的，所以他很得民心，能服众。他的困难也如他自己所分析的一般，他的形象、身份、武功均不及卢俊义，况且晁盖留下了"捉得史文恭者为梁山之主"的遗言，如若宋江不照做，便是"不义"。因此，目前任梁山首领还不是时候。

3."忠"与"义"：宋江有一个称号是"孝义黑三郎"，还将"聚义厅"改做"忠义堂"。结合【文段三】宋江临死前的言语行为，判断他最终在"忠""义"之间做了怎样的选择？结合他的心理活动，分析他做出这样选择的原因。我们还能从《水浒传》哪些情节推测出宋江一定会做出这样的选择。

答：宋江在临死前选择了"忠"，放弃了"义"。他为了保全自己的名声，下药毒死了李逵，破坏了兄弟间的义气。虽然让李逵丧了命，却也保住了梁山泊替天行道的忠义之名。在宋江心中，这种做法是十分值得的。宋江还在梁山泊做首领时便多次主张接受招安，被父亲骗回家后不听兄弟劝阻情愿入狱，体现了宋江为人十分"忠"，始终把朝廷放在首位。因此，他在临死前选择"忠"，也就不难理解了。

（北京市第一六一中学 2018 级初中 2 班　雍睿嘉淇）

环节三：拓展训练

继续自主阅读，尝试在新发现的矛盾处、可疑处圈点批注。

学习评价

表 12 《水浒传》读中指导课学习评价表（四）

评价维度	评价内容
内容	是否能够在貌似矛盾或重复的情节中发现作者的写作意图，从而全面理解人物形象。
表达	语言表达是否连贯、流畅。

表 13 阅读任务六

课堂学习	1. 学生展示阅读过程，比一比通过阅读所知道的"水浒"知识； 2. 学生展示阅读成果，表达自己对作品的深层认识。

读后分享课教学设计

准备环节

1. 《水浒传》（上下册）（人民文学出版社）。

2. 教师课前指导学生从人物、情节、环境、主题、语言或写法等角度任选一个小切入口，再读全书，精读相关内容，形成自己的认识，写一篇读后感。

环节一：梁山一百单八将英雄绰号展示

请同学们把梁山 108 位好汉的绰号整理成一张表格。

环节二：圈点批注

请同学们从《水浒传》中选取一个精彩片段，运用所学方法进行圈点批注。

环节三：个性理解我来说

我眼中的《水浒》人物

毋庸置疑，《水浒传》作为我国古代"四大名著"之一，有着极高的文学价值。我们知道，人物形象是小说创作的核心，而人物形象的塑造又是小说艺术探讨中的重要一环。因此，我认为《水浒传》最大的艺术成就之一就是将"一百单八将"刻画得活灵活现。全书重点是在写以宋江为首的梁山好汉，因为书中前七十回都是在重点写人物。这也是它与魏晋小说、唐传奇最大的不同之处，魏晋小说主要是直接记叙，唐传奇直接穿插诗歌。

作者施耐庵、罗贯中对人物形象刻画得极为丰富，这使我对这些好汉产生了一种"又爱又恨"的情绪。比如，我欣赏宋江的为人义气，却不喜欢他左右矛盾的性格；我欣赏吴用的足智多谋，却又厌恶他的阴险手段；我欣赏秦明的武功高强，却又不敢苟同他与害得他家破人亡的众好汉冰释前嫌……

作者的写作手法十分高明。第一，作者选择了一个中心人物——宋江，并围绕他对梁山好汉进行串联，总能恰当地引出其他人物，这也使各个小故事紧凑有序，安排得当。宋江应该是提起《水浒传》人们会马上想到的第一个好汉，他是梁山大寨主，绰号"及时雨"。故事线索许多都是围绕他展开。比如，宋江义释晁盖后收下了刘唐送来的一条金子，这事被阎婆惜发现后不依不饶，宋江不得不杀掉阎婆惜，被迫跑到柴进庄上躲避，结识了武松，这样智取生辰纲和武松打虎、武松杀嫂等这些看似毫无关联的事就串联在一起了。

第二，作者经常写一组人物，这一组人物中通常会有一些相似之处。比如杜迁、宋万和朱贵三人在梁山泊初建时就为头领，可以说是梁山事业的奠基者，属于元老级的人物。但三人在林冲火并王伦后，表现得忠厚老实，把头把交椅让出，并听从晁盖的安排。三个人虽然没有特别的闪光点，但是他们心胸宽广，心性豁达。我认为这是他们被集中塑造的原因之一。再比如解珍和解宝这一对兄弟，两人都是猎户，使用相同的兵器，武艺高强，兄弟情深，在书中他俩是同进同退（打虎、入狱、越狱、上梁山），最终甚至连死都是一同坠崖。要说兄弟情深我就不得不提及张横、张顺两兄弟。这二位原是浔阳江上的霸王，两人都很重义气。当初，张顺在水里跟李逵打斗一番后，听说宋江帮他捎来哥哥的家书，立刻取出鲜鱼炖汤给宋江吃。张顺死后还显灵附身到哥哥身上杀敌报仇，张横醒来后哭得死去活来。

第三，作者善用蓄势的手法，把人物形象描绘得更加鲜明突出。在林冲火并王伦这个情节中，林冲从上梁山就与王伦不和，王伦一定要林冲纳投名状才肯收留他，这就突出了王伦气量狭小、嫉贤妒能的性格特征。林冲等了三天才等来了个杨志，两人不打不相识，又引出杨志这个人物。杨志不愿接受王伦落草为寇的建议，这又写出了杨志封妻荫子的理想，为后文杨志押送生辰纲时的谨慎小心做了铺垫，他太急于求成，反而误失了生辰纲。在火并前，作者还在吴用的话中写道："他自便有些不平之气，频频把眼瞅这王伦，心内自己踌躇。"从这就可以看出林冲对王伦早有不满，为后文火并一事做足了铺垫。不仅如此，在吴用和林冲的对话中，林冲还点出了王伦嫉贤妒能、心术不正、失信于人等，这都是在为后文的火并不断蓄势，从而最终导致火并事件的爆发。正是因为这一系列事情的发生，于是也就有了王伦和林冲在堂上为留不留晁盖一行人大肆争吵，这样，林冲火并、王伦被杀也就顺理成章了，最终林冲忍无可忍，杀掉了王伦，把整个事件推向了高潮，突出了林冲做事情"做得彻底"的性格特征。

另外，我还有一点想要说的，就是书中对女性的看法。书中对所描写的女性大致分为三类。第一类是英勇的女性，如扈三娘、顾大嫂、孙二娘，她们像男子一样英勇，扈三娘甚至曾赢过丈夫王英；顾大嫂和孙二娘体型似男人，全然没有女性的温柔，而且她俩的绰号也极为难听。另一类女性命运比较悲惨，如金翠莲、林娘子等，她们貌美却受人欺凌，金翠莲被郑屠强骗，林娘子被高衙内逼迫直至上吊。还有一类就是貌美但水性杨花的女性，如潘金莲、阎婆惜、潘巧云等，她们结局很惨。比如潘金莲与西门庆勾搭成奸，被武松砍头挖心，身首异处；阎婆惜与张文远关系暧昧，最重要的是贪财过度，被宋江用刀子扎死；潘巧云出轨和尚裴如海，被丈夫杨雄割舌，掏出五脏六腑。作者似乎对女性有着一种天生的偏见，这些女性要么就是性格似男人，全然没有女性的特征；要么就是遭遇凄厉，令人唏嘘；要么就是淫荡贱人，下场悲惨。作为一名女同学，我是很不赞同作者这样刻画女性的。但是，这也不能全怪作者，作者所处的时代、所接受的封建道德观念促使他塑造出一个又一个悲剧的女性形象。

　　作者正是运用了这些写作手法塑造了众多形形色色的人物，使《水浒传》中的人物人人拥有个性，个个性格鲜明，我想这也是《水浒传》历经几百年而不衰的重要原因之一吧。

（北京市第一六一中学 2018 级初中 2 班　杨蕙萍）

环节四：拓展训练

运用所学的阅读方法，拓展阅读其他古典小说。

学习评价

表 14　《水浒传》读后分享课学习评价表

评价维度	评价内容
内容	1. 是否从一个角度（人物、情节、环境、主题、语言或写法等）切入； 2. 是否能结合作品中的具体内容，表达自己的个性化认识。
表达	1. 观点是否明确、恰当； 2. 能否从作品中找出相匹配的内容进行具体解说； 3. 语言表达是否连贯、流畅。

七、自主阅读迁移指导

（一）阅读策略

1. 读回目名称

中国古典小说在正文之前都有各个回目的名称。学生自主阅读古典小说时，建议先读回目名称，把这一名称看懂，基本就了解了这一章节的内容；然后再读下面的具体文字，这样有助于我们快速了解故事情节。

2. 建人际关系

中国古典长篇小说一般都有比较庞杂的人物系统，人与人之间都存在或亲或疏或紧或松的关系。学生自主阅读时，可以边读边给这些人物（尤其是重要人物）画一张关系网，以帮助自己更快地认识众多的人物。

3. 连前后情节

中国古典小说中的重要人物一般会多次出现在书中的各个章节，学生自主阅读时一定要突破小说自然章节的限制，把前后文中与此人物相关的情节找出来，勾连成一个相对完整的大故事，以帮助自己深入认识人物形象的文学价值。

4. 借跳读内容

大部分学生读古典小说，对于反复出现的古诗词或者是环境描写、外貌描写等不是太感兴趣，初读小说时完全可以跳读这些内容，只挑感兴趣的内容去读。但当重读小说或者需要理解人物或主题时，建议学生一定要认真阅读这些貌似不太重要的内容。因为环境描写不仅可以推动情节发展，对于衬托人物形象更是有着重要作用；而穿插其中的古诗词，往往还能暗示人物命运的走向或结局。

（二）推荐书目

1.《三国演义》（罗贯中）

《三国演义》是我国第一部长篇章回体历史演义小说，以描写战争为主，通过真实动人的故事，再现了从东汉末年到西晋初年近百年的历史风云，诉说了东汉末年的群雄割据混战和魏、蜀、吴三国之间的政治和军事斗争，最终司马炎一统三国，建立晋朝的故事。小说塑造了一群叱咤风云的英雄人物，揭示了封建统治阶级内部的黑暗和腐朽。

2.《红楼梦》（曹雪芹）

《红楼梦》被列为中国古典"四大名著"之首。小说以贾、史、王、薛四大家族的兴衰为背景，真实、生动地描写了十八世纪上半叶中国封建社会末期的全部生活，以富贵公子贾宝玉为视角，以贾宝玉与林黛玉、薛宝钗的爱情婚姻悲剧为主线，描绘了一些闺阁佳人的人生百态，展现了真正的人性美和悲剧美，是一部从各个角度展现女性美以及中国古代社会百态的史诗性巨著。是古老的中国封建社会已经无可挽回地走向崩溃的真实写照。

3.《聊斋志异》（蒲松龄）

《聊斋志异》是我国清朝著名的文言短篇小说集，共有短篇小说491篇。小说或者揭露封建统治的黑暗，或者抨击科举制度的腐朽，或者反抗封建礼教的束缚，具有丰富深刻的思想内容。其中，描写爱情主题的作品数量最多，表现了强烈的反封建礼教的精神；还有一些作品，通过花妖狐魅和人的恋爱，表现了作者理想的爱情。

八、附录

《水浒传》学情调查问卷

1. 你是否喜欢古典白话小说？

A. 喜欢，并读过一些（写出自己喜欢的古典白话小说的名字）

B. 喜欢，但以观看影视作品为主（写出自己喜欢的影视作品的名字）

C. 感兴趣，但是没看过小说

D. 不喜欢

2. 你是否读过《水浒传》?

A. 读过

B. 没读过，但是听说过

C. 没读过，也没有听说过

3. 是什么让你开始阅读《水浒传》？（读过的同学作答）

A. 小学老师或家长要求读

B. 朋友或同学推荐阅读

C. 被书名、情节、封面等吸引，主动阅读

D. 无意之中发现，开始阅读

E. 其他

4. 你对《水浒传》的了解有多少？（多选）

A. 这是一本古典白话小说

B. 它的作者是元末明初的施耐庵和罗贯中

C. 它讲述了梁山好汉们行侠仗义、除暴安良的故事

D. 它和《三国演义》《西游记》《红楼梦》并称为"四大名著"

E. 它是我国第一部以农民起义为题材的长篇章回体小说

5. 这本书的创作背景包括（　　　　）（多选）

A. 现实中的宋江领导的农民起义发生在北宋末年

B. 梁山好汉的故事主要是在民间流传

C. 宋末元初，梁山好汉们的故事已成为民间艺人讲唱的重要内容之一

D. 在流传的过程中，经过一些文人和民间艺人一次次地加工、整理，梁山好汉们的故事情节越来越曲折，人物形象越来越丰满，涉及的人物也逐渐多了起来

E. 元末明初，施耐庵和罗贯中以这些传说、古本、戏曲为基础，经过自己的再创作，才写成了《水浒传》

6. 以下本书的关键词中，最吸引你的是（　　　　）

A. 梁山好汉

B. 替天行道

C. 官逼民反

D. 逼上梁山

E. 个人抗争

F. 朝廷招安

G. 忠义

H. 其他_____

7. 你在阅读《水浒传》的过程中有哪些问题或困难？（多选，读过的同学作答）

A. 篇幅太长，难以坚持阅读

B. 对农民起义的题材不感兴趣

C. 书中有很多古诗词，阻碍阅读

D. 书里的起义内容早已过时，没什么阅读价值

E. 不知道如何阅读才能读明白

F. 其他_____

8. 阅读这本书，你最期待的是（　　）（多选）

A. 获得阅读方法指导

B. 和老师、同学一起探讨交流

C. 培养对古典白话小说的阅读兴趣

D. 对书中的内容形成自己的感受和看法

E. 其他_____

读儒林故事鉴人物，品讽刺手法悟主题

——《儒林外史》融合式大单元教学设计

北京市第八中学　李　雷

一、推荐版本

本册书的推荐版本是人民文学出版社 2018 版《儒林外史》。人民文学出版社 2018 版《儒林外史》共五十六回，小说假托明代故事，实是反映清代中后期的文人风貌、世道人心。除了楔子写元明易代时王冕的故事外，正文从明宪宗成化末年写到神宗万历二十三年为止，最后一回以朝廷发布"幽榜"表彰已故之儒，照应楔子中百十颗天星坠落"维持文运"，暗含文运衰败之意。

推荐此版本的理由有三个：第一，此版本是张慧剑先生在二十世纪五十年代时，以现存最早的《儒林外史》的刻本——卧闲草堂本为底本校注的，卧闲草堂本实际上是后来各版本的祖本，参考价值较大。第二，此版本内容更为完整，更有利于青少年了解《儒林外史》的全貌。张慧剑先生校注时，删去了第五十六回，只保留了最后的《沁园春》一词，并移置于第五十五回之末，以为结束。为了保持原版本的完整性，此版本《儒林外史》又恢复了第五十六回，并标点、注释。第三，此版本注释详尽，对很多明清时代的风物、制度都做了详细介绍，便于青少年学生随手查阅，消除了不必要的阅读障碍，作为学生的古典白话小说读物是非常合适的。

二、内容简介

（一）作品简介

《儒林外史》是中国小说史上讽刺文学的典范性作品，作品以十多个既独立又有联系的故事，向读者展示了一幅十八世纪中国社会的风俗画。《儒林外史》的作者是清代小说家吴敬梓，他窥见官场的黑暗，看到宗法家庭的腐朽，看透了当时黑暗的政治制度和腐朽的社会风气，因此他漠视虚伪的功名，创作了《儒林外史》。"儒林"指以孔孟为宗、经学为业的读书人群体；"外史"指野史、杂史，而不是正史，从题目可看出这是一本以诙谐调侃的笔调写那些"虚伪儒生"的荒诞故事，揭露批判当时社会丑恶的现实，呼唤"真儒名士"的小说。

全书除"楔子"和结尾，主体可分为三部分：第一部分，自第二回起至第三十回止，揭露了一批在科举制度摧残下产生的追逐功名富贵、内在毫无学识、外在虚伪势利的"伪学士"，如周进、范进、严监生、王仁、王德之流，同时展现了社会的腐败和堕落；第二部分，由第三十一回起至第四十六回止，展现的是理想文士的探求，塑造了杜少卿、迟衡山、庄绍光、萧云仙等真儒名贤；第三部分，由第四十七回起至第五十六回止，描写真儒名贤理想的破灭，社会风气更加恶劣。但作者没有因此绝望，仍旧在探索，他塑造了"四大奇人"，用文人自食其力的一面来展现他对未来的呼唤。

（二）阅读价值

《儒林外史》是统编教材九年级下册推荐阅读书目，力求培养学生对讽刺类文学作品的阅读能力。《儒林外史》以封建士大夫的生活和精神状态为中心，直刺社会现实、讽喻时代风气，其讽刺手法辛辣冷峻、耐人寻味。鲁迅先生在《中国小说史略》中说其"乃秉持公心，指摘时弊，机锋所向，尤在士林"。《儒林外史》为了展现儒林士人的可笑言行，用夸张的手法展现荒诞的情节，如周进头撞号板、范进中举发疯；用冷峻的白描直叙其事，如严监生"因两茎灯草，不肯咽气"、马二先生"憨"游西湖；用对比手法揭露人性的卑劣，如范进中举前后众人表现的比较、匡超人前后行为的对比。阅读《儒林外史》，探究其讽刺手法，有助于提高学生的文学审美与鉴赏能力。

《儒林外史》整本书的阅读价值极高。《儒林外史》整本书五十六回，与传统语文教学的单独篇章阅读对比，阅读所花费的时间更长，可挖掘的材料更多，可设计的阅读任务也更为复杂多样。从整体故事情节梳理，到整本书人物群像研究，再到全书主旨挖掘、艺术手法鉴赏，这些使得教师阅读教学的施展空间更大，学生阅读思考的维度更广、阅读理解的层次更深。

《儒林外史》"育人"教育方面的价值也极高。《儒林外史》除了批评追名逐利、荒唐可笑的人物和冷漠虚伪的社会环境，还有意塑造了一些品行淳朴、自然洒脱、重情重义的正面人物，比如：不慕名利的王冕，不羁洒脱的杜少卿，复礼制乐的虞育德，富有情趣、率意自由的"四大奇人"等。这些人物是作者心中理想"文士"的形象，他们的言行、理想也是作者所追求的至高境界。学生阅读时可以联系自身的读书经历、个人生活，深入理解作品，在辨识"真伪文士"的过程中，反观自省，逐步形成正确的世界观、人生观和价值观。

三、学情分析

(一)学生现有的阅读基础

《儒林外史》被选入教育部统编教材九年级下册第三单元"名著导读"板块,"讽刺作品的阅读"是这个单元的主题,这个单元力求培养学生对讽刺类文学作品的阅读能力。对于初三年级的学生来说,经过初中两年的学习,已经对中国古典文学名著的阅读有了一定的了解。七年级时阅读《西游记》,着重引导学生关注故事情节变化,在情节发展和变化中洞悉人物塑造的特色;锻炼学生运用精读、跳读相结合的阅读方法深入理解文学作品。八年级时阅读《水浒传》,着重引导学生读懂小说人物形象,结合文本分析、理解人物;锻炼学生运用关联回目与文本、圈点批注、摘抄归纳等阅读方法展开对古典白话小说的学习。学生已经基本具备了梳理故事情节、分析人物形象、感受作者思想情感、提炼小说主题思想的能力,为《儒林外史》阅读任务的开展实施打下了基础。

同时,九年级的学生,通过阅读《皇帝的新装》《藤野先生》《故乡》《孔乙己》《变色龙》等作品已经接触了讽刺文学,对于常见的讽刺手法也比较熟悉;尤其是经过对九年级上册第六单元《范进中举》一课的学习,学生对《儒林外史》的相关背景、主题思想也有了了解;再有通过历史课的学习,对封建科举制度的发展变化也有了一定的认识理解。这些都有利于《儒林外史》阅读任务的实施。

(二)学生面临的阅读难题

阅读《儒林外史》的过程中,学生可能面临三个方面的问题:一是《儒林外史》与《西游记》《水浒传》不同,全书没有贯穿始终的核心人物和主要情节,学生在阅读的过程中,可能会迷失在单个人物、个别故事的荒唐可笑之中,从而忽略了人物之间的观照比较和群像背后的深刻主题;二是《儒林外史》讽刺手法精妙深刻,辛辣冷峻又耐人寻味,有时有意设计却不露痕迹。学生在阅读过程中,有时只看到情节的荒唐、人物的好笑,却忽略了其中辛辣的讽刺和批判;三是《儒林外史》所描绘的时代风貌,距离现在较为久远,当时人物的言行、观念,当时社会的制度、风物,学生们往往不甚了解,阅读起来可能会有障碍,难以形成正确的认知,难以准确理解这部著作的批判意义。

四、阅读策略

《儒林外史》是一部以封建士大夫的生活和精神状态为中心,直刺社会现实、讽喻时代风气的著作，从阅读的真实情况出发，《儒林外史》整本书的阅读重点应该放在对士林群像的了解、对主题思想的感悟、对艺术手法（尤其是讽刺手法）的学习上。和以往我们读过的古典名著有所不同，全书没有真正意义上的核心人物，也没有一个核心的故事情节，所有人物随着各自故事的推演而轮番上场。因此，在阅读这本书的时候，不免会觉得难以抓住故事主线，无法揣测作者塑造人物的意图，甚至感觉枯燥乏味。针对这种情况，就需要教师和同学们寻找一些阅读支点，提高阅读效率。

（一）回目阅读法

首先，要利用小说"章回目录"这一支架，引导学生大致了解这本书的核心人物、主要内容和基本架构。其次，要制定具体的阅读框架表，把阅读任务细化到每一天中，引导学生梳理每一章回中的主要情节、核心人物、次要人物及人物特点，这样既减轻了学生面对大部头书籍可能产生的畏惧感，又有助于培养学生的阅读兴趣与意志力。最后，在学生读书过程中，教师要设计有思维含量的阶段性阅读任务，从梳理故事情节，到分析人物形象，到探究艺术手法（尤其是讽刺手法），到感悟小说主题，阅读框架表既是阅读内容的梳理概括，也是学习过程的督促手段；阶段性阅读任务既有利于阅读重心的不断引导，也有利于学生兴趣的连贯激发。

（二）精读、略读、跳读相结合

阅读名著，面对各种信息和人物，我们不应该平均用力，针对不同的问题、面临不同的情形、分析不同的人物，我们阅读的力度也应该有所不同。

例如，书中人物按照重要程度可以分为三个层次：核心人物如周进、范进、马二先生、匡超人等，是最能体现作者创作意图和思想内涵的人物，是各类人物的典型代表，必须细读、精读，熟悉情节，并有自己的理解；次要人物如梅玖、荀玫、杨执中、权勿用等，各有特点，是那个时代的写照，可以略读，知其大概故事；其他人物可以跳过。

再有，在阅读过程中，我们的阅读力度要灵活变动，面对同样的材料，当需要分析人物形象时，要精读人物描写的部分；需要分析环境对人物的影响时，要精读环境描写的部分。

（三）对照阅读法

对照阅读，即在阅读中自觉将具有一定关联的人物、事件或场景对比参照，区分细微差别，探究差别产生的本质原因。《儒林外史》整本书阅读的价值在于指导学生阅读讽刺类文学作品，因此欣赏讽刺笔法、体会作者批判精神理当成为阅读本书的核心任务。通过对照阅读，在阅读过程中将人物、事件或场景前后勾连，建立联系，有利于我们品析讽刺文学。

另外，《儒林外史》塑造人物往往不是孤立的，经常两两对照，放在一起比照分析，有利于生成更深刻、完整的认识。甚至同一人物在不同时期、不同境遇中的表现也大有不同，一经对比，让人感觉这些人物的形象更加立体，作者的讽刺更加犀利，如范进中举前后的胡屠户；还有不同的人，面对同一场景，表现不同，品行高下立判，如面对落魄的周进，梅秀才、王举人尽是挖苦，而金有余等经商之人却凑足银子帮周进"纳监进场"，讽刺了读书人的虚伪、势利。

《儒林外史》把锋芒指向整个社会。通过对照阅读，学生对书中人物的认识更立体，对作者思想的体会更深刻，对整本书的阅读体验更丰富。

（四）圈点批注阅读

"整本书阅读"应当是深层体会和深入思考式的阅读，在整个阅读过程中，应当随时记录下自己的感受、疑惑、启发，这就需要我们运用圈点批注的阅读方法。

圈点就是随手勾画，勾画出作品的重点、难点、疑点或者自己深有体会的地方；批注就是从作品的内容、结构、写法或语言等方面着手，尝试进行分析鉴赏。《儒林外史》这部书人物众多，情节繁杂，在阅读过程中，需要我们反复读、细致读、多角度读，可以从内容、写法、语言、结构等不同角度进行圈点与批注。尤其是在对《儒林外史》讽刺手法的赏析过程中，我们要细致阅读，圈点出极具讽刺意味的细节描写、人物荒诞不经的言行，从而进行分析。

五、大单元教学设计

（一）本册书基本问题

如何通过分析讽刺手法以感悟主题，读懂讽刺类文学作品。

（二）阅读目标

1. 结合目录，梳理故事脉络，感受全书独特的"回环对称"式故事结构；

2. 结合内容，分析人物群像，了解不同类型人物的思想品质、性情特点；

3. 探究分享，欣赏文章讽刺笔法，领悟作品主题思想，形成个性化认识；

4. 拓展延伸，关联同类文学作品，深入理解讽刺艺术，联系现实生活，培养批判精神。

(三)大单元教学设计框架图

	读儒林故事鉴人物，品讽刺手法悟主题 ——《儒林外史》大单元教学设计		
基本问题	如何通过分析讽刺手法以感悟主题，读懂讽刺类文学作品		
学习进程	读前指导（1课时）	读中指导（4课时）		读后分享（1课时）
学习目标	1.了解《儒林外史》的作者、创作背景；2.探究《儒林外史》的回目特点、故事特点；3.探究适合《儒林外史》的阅读方法，制订阅读计划。	1.分析小说人物形象；2.分享交流对人物和主题的思考；3.结合内容，探究讽刺手法对于品析鉴赏人物形象、深入理解作品主题的重要作用。	1.结合具体情节、人物，深入理解作品的主题思想，体会作者的批判精神；2.探究理解"群像对比"的讽刺手法对于品析鉴赏人物形象、深入理解作品主题的重要作用。	1.学生分享所设计的《儒林外史》腰封；2.学生分享设计理念和阅读感受；3.教师总结。
典型任务	线上：《儒林外史》内容、创作初衷、时代背景简介。 线下：引导学生联系已知，结合书目、内容，总结阅读方法、制订阅读计划，产生阅读期待。	线上：1.假儒的卑劣——从"打秋风"说起；2.《儒林外史》讽刺艺术探究（1）等。 线下：1.结合具体内容，赏析小说人物形象，探究讽刺手法；2.结合具体内容，完成"儒林档案"。	线上：1."不拘礼"非"不尊礼"——真名士风采；2.修祭泰伯祠，维系真礼乐——真儒士的实践(1)等。 线下：1.结合具体内容，赏析小说人物形象，探究讽刺手法；2.结合具体内容，完成"儒林群像探究表"。	线上：1."礼崩乐坏"——真儒实践的失败；2."市井奇人"——读书人的新出路。 线下：1.设计《儒林外史》腰封；2.结合具体内容，阐述设计理念和阅读感悟。
学习评价	能准备整理《儒林外史》相关背景资料，能运用相关阅读方法展开阅读；能制订合理阅读计划。	能运用相关阅读方法展开阅读；能结合文本分析人物，填写"儒林档案"；能结合文本探究夸张、细节描写等讽刺手法。	能结合文本完成"儒林群像探究单"；能结合文本探究"对比"讽刺手法；能结合文本表达出自己对作品主题的理解。	能结合具体内容、人物分析和对作品主题的理解设计好《儒林外史》腰封。
作业设计	制订合理阅读计划；填写"儒林档案"。	填写"儒林档案"；展演儒林"假名士"聚会。	完成"儒林群像探究单"；展演儒林"假名士"聚会。	完成《儒林外史》腰封设计；拓展阅读其他讽刺类文学作品。

图 1 大单元教学设计框架图

六、课时教学设计

表1　阅读任务一

线上调查	学生完成《儒林外史》读前调查问卷。				
课堂学习	1. 结合资料，了解《儒林外史》的作者、创作背景； 2. 联系前知，探究《儒林外史》的回目特点、故事特点； 3. 结合内容，探究适合《儒林外史》的阅读方法，制订阅读计划。				
线上微课＋ 自主阅读	时间： 5天	线上微课导学： 每日1课	线下自主阅读： 每日3回	自主检测： 完成每日主客观 题目练习	线上讨论： 两次线上 集中讨论

读前指导课教学设计

准备环节：师生搜集资料并完成问卷调查

1. 师生搜集《儒林外史》的相关资料，在课上与大家分享；

2. 完成《儒林外史》读前调查问卷（详见附录）；

3. 阅读《儒林外史》前三回，重温《范进中举》。

环节一：问卷结果反馈

展示《儒林外史》读前调查问卷的结果，让学生通过问卷了解阅读活动开展前遇到的一些共性问题，便于以后合作探究。同时，老师介绍《儒林外史》阅读过程中将会开展的一些阅读任务，激发学生阅读的兴趣。

环节二：走进"儒林"，了解作者

1. 情景导入。

（屏显）

"十年寒窗无人问，一举成名天下知。""春风得意马蹄疾，一日看尽长安花。""一士登甲科，九族光彩新。"读读这些诗句，你知道它们都描写的是什么情景？展现了当时人物怎样的情态？你对此有什么感受？……那你觉得吴敬梓对这些又会有怎样的看法呢？

学生回答1：

这些诗句描绘的是古时候学子经过苦读科举高中时的情景，展现了学子金榜题名后激动、得意、骄傲的心理状态。我觉得他们的心态、表现都挺正常的，毕竟是遇到了光宗耀祖的大喜事。我觉得吴敬梓对这些读书人的表现可能会感到很鄙夷，因为吴敬梓很讨厌科举，不喜欢追名逐利。

学生回答2：

我也觉得这些诗句描绘的是古时学子科举高中时的情景，但不同的句子展现的学子情态是不一样的：第一句通过学子金榜高中前后境遇的对比，展现了高中后声名远播的那种满足；第二句描绘的是学子金榜高中后策马驰骋，遍游京城的场景，展现了学子的洒脱得意；第三句给人一种"一人得道，鸡犬升天"的感觉。我感觉前两句挺正面的，第三句有些小人得志的感觉。我也觉得吴敬梓会鄙视这些学子的表现，因为他一直批判科举制度，他觉得科举考试束缚了人才。

教师导引：大家对诗句的理解还是很到位的，能够做到结合字词具体分析，感受到学子们金榜题名时的激动心情。至于个别诗句的个性解读，我们要结合具体的语境去分析，毕竟语言的运用离不开具体的使用环境。最后关于吴敬梓对这些诗句中人物的看法一题，由于大家上学期学过《范进中举》，都了解吴敬梓对科举制度颇有微词，多数同学都认为吴敬梓会持"鄙夷"的态度。对此，老师先不评论对错，想再追问几个问题：

（屏显）

吴敬梓是一个怎样的人？他有怎样的经历？

吴敬梓是在怎样的情形下编写《儒林外史》的？他塑造了什么样的"儒士"形象？讲了什么样的"儒林"故事？

《儒林外史》到底想传递什么思想？

让我们带着这些问题，走进《儒林外史》，边读边思考，逐个解开心中的疑惑吧。

2. 学生介绍自己所了解到的吴敬梓，教师做必要补充。

吴敬梓（1701—1754），字敏轩，号粒民，晚年自称"文木老人"，安徽全椒人。

吴敬梓处在"康乾盛世"，又出生在世代书香的望族，但在他二十三岁时，父亲因为官正直而丢官，抑郁而死；族人欺他年少，侵夺他的祖产。

中年后自称"秦淮寓客"，晚年潦倒扬州，常吟张祜诗句"人生只合扬州死，禅智山光好墓田"而一语成谶，五十四岁客死扬州。

吴敬梓的一生饱尝了世态炎凉，科场失利又使他对科举的腐败、士大夫阶层的堕落有了清醒的认识，最终使他彻底告别科举仕途，不再与统治阶层为伍。他三十三岁时移居南京，在秦淮水亭，历时十余年时间，创作出惊世之作《儒林外史》。

环节三：联系前知，了解小说

1. 重温《范进中举》，探究原著目录特点。

学生浏览《儒林外史》章回目录，对比九年级学过的"范进中举"题目和《儒林外史》第三回的回目"周学道校士拔真才　胡屠户行凶闹捷报"，说一说《儒林外史》回目的特点。

学生回答1：

两者相比，原书一回的内容更多，涉及的人物更多。《儒林外史》的回目包含两个标题，字数相同、上下对仗，还突出了主要人物，基本上把想要讲的故事的梗概都交代清楚了。

学生回答2：

经过对比，我发现两个很有趣的地方，一是教材《范进中举》这个故事，在原著回目中，竟然是以"胡屠户"为主角来撰写标题的，我认为这样突出了故事的核心环节中最浓墨重彩的人物；二是教材题目只是提到范进中举这件事，但是到底是一个怎样的情态没有说，而原著回目是给读者描绘了一个胡屠户闹捷报的场景，既给了读者一点画面，激发了阅读兴趣，又留下了一些想象空间，吸引读者去探索。

教师导引：《儒林外史》的回目从形式上看，由字数相同、上下对仗的两个标题组成；从内容上看，基本交代了本回故事的核心梗概和核心人物；从效果上看，既帮助读者迅速抓住故事梗概和核心人物，又设下悬念，给读者留下想象空间，激发读者的阅读兴趣。基于此，在《儒林外史》的阅读过程中，我们要重视回目，将它作为阅读的支点，推进阅读进程。

2. 结合前三回内容，探究原著故事特点。

同学们结合《儒林外史》前三回的故事内容，对比《西游记》《水浒传》两本书，说一说你的阅读感受，谈一谈你对《儒林外史》故事特点的看法，可以从全书的"经典或故事""核心人物""故事类型"等方面谈起，然后完成下方表格。

表2　名著故事比较设计表

名著	贯穿全书核心人物	经典或故事	故事类型
《西游记》			
《水浒传》			
《儒林外史》			

学生回答1：

表3　名著故事比较表（一）

名著	贯穿全书核心人物	经典或故事	故事类型
《西游记》	唐僧师徒四人	师徒四人往灵山取真经	神魔小说
《水浒传》	宋江等梁山好汉	众好汉聚义梁山、接受朝廷招安、替朝廷剿灭农民起义	英雄演义
《儒林外史》	无	无	讽刺小说

（北京市第八中学2022届初三年级7班　李桐菲）

学生回答2：

表4 名著故事比较表（二）

名著	贯穿全书核心人物	经典或故事	故事类型
《西游记》	唐僧、孙悟空、猪八戒、沙僧	三打白骨精、三调芭蕉扇等，师徒经历八十一难取得真经	神魔小说
《水浒传》	宋江、武松、鲁智深等好汉	聚义梁山—接受招安剿匪	英雄演义
《儒林外史》	每个故事单元中各有核心人物	一个个独特的儒林故事串联起来	讽刺小说

（北京市第八中学2022届初三年级7班　于瑞圻）

教师导引：通过阅读和比较，我们发现《儒林外史》和以往读过的古典名著有所不同，全书没有真正意义上的贯穿全书的核心人物，也没有一个核心的故事情节，所有人物随着各自故事的推演而轮番上场。

在叙事艺术上突破了传统通俗小说靠紧张情节相互勾连、前后推进的通常模式，而是按生活的原貌描绘生活，把"片段的叙述"贯穿在一起，驱使着各类人物，演说一个又一个独特的"儒林"故事。正如同学们所说每个故事有自己的核心人物，这些人物却没有贯穿整本书。小说通过平凡人的平凡故事，展现人物的真实性格，以常见的、"不以为奇"的人事矛盾，展露讽刺意味。因此，鲁迅先生在《中国小说史略》中评价《儒林外史》"虽云长篇，颇同短制"。

环节四：探究阅读方法，制订阅读计划

1.《儒林外史》既没有贯穿全书的核心故事，也没有贯穿全书的核心人物，但是它展现了那个时代知识分子的生活日常，记录了形形色色的"儒士"，讲述了林林总总的故事。请同学们根据原著前三回的阅读，结合相关内容，任选一两个印象深刻的人物，完成下面的"儒林档案"。

表5 "儒林档案"设计表

基本信息	姓名		涉及回目		家庭背景	
	功名等级		担任官职		个人爱好	
	入仕态度		入仕途径		阅读方法	
个人经历						
品行特点						
经典场景						

学生回答1：

表6 "儒林档案"(一)

基本信息	姓名	周进	涉及回目	第2、3回	家庭背景	平民
	功名等级	进士	担任官职	广东学道	个人爱好	读书、教书
	入仕态度	积极	入仕途径	科举	阅读方法	目录阅读法、圈点批注
个人经历	多年科考不中，在薛家集做私塾先生，屡受嘲讽，后被辞退—跟着姐夫外出做生意，到了贡院，看见考场，痛哭昏厥—众商人出资给他捐了监生，接着科举高中—到广东主持科考，赏识范进，录了范进秀才。					
品行特点	老实本分，怯懦软弱，醉心科举，不务实学。					
经典场景	贡院哭号板：周进看着号板，又是一头撞将去。这回不死了，放声大哭起来。众人劝着不住。金有余道："你看，这不是疯了么？好好到贡院来耍，你家又不死了人，为甚么这'号啕痛'也是的？"周进也不听见，只管伏着号板哭个不住；一号哭过，又哭到二号、三号；满地打滚，哭了又哭，哭得众人心里都凄惨起来。					

（北京市第八中学2022届初三年级7班　吕睿辰）

学生回答2：

表7 "儒林档案"(二)

基本信息	姓名	范进	涉及回目	第3回	家庭背景	平民
	功名等级	进士	担任官职	山东学道通政使司通政使	个人爱好	读书
	入仕态度	积极	入仕途径	科举	阅读方法	目录阅读法、圈点批注、对照阅读法
个人经历	屡考不中，屡受嘲讽—一举高中，喜极而疯—被打耳光，恢复清醒—飞黄腾达，乡绅来访，街坊关怀。					
品行特点	原本老实本分，怯懦软弱；后来迂腐麻木，虚伪圆滑，狡黠世故。					
经典场景	高中发疯：范进不看便罢，看了一遍，又念一遍，自己把两手拍了一下，笑了一声道："噫！好了！我中了！"说着，往后一交跌倒，牙关咬紧，不省人事。					

（北京市第八中学2022届初三年级7班　孟淯萱）

2. 交流填表经验，总结阅读方法。

交流心得1：

当我确定自己的填表对象后，我首先是在目录中找到与他相关的章节；

然后，我快速阅读相关故事；接下来，根据表格要求，挑选出相关文字，再细致阅读，圈点出需要的信息；最后，我再摘抄描绘其经典场面的段落，完成表格。

交流心得 2：

我也是通过阅读目录找到我想记录的人物；然后，我就直接跳过与他无关的故事，直奔相关信息；接下来，我也是精读与他相关几个场景故事，根据表格要求，圈点出我需要的信息，再填写进去。但我没有摘抄经典场景的文字，只是概括了相关情节。

教师导引：大家在阅读《儒林外史》，填儒林档案的时候，其实运用到了很多阅读古典名著的经典阅读方法，如"目录阅读法""精读、略读、跳读相结合阅读法""圈点批注阅读法""对照阅读法"等。

目录阅读法，有利于我们迅速了解这本书的核心人物、主要内容和基本架构；其次，我们也可以根据目录制定具体的阅读框架表，把阅读任务细化到每一天中，梳理每一章回中的主要情节、核心人物、次要人物及人物特点。

圈点批注阅读法，圈点就是随手勾画，勾画出作品的重点、难点、疑点或者自己深有体会的地方；批注就是从作品的内容、结构、写法或语言等方面着手，尝试进行分析鉴赏。《儒林外史》这部书人物众多，情节繁杂，在阅读过程中，需要我们反复读、细致读、多角度读，可以从内容、写法、语言、结构等不同角度进行圈点与批注。

对照阅读法，即在阅读中自觉将具有一定关联的人物、事件或场景对比参照，区分细微差别，探究差别产生的本质原因。《儒林外史》整本书阅读的价值在于指导学生阅读讽刺类文学作品，因此欣赏讽刺艺术、体会作者批判精神理当成为阅读本书的核心任务，通过对照阅读，在阅读过程中将人物、事件或场景前后关联，有利于我们品析讽刺文学。

这里着重说一下"精读、略读、跳读相结合阅读法"，阅读名著，面对各种信息和人物，我们不应该平均用力，针对不同的问题、面临不同的情形、分析不同的人物，我们阅读的力度也应该有所不同。再有，在阅读过程中，我们的阅读力度要灵活变动，面对同样的材料，当需要分析人物形象时，要精读人物描写的部分；需要分析环境对人物的影响时，要精读环境描写的部分。

3. 制订阅读计划

《儒林外史》全书 56 回，我们计划每天阅读 3 回，每天都有一次线上导读，每次导读都有具体的阅读主题，同时结合相关题目供同学们练习，具体安排见"附录 1"《儒林外史》目录及阅读计划表。

环节五：拓展训练

1. 请你跟着微课导读阅读《儒林外史》，并完成线上题目，参加线上交流会；

2. 请每日阅读过后，根据阅读内容，选取你印象深刻的儒士，完成一份"儒林档案"；

3. 关注儒林人物，积累儒林故事。

学习评价

表8 《儒林外史》读前指导课学习评价表

评价项目	评价标准	评价方式
《儒林外史》主要内容、创作背景、作者简介	是否准确搜集并整理了《儒林外史》和吴敬梓的背景材料，并形成PPT或者文档。	教师点评
探究《儒林外史》回目、故事特点	通过比较，是否准确、清晰感知《儒林外史》回目、故事的特点，并完成相关表格。	教师点评
制作"儒林档案"	是否准确、完整填写相关信息；语言表达是否流畅简练。	教师点评

表9 阅读任务二

课堂学习	第一课时： 1. 小组分享"儒林档案"，深入分析"假名士"人物形象； 2. 探究理解相关讽刺手法对于品析鉴赏人物形象、深入理解作品主题的重要作用。				
	第二课时： 1. 分组展演莺脰湖、西湖、莫愁湖的"名士"联欢会，分享三次聚会中的讽刺片段，体会作者的批判精神； 2. 探究理解相关讽刺手法对于品析鉴赏人物形象、深入理解作品主题的重要作用。				
线上微课＋自主阅读	时间：5天	线上微课导学：每日1课	线下自主阅读：每日3回	自主检测：完成每日主客观题目练习	线上讨论：两次微信集中讨论

读中指导课教学设计

第一课时

环节一：问题分享

问题选摘：

1. 文章中记录了那么多人物，特别复杂，好像也不能简单地区别为好人或坏人，例如严监生，虽然吝啬，但并不阴险，为了自己的爱妾和儿子，情愿花银子办事，这样理解对吗？

2. 作者塑造这么多样的、多层次的人物，有什么深意呢？

环节二：问题讨论

就线上答题和交流讨论时出现的问题进行探讨。

讨论内容1：

通过几天的阅读，有的同学感觉《儒林外史》中很多人物是多面的，不能简单地区别为好人或坏人。例如严监生，在他的故事单元中，我们看到他的吝啬，临终时看到两茎灯草燃烧，就不肯咽气。我们还能看到他很疼爱自己的妻子、爱妾和儿子。他尊重妻子，和妻子感情深厚，妻子去世后，舍得花银子办丧事，看到妻子留下的一罐罐银子，睹物思人，伤感落泪；他尊重兄长，当得知兄长严贡生身陷官司时，舍得花银子打点，维护兄长；他为了扶正爱妾，也舍得花银子给妻子的兄弟王德、王仁。他不是一个平面的人物，他很立体。

讨论内容2：

有的同学感觉《儒林外史》中很多人物不是一成不变的，他们的形象和性情是随着自己的境遇不断发展变化的。例如范进，他一开始是个屡考不中的穷书生，面对岳父胡屠户的辱骂，他懦弱胆怯，不敢反抗；未高中之前也对四邻友好谦和。但是他高中之后，立刻变成了一个"合格"的上等人，他与前来祝贺的张乡绅之间的对话是那么自然，毫无隔阂之感，感觉他瞬间融入了"老爷"这个圈层；当他到汤知县处打秋风时，因母亲去世，他表示严格守孝，不肯用银质碗筷，却大口吃着虾、肉，一个曾经的孝子变得虚伪世故。

讨论内容3：

有的同学读得比较快，在后面的故事里，同学们关注到一个叫匡超人的青年学子，他也是一个品行发生变化的人物。他虽然也醉心科举，但是他刚出场时是一个远近闻名的大孝子，他照顾生病的老父亲，尊重兄嫂，成为乡里交口称赞的人物；但是后来接触了一些附庸风雅的读书人，他发现了出名的捷径，一心钻营名利，藐视兄长、老师，抛弃妻子，成为一个无耻之徒。

讨论内容4：

《儒林外史》塑造了形形色色的人物，有穷酸书生，有势利地主，有迂腐官僚，有朴实百姓，甚至有荒唐僧侣，展现了当时的社会风貌和世道人心。

教师总结：通过几天的阅读，同学们对《儒林外史》的了解更深入了。同学们关注到了《儒林外史》中人物的多面复杂，感受到个别典型人物品行的发展变化，这些正是《儒林外史》塑造人物的独到之处和成功秘诀，即人物形象立体、多面，不是简单的脸谱。

同时，《儒林外史》讲述的故事往往记录日常生活的点点滴滴，没有轰轰烈烈的大场面、大事件，但是人物形象的特点正是体现在这些点滴言行和日常的交往之中，这些需要我们格外关注。基于此，我们要坚持制作"儒林档案"，对人物形成深入认识和理解。

另外，《儒林外史》是一部讽刺小说，作者创作的主要目的是讽刺当时的世道人心，吴敬梓往往在人物前后矛盾的言行中、荒诞可笑的情节中、典型的细节中蕴含机锋，解读这些意味深长的讽刺细节，有利于我们品析人物、理解文章主题。

（板书）

《儒林外史》

人物形象→立体复杂、发展变化　　儒林故事→日常点滴

讽刺手法

批判精神

禁锢思想、毒害人心的科举制度

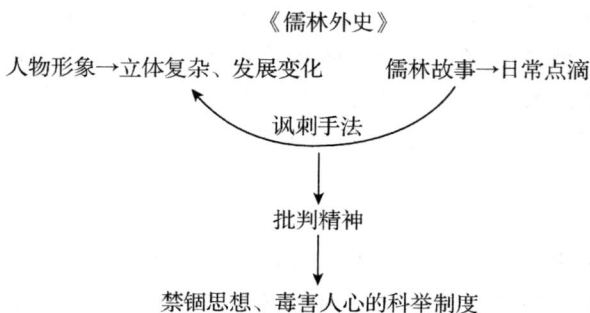

环节三："儒林档案"分享

1. 小组展示"儒林档案"，分小组上台展示。

小组展示建议：1 位成员介绍档案内容，1—2 位成员选择 1—2 篇有代表性的档案，进行交流。1 位成员介绍"儒林档案"并说明填写过程中运用到的阅读方法，再找 1 位成员结合文本分析该儒士的形象特点。

2. 其他小组进行评价

其他小组认真倾听，根据量表上的标准进行评分。

表 10　"儒林档案"展示评价量表

评价项目	评价标准	评分
内容介绍 （5 分）	1. 人物典型、性格品行饱满准确，信息梳理、情节概括完整准确。（5 分） 2. 人物典型、性格品行基本准确，信息梳理、情节概括基本完整准确。（4 分） 3. 人物典型、性格品行分析有一两处亮点，信息梳理、情节概括稍有涉及，但缺少关键信息。（3 分） 4. 人物不典型、性格品行分析不到位，信息梳理、情节概括不全面。（酌情 1—2 分）	

续表

评价项目	评价标准	评分
阅读方法 （5分）	1. 运用多种阅读方法，使用得当、效果明显。（5分） 2. 运用单一阅读方法，使用得当、分析准确。（3分） 3. 运用单一阅读方法，使用稍有问题，分析基本准确。（1分）	
现场解读 （5分）	1. 声音洪亮，语言流畅，解读到位，有画面感。（5分） 2. 声音洪亮清晰，语言表达通顺，解读基本到位，缺少画面感。（3分） 3. 声音不洪亮，语言表达基本通顺，解读有偏差，没有画面感。（1分）	
问题与建议		

环节四：讽刺手法赏析

结合各小组"儒林档案"，分析吴敬梓在塑造各类儒士，尤其是"假名士"时，都在哪里蕴含着他对这些人的讽刺，彰显了他的批判精神。

学生作品分享1：

表11 "儒林档案"（三）

基本信息	姓名	严贡生	涉及回目	第5、6、7回	家庭背景	地主
	功名等级	贡生	担任官职	未做官	个人喜好	敛财，占便宜
	入仕态度	积极	入仕途径	提了优行，贡入太学肄业	阅读方法	圈点批注、对照阅读
个人经历	为一头猪，讹诈王小二—拿借据，讹诈黄梦统—用云片糕，讹诈船家—六亲不认，敲诈亡弟家产。					
品行特点	虚伪狡诈、麻木不仁、道貌岸然。					
经典场景	第六回中，严贡生取出一方云片糕来吃，剩下几片，"阁在后鹅口板上，半日也不来查点"，而当掌舵驾手"左手扶舵，右手拈来，一片片的送到嘴里了"，严贡生先是"只作不看见"，直到"船拢了码头"，他便"转身走进舱来，眼张失落的，四周看了一遭"，还明知故问地询问四斗子："我的药往那里去了？"					

（北京市第八中学 2022 届初三年级 7 班　李嘉辰）

学生作品分享2：

表12 "儒林档案"(四)

基本信息	姓名	匡超人	涉及回目	第15至20回	家庭背景	平民
	功名等级	贡入太学	担任官职	未做官	个人喜好	科举
	入仕态度	积极	入仕途径	因孝行，被提携做了秀才	阅读方法	圈点批注、对照阅读
个人经历	农村少年，省城折字混日子—得马二先生资助，回乡孝顺事亲—知县李本瑛发现，感其嘉行，提携他中了秀才—李本瑛被诬陷，匡超人到杭州躲避风波—结识潘三，与假名士交往—伪造朱签、做替考枪手，逐渐堕落—翻脸无情，不理入狱的潘三—攀附权贵，逼走妻子，致其死亡。					
品行特点	前期敦厚朴实、谦逊孝顺。 后期虚伪狡诈、毫无廉耻、爱慕虚荣、自甘堕落。					
经典场景	书中叙述：他本已娶妻郑氏，却在李"恩师"问及可曾婚娶时，"暗想，老师是位大人，在他面前说出丈人是抚院的差，恐惹他看轻了笑，只得答道：'还不曾。'"后来他得娶李"恩师"有沉鱼落雁之容、闭月羞花之貌的外甥女，又得了极其可观的数百金的装奁，享了好几个月的天福。					

（北京市第八中学2022届初三年级7班　赵曼童）

讨论内容1：

在《儒林外史》的许多人物中，严贡生是作者着重刻画的一个反面典型。作者刻画这个人的丑恶，一直刻到他的骨头里去了。

对严贡生的讽刺，体现在他日常矛盾的言行中，如他刚向张静斋标榜自己"平素不占人便宜"，就有家中小厮请他回家，说上午扣的猪，主人来找了；还有他在弟弟去世后，一方面标榜自己会秉公处理家事，另一方面却想着霸占亡弟的家产。而且，他作为一个有钱人，还总想着办法占旁人的便宜，谎称云片糕是药，还引诱船家去吃，只为了逃避租船银子，做着和身份地位不相符的事情，极具讽刺意味。

另外，几处细节刻画也体现出对严贡生的讽刺，如他用云片糕讹诈船家一事中，从他放云片糕在船头"半日不查"，到对船家偷吃"只作不看见"，到最后假装寻找"眼张失落"，一系列表现可以看出他是蓄意讹诈。

（北京市第八中学2022届初三年级7班　李嘉辰）

讨论内容2：

匡超人，是《儒林外史》中一个性格复杂的人物形象，吴敬梓在小说中细致地描写了他一步一步走向人格沦丧、灵魂堕落的过程。

对匡超人的讽刺和批评，体现在他前后期不同表现的对比之中，他在未到杭州前，在家乡对待亲人至真至孝，特别淳朴厚道；等到了杭州，就一步步接触各类所谓的"名士"，一点点变坏，逐渐堕落；直到最后，他抛弃恩师、抛弃朋友，甚至抛弃发妻，只为了一点功名，为了娶得貌美的娇妻。他前期越是孝顺，和后期那种堕落行径的对比就越深刻，作者对他的嘲讽就越强烈。

（北京市第八中学 2022 届初三年级 7 班　赵曼童）

教师导引：几位同学对《儒林外史》几位"假名士"人物形象的分析是很准确的。《儒林外史》是我国古典小说中一部杰出的讽刺作品，小说围绕着功名富贵这根主轴，穷尽儒林世相，体现世态人心，反映了在科举制度下文人士子个体良知的泯灭。

《儒林外史》常用对比手法来进行讽刺。严贡生前后言行的自相矛盾，尤其是道貌岸然的道德标榜和狡诈阴险的敲诈勒索，让人心生鄙夷。

匡超人则是人生不同阶段的不同表现形成了强烈的对比，他最初是一位心地善良纯净，讲孝道、重友情的青年，后来变成了一个虚伪狡诈、迂腐狠毒、抛弃亲友发妻的士林丑恶之人。他的言行举止丑相毕现，令人生厌与不屑；同时作者借助他把儒林中的附庸风雅者（如景兰江、赵雪斋）、追求功名富贵者（如马二先生），以及泼皮无赖似的潘三之流集中到一起，既展示了士人秀才们的酸腐，又显示出功名富贵者的丑陋。因此，我们可以说：匡超人这一形象已穷极"假文士"之丑态，荟萃"真腐儒"之痛病。

《儒林外史》常用荒唐的情节进行讽刺。《儒林外史》有很多"名士"，做事都自诩风流，实是荒唐至极，极具讽刺意味。例如，娄三、娄四两个公子哥，自认为拜访杨执中如同"三顾茅庐"，但实际上却看到杨执中对旁人粗鲁叫骂；集结众位"名士"举办莺脰湖诗会，结果一帮混吃混喝"诗人"招摇过市引人非议；赠银张铁臂大侠客开摆"人头会"，结果发现是"猪头"，白白被骗了五百两银子。

《儒林外史》还擅长抓住日常生活中的细节，通过白描刻画进行讽刺。比如胡屠户在范进清醒后，反复多次拉范进滚皱的后襟，写出了他的诚惶诚恐、毕恭毕敬；严贡生设计讹诈船家的一系列动作，也表现出他的狡诈阴险。

环节五：拓展训练

1. 请你跟着微课导读阅读《儒林外史》，并完成线上题目，参加线上交流会。

2. 请每日阅读过后，根据阅读内容，选取你印象深刻的儒士，完成一份"儒林档案"。

3. 分组筹备"假名士"三次聚会展演，分析其讽刺手法，准备课上分享。

学习评价

表 13 《儒林外史》读中指导课学习评价表（一）

评价内容	评价方式
积极主动参与微信讨论，发表独特见解。	微信讨论/教师点评
积极参与课堂讨论，总结归纳，形成新知。	教师点评
积极阅读，完成"儒林档案"，准确分析人物，探究作品的讽刺艺术。	教师点评、分组互评

第二课时

环节一："假名士"聚会展演

1. 小组上台展演"假名士"三次聚会。

小组表演建议：①各成员提前熟悉自身剧本，做到自然流畅表演；②各组制作道具需要注意考虑周全；③台词、动作的设计一定要符合人物特点，彰显人物性情。

2. 其他小组进行评价。

其他小组认真观看，根据量表上的标准进行评分。

表 14 儒林聚会展演评价表

关键要素及其分值	评价项目	满分（分）	评分			总分
			自评	同伴互评	师评	
学习热情评价（20分）	1. 积极主动参与表演	10				
	2. 台词清晰、表演自然	10				
学习过程评价（40分）	1. 能运用至少一种阅读方法阅读小说、分析人物	10				
	2. 能设计出表现人物特点的动作或台词	10				
	3. 能清晰表达人物的性情特点	10				
	4. 能根据同学、老师的建议及时修改完善自己的表演	10				
团队协作评价（30分）	1. 能与小组成员分享自己的想法、资源	10				
	2. 团队合作默契，台风稳健	10				
	3. 能虚心听取小组其他成员意见	10				
创新（10分）	能提出新颖有价值的看法	10				

环节二："名士聚会"的讽刺意义

《儒林外史》中有三次著名的聚会，参加的人，都自诩"名士"。"士"是知识分子的通称，名士则指的是"知名之士"。根据《汉语大字典》的解释，名望高而不仕是名士；见识广博，以学术、诗文等著称是名士；恃才放达，不拘小节是名士。可见，名士往往指德才兼备、人格高尚、名声在外却又不为功名利禄所累的人。那参加聚会的人都是"名士"吗？其实参加聚会的"名士"是一群以名士自居，实际却是附庸风雅、无知无耻的"假名士"。今天，我们就来聊一聊三次聚会中的"名士"。

内心空虚、精神没落的"浪荡公子哥"。他们衣食无忧，但缺乏远见卓识，爱慕虚名，不肯在学问上下苦功夫。如筹办西子湖聚会的娄琫（娄三）、娄瓒（娄四）两兄弟。这对兄弟出身名门。二人因为"科名蹭蹬"（二人都未曾中进士），心中堆积着一团不平之气，于是每每酒酣耳热之际便发表反动言论。他们附庸风雅，学古人招揽贤士，其实招揽的是一帮乌合之众，众人在莺脰湖聚会上连几句像样的诗也做不成，丑态百出，"牛布衣吟诗，张铁臂击剑，陈和甫打哄说笑，伴着两公子的雍容尔雅，蘧公孙的俊俏风流，杨执中古貌古心，权勿用怪模怪样，真乃一时盛会"。

沽名钓誉的"斗方名士"。这类人才学不高，他们拈韵联诗、附庸风雅，貌似"斗方名士"，实则互相吹捧、制造虚假诗名，以此投靠权门，如莺脰湖聚会中的赵雪斋、景兰江。景兰江道："而今人情是势利的！倒是我这雪斋先生诗名大，府、司、院、道，现任的官员，哪一个不来拜他！人只看见他大门口，今日是一把黄伞的轿子来，明日又是七八个红黑帽子吃喝了来，那蓝伞的官不算，就不由得不怕。"直言写诗是为了出名，出名是为了与官府交往，与官府交往是为了赢得世俗社会的敬畏。可见，"斗方名士"作诗的动机并不高尚。

无品行、无理想的"平庸名士"。这类人通常以不屑科举的高姿态出现，他们生活在天下一统的太平盛世，却偏偏找不到自己的岗位，本可以效法先贤去著书立说，可偏偏又不学无术，追名逐利。莫愁湖上定梨园榜的季苇萧就是这样一位"平庸名士"，他为人乖巧，聪明伶俐，不当八股奴才，比景兰江之辈多出许多才情。然而，他却好逸恶劳、胸无定则，譬如他老家早已有妻子，却借着才情把再次娶妻演变成"清风明月常如此，才子佳人信有之"的潇洒风流戏，毫无顾忌地入赘扬州。杜慎卿颇有几分才气和见识，但他像大多数假名士一样，活得没有价值。他常常风流自赏，顾影自怜，依靠一些无意义的交往与闲谈来打发时间，他所做的唯一一件大事，就是为满足自己好男风而定的梨园榜。在他们身上，看不到救世济民的情怀，这种人永远无法充当"社会的良心"，为社会进步做出贡献。

文人雅集，觥筹交错，诗酒流连，本是极风雅之事，历史上的兰亭集会、醉翁亭集会等著名盛会，都成为千古传颂的文坛佳话。但是，《儒林外史》中的三次聚会，却是如此滑稽可笑，究其原因就是科举制度对世道人心的禁锢和毒害！

吴敬梓通过对这些"假名士"虚伪行径的揭露，批判了所处时代士人在道德、人格、价值观等方面的沉沦，既表达他对所处社会的批判和对理想的名士风度的期待和向往，也体现了他对科举制度的讽刺和批判。

环节三：拓展训练

1. 请你跟着微课导读阅读《儒林外史》，并完成线上题目，参加线上交流会；

2. 请每日阅读过后，根据阅读内容，选取你印象深刻的儒士，完成一份"儒林档案"；

3. 关注儒林人物，积累儒林故事。

学习评价

表15　《儒林外史》读中指导课学习评价表（二）

评价内容	评价方式
积极主动参与微信讨论，发表独特见解。	微信讨论/教师点评
积极参与表演，参与讨论，形成新知。	教师点评、分组互评、自评
积极阅读，完成"儒林档案"，准确分析人物，探究作品讽刺艺术。	教师点评、分组互评

表16　阅读任务三

课堂学习	第三课时： 1. 小组分享第二阶段"儒林档案"，深入分析"真儒士"人物形象； 2. 对照前阶段所做"假名士"们的档案，深入理解作品的主题思想，体会作者的批判精神。			
	第四课时： 1. 结合"儒林档案"，分组讨论并完成"儒林群像探究单"，体会作者的批判精神； 2. 探究理解"群像对比"的讽刺手法对于品析鉴赏人物形象、深入理解作品主题的重要作用。			
线上微课＋自主阅读	时间：5天	线上微课导学：每日1课	线下自主阅读：每日3回	自主检测：完成每日主客观题目练习	线上讨论：两次微信集中讨论

第三课时

环节一：问题分享

问题选摘：

1. 文章中已经记录了那么多立体多面的"假名士"，讽刺现实已经很深刻了，为什么还要刻画那么多"真儒士"？

2. 作者是悲观主义者，还是一个乐观主义者呢？

环节二：问题讨论

就线上答题和交流讨论时出现的问题进行探讨。

讨论内容1：

社会本身就存在一些真心实意做学问的人，和捍卫道德礼义的儒生，他们的存在是不可忽视的，因此不能不写。

讨论内容2：

将真儒士为捍卫尊严和道德的努力记录下来，是很有必要的，说明和腐朽、虚伪的伪道学作斗争的人是存在的，能够带给人希望。

讨论内容3：

真儒士确实是努力了，但是他们的努力都失败了，这就更具有讽刺意义了，"真"无法战胜"假"，这更体现了世道的悲哀，更体现了道德的沦丧，对社会的批判更深刻。让人更感到绝望，因此我觉得吴敬梓对这个世界是很悲观的。

讨论内容4：

吴敬梓是很乐观的，他对当时的社会风气很悲观，但是他对未来充满了希望，虽然对真儒士的尝试失败了，但是他还是找到了洒脱的"四大奇人"的生活方式，或许这是他眼中文人的出路。

教师总结：通过几天的阅读，同学们对《儒林外史》的了解更深入了。所谓"真儒"，是与八股腐儒相对，他们传承着儒家真正的道义与精神，并用生命捍卫坚守着仁、义、礼、智这些已经被玷污得面目全非的道德规范，把这些看作生命的第一准则，绝不会不顾廉耻、不择手段地谋取功名富贵。

在《儒林外史》中，真儒承载着儒林的正面价值，诸如美德、理想、道义、良知等。然而走进现实的颓唐腐朽，这些有价值的东西必然会遭到毁灭。这种毁灭，并非单纯指悲剧人物肉体的死亡，它还包括悲剧人物的精神困境及所遭受的心灵折磨，也就是理想的幻灭。

因此，吴敬梓其实是将自己的理想寄托在这些真儒士身上，用他们的努力与这个世界抗衡；同时他们努力的失败，是那样悲壮，同那些虚伪荒唐、无耻卑劣的"假名士"横行于世形成对比，体现了现实的黑暗、人心的涣散，因此更具有批判意义。

（板书）

《儒林外史》

假名士——无耻卑劣　　　　真儒士——嘉言懿行

败坏世风　◀━━▶　实践失败

对比

批判精神

环节三："儒林档案"分享

1. 分小组上台展示"儒林档案"。

小组展示建议：1位成员介绍档案内容，1—2位成员选择1—2篇有代表性的档案，进行交流。1位成员介绍"儒林档案"并说明填写过程中运用到的阅读方法，再找1位成员结合文本分析该儒士的形象特点。

2. 其他小组进行评价

其他小组认真倾听，根据表10量表上的标准进行评分。

环节四：感悟批判精神

结合各小组"儒林档案"，分析吴敬梓塑造的各类儒士，尤其是"真儒士"，他们都有怎样的品行？和前半部的"假名士"相比，你有什么感受？

学生作品分享1：

表17　"儒林档案"（五）

基本信息	姓名	杜少卿	涉及回目	第31、32、33回	家庭背景	名门之后
	功名等级	无	担任官职	未做官	个人喜好	读书
	入仕态度	平淡视之	入仕途径	未入仕	阅读方法	圈点批注、对照阅读
个人经历	他挥金如土，毫不犹豫地倾尽所有帮助他人，拿出自己的一箱衣服当了二十多两银子给杨裁缝葬母，帮助看祠堂的黄大修房……他敢于突破封建礼教的束缚，在游览姚园时，不顾旁人的眼光"携着妻子的手"走了一里多路，情驰神纵；他至纯至孝，对待老管家娄老爹极为敬重，把娄老爹接到家里，请名医救治，亲自服侍汤药。后来娄老爹去世了，杜少卿痛哭流涕，很多天不止，丧葬所用费用都是杜少卿支付；朝廷有一个李大人就是杜少卿父亲的学生，他向朝廷推荐杜少卿去京城做官。杜少卿却装病，委婉地辞去官职。					
品行特点	正直孝顺、淡泊名利、不畏权威、尊重女性。					
经典场景	第三十三回中写道：趁着这春光融融，和气习习，凭在栏杆上，留连痛饮。这日杜少卿大醉了，竟携着娘子的手，出了园门，一手拿着金杯，大笑着，在清凉山冈子上走了一里多路，背后三四个妇女嘻嘻笑笑跟着，两边看的人目眩神摇，不敢仰视。杜少卿夫妇两个上了轿子去了。姚奶奶和这几个妇女，采了许多桃花插在轿子上，也跟上去了。					

（北京市第八中学2022届初三年级7班　韩嘉跃）

学生作品分享 2：

表 18 "儒林档案"(六)

基本信息	姓名	虞育德	涉及回目	第 36、37 回	家庭背景	平民
	功名等级	进士	担任官职	国子监博士	个人喜好	教书育人
	入仕态度	顺其自然	入仕途径	科举	阅读方法	跳读、精读、圈点批注
个人经历	三岁丧母，十四岁时，父亲也去世了。十七八岁时，师从云晴川学诗文，后在祁太公的劝说下，参加了科举考试，二十四岁时中了秀才，便以教书为业。四十岁时，中了举人，五十岁时，又中了进士。朝廷本欲选他做翰林，因他诚实地写了真实的年龄，皇帝认为他老迈了，便补了南京的国子监博士，他反而很开心。任职后，他提携了武书，并与庄绍光一见如故，与杜少卿也成了知己。对素不相识的被冤枉的监生，也以礼相待，并为他洗刷了冤屈。因为人品高洁，受人敬重，被推举为泰伯祠大祭的主祭。					
品行特点	淡泊名利，正直仁厚，渴望于国家有用。					
经典场景	又过了三年，虞博士五十岁了，借了杨家一个姓严的管家跟着，再进京去会试。这科就中了进士，殿试在二甲，朝廷要将他选做翰林。哪知这些进士，有五十岁的，也有六十岁的，履历上多写的不是实在年纪；只有他写的是实在年庚，五十岁。天子看见，说道："这虞育德年纪老了，着他去做一个闲官罢。"当下就补了南京的国子监博士。虞博士欢喜道："南京好地方，有山有水，又和我家乡相近。我此番去，把妻儿老小接在一处，团圆着，强如做个穷翰林。"					

（北京市第八中学 2022 届初三年级 7 班　查维祎）

讨论内容 1：

在《儒林外史》的真儒中，我觉得杜少卿是一个很独特的存在。他很有个性，敢于反抗衰败腐朽的世风。他是一个慷慨仗义的人，为了帮助朋友从不吝惜钱财，被正统文人斥为"败家子"。他举家迁往南京，在生活困窘的情况下自愿捐出几乎全部积蓄来修建泰伯祠，以求能够改善世风、弘扬正气。他还敢拉着妻子的手一同去爬山，这在当时都是很大胆的行为，不过也能看出他尊重女性。然而，这一切的努力与反抗，都随着泰伯祠的颓败而彻底失败，当失去真儒领袖虞育德这个知己与依靠的时候，他心中的理想也"无所依归矣"。

（北京市第八中学 2022 届初三年级 7 班　韩嘉跃）

讨论内容 2：

我越读越感觉《儒林外史》写得太好了。前三十回，我读假名士的各种荒唐言行时，总会忍不住想笑，笑这些人的迂腐、笑这些人的荒唐。但是这几天的阅读，让我感觉很沉重，笑不出来。不管是杜少卿、虞育德还是庄绍光，我都觉得他们好正直，好宽厚，好有学者风范，但是他们的理想总也无法实现，还总被旁人笑话，一群真正有学识的人，却被无德无才的人嘲讽，让人觉得他们好可怜。

（北京市第八中学 2022 届初三年级 7 班　查维祎）

教师导引：《儒林外史》后半部故事塑造了很多与"假名士"相对的"真儒士"形象。他们是作者理想和信念的化身，他们都在用自己的方式实践着自己的儒学思想。如虞育德、庄绍光举行泰伯祠大祭，期待挽救已然被冷落的"礼乐"文化，达到规范世俗人心的作用；萧云仙提倡"礼乐兵农"的实用思想，领兵打仗、重视礼乐、开设学堂、垦修水利，期待以经世致用之学实现富国强兵之梦。

真儒士对儒家思想的践行，是克服了种种艰辛，一点一滴做起来的。但是他们的成果又迅速被摧毁、被唾弃，不断在现实面前遭受失败。而那些虚伪荒唐、狡诈卑劣的假名士却大行其道，两者一对比就是对当时世道人心最好的讽刺和批判。

吴敬梓浓墨重笔地描绘儒林中人在礼乐兵农方面的功绩，在不堪世俗中的坚守，写出了他们的努力在现实面前遭受的失败，这是吴敬梓对儒家思想做出的进一步思索，也是他超越同时代思想家的独特之处。我们在阅读的过程中，不仅要对人物的形象、思想进行独立思考，也要对作者的创作用意、传达的思想加以揣摩，这样才能更好地理解《儒林外史》的深刻内涵。

环节五：拓展训练

1. 请你跟着微课导读阅读《儒林外史》，并完成线上题目，参加线上交流会；

2. 请每日阅读过后，根据阅读内容，选取你印象深刻的儒士，完成一份"儒林档案"。

学习评价

表 19　《儒林外史》读中指导课学习评价表（三）

评价内容	评价方式
积极主动参与微信讨论，发表独特见解。	微信讨论/教师点评
积极参与课堂讨论，总结归纳，形成新知。	教师点评
积极阅读，完成"儒林档案"，准确分析人物，对比"假名士"档案，探究作品批判精神。	教师点评、分组互评

第四课时

准备环节：汇集资料

请同学们汇集前期自己所做的"儒林档案"；建立 4 人学习小组，汇总本组"儒林档案"。

环节一：分类汇总

1. 对档案人物进行分类并阐述理由

每组根据人物对待功名富贵的态度、身份地位或其他标准（可自行确定，例如：对待女性、底层百姓的态度等）对档案人物进行分类汇总，同时阐述分类理由，填入"儒林群像探究单"中。

2. 概括人物的性格特点

结合人物典型的言行事迹，概括各类人物的秉性特点，填入"儒林群像探究单"中。

3. 总结这些人物反映的社会现实和问题

结合人物典型的言行事迹及其产生的影响，概括其中影射的社会现实和问题。

4. 小组合作形式

每组 4 人，可以每人根据阅读情况，自己整理某一类人物的群像资料；也可以 4 人一组，合作完成某一类人物的群像资料。争取每组整理两类不同的人物群像资料再加以分析。

表 20　儒林群像探究单设计表

基本信息	分类1	分类标准	
		典型人物及表现	
	分类2	分类标准	
		典型人物及表现	
	……	分类标准	
		典型人物及表现	
群像评价	儒林中的_____，他们_____，反映出社会_____的风气。		
	儒林中的_____，他们_____，反映出社会_____的风气。		
	儒林中的_____，他们_____，反映出社会_____的风气。		

环节二：小组展示交流

1. 小组展示

小组展示建议：一位成员介绍本组探究单中的"基本信息"；另外一位成员介绍探究单中的"群像评价"；另外两位成员介绍填写过程中遇到的问题、新的发现或者总结这类人物的意义。

2. 其他小组进行评价

其他小组认真倾听，根据量表上的标准进行评分。

表21 "儒林群像探究单"展示评价量表

评价项目	评价标准	评分
内容介绍 （5分）	1. 分类准确、人物典型，情节典型、准确，群像评价、意义分析准确。（5分） 2. 分类基本准确，人物相对典型，情节概括基本准确，群像评价相对恰当、意义分析基本准确。（4分） 3. 分类相对准确，人物相对典型，情节概括稍有涉及，但缺少关键信息，群像评价和意义分析较为简单。（3分） 4. 分类理由较为牵强、人物不典型，情节概括不全面、不典型，群像评价和意义分析过于简单。（酌情1—2分）	
现场解读 （5分）	1. 声音洪亮，语言流畅，解读到位。（5分） 2. 声音洪亮清晰，语言表达通顺，解读基本到位。（3分） 3. 声音不够洪亮，语言表达基本通顺，解读有偏差。（1分）	
问题与建议		

3. 小组作品展示

小组作品展示1：

表22 儒林群像探究单（一）

基本信息	分类1	分类标准	贪官污吏
		典型人物及表现	汤奉，将无辜的回民师傅活活枷死，一年搜刮八千两银子。王惠，作践凌辱老童生周进；上任南昌太守后定做一把头号的库戥，将衙门中的六房书办传齐，问明各项差事的余利，将钱财收敛，据为己有；宁王叛变，投降叛国；宁王兵败，他则逃匿。
	分类2	分类标准	八股迷
		典型人物及表现	马二先生，一生醉心于八股文章，热心资助朋友，逢人就劝要钻研文章、致力科考；毫无生活情趣，游览西湖浑浑噩噩，漫无目的，一路乱走，只关注书摊。鲁编修，八股文做得好，考中进士，做着清苦翰林，教育出知书达理的女儿，也一心钻研八股文，只恨自己女儿不是男儿郎。

续表

群像评价	儒林中的<u>贪官污吏</u>，他们<u>贪婪无耻、无德无行、横征暴敛、心狠手辣</u>，反映出社会<u>官僚鱼肉百姓、腐败颓唐</u>的风气。
	儒林中的<u>八股迷</u>，他们<u>醉心八股、毫无生活情趣</u>，反映出社会<u>文人一心钻营文章，不务实学、深受毒害而不自知</u>的风气。

（北京市第八中学 2022 届初三年级 7 班　查维祎）

小组作品展示2：

表 23　儒林群像探究单（二）

基本信息	分类1	分类标准	沽名钓誉的"假名士"
		典型人物及表现	娄三、娄四兄弟，功名失意、牢骚满腹；聚集各类"名士"，奉为座上宾，召集莺脰湖诗会，闹出许多笑话。杜慎卿，虚伪狡诈，待人不真诚，醉心科举、追名逐利、歧视女性。杨执中、牛浦郎、景兰江、赵雪斋……附庸风雅、不学无术。
	分类2	分类标准	淡泊名利的"真儒士"
		典型人物及表现	王冕、杜少卿、萧云仙、虞育德……旷达磊落、不慕功名。
群像评价		儒林中的<u>沽名钓誉的"假名士"</u>，他们<u>爱慕虚荣、伪装风雅</u>，既没有真才实学，也没有纯洁品行，反映出社会<u>热衷功名、追逐名利</u>的风气。	
		儒林中的<u>淡泊名利的"真儒士"</u>，他们<u>内心纯洁、不慕名利、实践理想</u>，反映出社会<u>少数文士洁身自好、实践儒学思想</u>的风气。	

（北京市第八中学 2022 届初三年级 7 班　林翠然　赵曼童　吕睿辰）

活动总结：

《儒林外史》中出现了大量的人物，他们大都各具特色，个性鲜明，给读者留下了深刻的印象。对于如此庞杂的人物，吴敬梓既写到了令人敬佩的理想人士，也写到了令人厌恶的乡野小人。

闲斋老人在《儒林外史·序》中将这些人物分成了四类："其书以功名富贵为一篇之骨，有心艳功名富贵而媚天下人者，有倚仗功名富贵而骄人傲人者，有假托无意功名富贵自以为高，被人看破耻笑者，终乃以辞却功名富贵，品地最上一层，为中流砥柱。"而在我们现在看来，书中的主要人物也大致不过此四类。

世风不正，因为有一批"假名士"在人间横行：有皓首穷经、一朝得中的老书生；有道貌岸然、内心龌龊的"读书人"；有满眼势利、趋炎附势的世俗百姓；有附庸风雅、沽名钓誉的虚伪无赖；有痴迷科举、泥古不化的"八股拥趸"……

世道虽艰，仍有一批捍卫道义、维护人间真情义的正面人物，他们有的潇洒随意、不拘泥于礼法；有的以身作则、坚守书生正气；有的身体力行、一心报国为民……有一些甚至是出身低微却质朴仁厚的下层人民。

这些群像人物经过对比，高下立判，这部小说辛辣讽刺了那些极力钻营、虚伪龌龊的"假名士"，批判了禁锢思想、毒害人心的科举制度。

环节三：拓展训练

1. 请你跟着微课导读阅读《儒林外史》，并完成线上题目，参加线上交流会；

2. 请每日阅读过后，根据阅读内容，选取你印象深刻的儒士，完成一份"儒林档案"；

3. 整理归纳所读所学，为《儒林外史》设计一幅腰封。

学习评价

表 24　《儒林外史》读中指导课学习评价表（四）

评价内容	评价方式
积极主动参与微信讨论，发表独特见解。	微信讨论/教师点评
积极阅读，完成"儒林群像探究单"，准确分析人物，探究"群像对比"的讽刺手法。	教师点评、分组互评

表 25　阅读任务四

课堂学习	1. 整理归纳所读所学，进行《儒林外史》腰封设计展，并简要说一说自己的设计理念和新意； 2. 拓展阅读其他讽刺小说。				
线上微课＋自主阅读	时间：5 天	线上微课导学：每日 1 课	线下自主阅读：每日 3 回	自主检测：完成每日主客观题目练习	线上讨论：两次微信集中讨论

读后分享课教学设计

环节一：《儒林外史》腰封设计展

学生展出作品，同时对自己的创作进行简要介绍和说明，也可以说一说自己的设计理念或阅读感受。

学生作品分享 1：《清淡如梅——王冕》

一卷长文，写就百年儒士故事，照见世风善恶；

几声哀叹，惋惜一脉文人精神，难辨人心冷暖。

设计理念：

王冕是《儒林外史》中真儒士的代表人物，而且他是开启整个故事的重要人物，因此我选他作为我的腰封设计的人物形象。旁边是一副对联，是对《儒林外史》主要内容、主题思想的概括，还加入了我的一点阅读感受——这是一首时代的悲歌，是文人的哀叹。

（北京市第八中学 2022 届初三年级 7 班　林翠然）

学生作品分享 2：《儒士风骨——杜少卿》

> 浊酒一杯，只醉真儒赤诚心，浇胸中块垒；
>
> 　微敛双眸，不见伪士荒唐事，存心内纯洁。

设计理念：

我特别喜欢《儒林外史》中的杜少卿，我觉得他是一个具有魏晋风骨的儒士，可怜他生在那样一个世风日下、道德沦丧的时代。于是我为他做了一副对联，既是写画中的场景，也是表达他保持高洁志向，不肯与世俗同流合污的决心。将这幅图和对联结合，我就完成了自己设计的腰封。

（北京市第八中学 2022 届初三年级 7 班　李嘉辰）

环节二：评选心中喜欢的腰封

1. 各组将本组的腰封张贴在班级内指定位置。

2. 全体同学用贴纸或便利贴投票选出自己最喜欢的腰封。

环节三：活动总结

1. 同学们畅谈阅读感悟。

2. 教师总结：肯定同学们的设计和创意。引导学生阅读清代李宝嘉的《官场现形记》等作品。

学习评价

表 26　《儒林外史》读后分享课学习评价表

评价内容	评价方式
积极主动参与微信讨论，发表独特见解。	微信讨论/教师点评
积极参与，设计《儒林外史》腰封。	教师点评、分组互评

七、自主阅读迁移指导

《儒林外史》的问世，在中国小说史上产生了很大的影响，它奠定了中国古典讽刺小说的基础。以《儒林外史》为发端的一大批谴责小说出现，如《孽海花》《二十年目睹之怪现状》《官场现形记》等，形成了一股批判封建社会的潮流，这股潮流一直影响到五四运动以后的新文学。

《儒林外史》的阅读任务结束后，我们阅读讽刺类文学作品的脚步不应停止，我们应该运用学到的阅读方法，继续展开对讽刺文学的研读。

（一）阅读策略

1. 关注人物塑造，品析讽刺艺术

阅读讽刺类文学作品，面对作品中大量的信息和人物，我们不应该平均用力，我们在阅读的过程中要着眼于作品中典型人物的品析和讽刺手法的赏析，因此我们阅读的力度应该侧重在人物塑造和批判精神的感悟上。在阅读过程中，要自觉将具有一定关联的人物、事件或场景对比参照，区分细微差别，探究差别产生的本质原因；要将欣赏讽刺艺术、体会作者批判精神作为阅读的核心任务，在阅读过程中将人物、事件或场景前后勾连，建立联系，这样有利于我们品析讽刺文学。

2. 做到知人论世，全面分析作品

阅读讽刺类文学作品，一定要关注作者所处时代的思潮风气、作品所反映时代的背景思想、作品中各类人物的生存状态和精神面貌。这样才能真正理解作者的创作意图，才能真正理解人物的言行举动，才能真正体会作品的讽刺意味。

（二）书目推荐

1.《官场现形记》（李宝嘉）

《官场现形记》是晚清文学家李伯元创作的长篇小说，为晚清四大谴责小说之一。小说最早在《世界繁华报》上连载，共五编六十回，是中国近代第一部在报刊上连载并取得社会轰动效应的长篇章回小说。它由30多个相对独立的官场故事连缀起来，涉及清政府中上自皇帝、下至佐杂小吏等诸多人物，开创了近代小说批判现实的风气。学生阅读这本书，能够对当时的官场现状和社会风气有所了解，同时对反映现实、批判现实的创作手法有所认识。

2.《二十年目睹之怪现状》（吴趼人）

《二十年目睹之怪现状》是晚清文学家吴趼人创作的一部带有自传性质的长篇小说，为晚清四大谴责小说之一。全书以主人公"九死一生"的经历为主要线索，从他为父亲奔丧开始，到经商失败结束，通过"九死一生"二十年间的遭遇和见闻，描述了日益殖民地化的中国封建社会的政治状况、道德面貌、社会风尚以及世态人情，揭露了晚清社会和封建制度行将灭亡、无可挽救的历史命运。

八、附录

附录1：《儒林外史》目录及阅读计划表

表 27　《儒林外史》目录及阅读计划表

时间	回目	导读题目
第1天	第一回　说楔子敷陈大义　借名流隐括全文 第二回　王孝廉村学识同科　周蒙师暮年登上第 第三回　周学道校士拔真才　胡屠户行凶闹捷报	《儒林外史》内容、创作初衷、时代背景简介
第2天	第四回　荐亡斋和尚吃官司　打秋风乡绅遭横事 第五回　王秀才议立偏房　严监生疾终正寝 第六回　乡绅发病闹船家　寡妇含冤控大伯	假儒的卑劣——从"打秋风"说起
第3天	第七回　范学道视学报师恩　王员外立朝敦友谊 第八回　王观察穷途逢世好　娄公子故里遇贫交 第九回　娄公子捐金赎朋友　刘守备冒姓打船家	《儒林外史》讽刺手法探究1
第4天	第十回　鲁翰林怜才择婿　蘧公孙富室招亲 第十一回　鲁小姐制义难新郎　杨司训相府荐贤士 第十二回　名士大宴莺脰湖　侠客虚设人头会	吴敬梓的思想与《儒林外史》
第5天	第十三回　蘧骁夫求贤问业　马纯上仗义疏财 第十四回　蘧公孙书坊送良友　马秀才山洞遇神仙 第十五回　葬神仙马秀才送丧　思父母匡童生尽孝	浅谈虔诚的科举信徒——马二先生
第6天	第十六回　大柳庄孝子事亲　乐清县贤宰爱士 第十七回　匡秀才重游旧地　赵医生高踞诗坛 第十八回　约诗会名士携匡二　访朋友书店会潘三	良知泯灭、灵魂扭曲的读书人——匡超人
第7天	第十九回　匡超人幸得良朋　潘自业横遭祸事 第二十回　匡超人高兴长安道　牛布衣客死芜湖关 第二十一回　冒姓字小子求名　念亲戚老夫卧病	假名士的空虚与沉沦
第8天	第二十二回　认祖孙玉圃联宗　爱交游雪斋留客 第二十三回　发阴私诗人被打　叹老景寡妇寻夫 第二十四回　牛浦郎牵连多讼事　鲍文卿整理旧生涯	《儒林外史》组合塑造人物写法探究
第9天	第二十五回　鲍文卿南京遇旧　倪廷玺安庆招亲 第二十六回　向观察升官哭友　鲍廷玺丧父娶妻 第二十七回　王太太夫妻反目　倪廷珠兄弟相逢	《儒林外史》讽刺手法探究2

续表

时 间	回 目	导读题目
第 10 天	第二十八回 季苇萧扬州入赘 萧金铉白下选书 第二十九回 诸葛佑僧寮遇友 杜慎卿江郡纳姬 第三十回 爱少俊访友神乐观 逞风流高会莫愁湖	"无品行"非"真风流"——假名士闹剧
第 11 天	第三十一回 天长县同访豪杰 赐书楼大醉高朋 第三十二回 杜少卿平居豪举 娄焕文临去遗言 第三十三回 杜少卿夫妇游山 迟衡山朋友议礼	"不拘礼"非"不尊礼"——真名士风采
第 12 天	第三十四回 议礼乐名流访友 备弓旌天子招贤 第三十五回 圣天子求贤问道 庄征君辞爵还家 第三十六回 常熟县真儒降生 泰伯祠名贤主祭	修祭泰伯祠 维系真礼乐——真儒士的实践1
第 13 天	第三十七回 祭先圣南京修礼 送孝子西蜀寻亲 第三十八回 郭孝子深山遇虎 甘露僧狭路逢仇 第三十九回 萧云仙救难明月岭 平少保奏凯青枫城	"礼乐兵农"——真儒士的实践2
第 14 天	第四十回 萧云仙广武山赏雪 沈琼枝利涉桥卖文 第四十一回 庄濯江话旧秦淮河 沈琼枝押解江都县 第四十二回 公子妓院说科场 家人苗疆报信息	《儒林外史》中的女性形象
第 15 天	第四十三回 野羊塘将军大战 歌舞地酋长劫营 第四十四回 汤总镇成功归故乡 余明经把酒问葬事 第四十五回 敦友谊代兄受过 讲堪舆回家葬亲	《儒林外史》中的兄弟形象
第 16 天	第四十六回 三山门贤人钱别 五河县势利熏心 第四十七回 虞秀才重修元武阁 方盐商大闹节孝祠 第四十八回 徽州府烈妇殉夫 泰伯祠遗贤感旧	"礼崩乐坏"——真儒实践的失败
第 17 天	第四十九回 翰林高谈龙虎榜 中书冒占凤凰池 第五十回 假官员当街出丑 真义气代友求名 第五十一回 少妇骗人折风月 壮士高兴试官刑	"回环对称"——《儒林外史》故事结构分析
第 18 天	第五十二回 比武艺公子伤身 毁厅堂英雄讨债 第五十三回 国公府雪夜留宾 来宾楼灯花惊梦 第五十四回 病佳人青楼算命 呆名士妓馆献诗	"科举流毒"——从官场到民间的败坏
第 19 天	第五十五回 添四客述往思来 弹一曲高山流水 第五十六回 神宗帝下诏旌贤 刘尚书奉旨承祭	"市井奇人"——读书人的新出路

附录2：《儒林外史》读前调查问卷

《儒林外史》读前调查问卷

亲爱的同学：

　　你好！

　　《儒林外史》是统编语文教材中推荐的必读书目之一，我们将在本学期共同阅读。为了解你的阅读现状和实际需要，特设计此问卷。请你根据自己的真实想法，客观、认真地填写，本问卷不记名，仅供研究参考，谢谢你的配合！

1. 你读过吴敬梓的《儒林外史》吗？（单选题）

A. 读过，非常熟悉　　　　　B. 读过，了解大致内容

C. 读过，但印象不深　　　　D. 曾读过一些篇章片段

E. 完全没读过

2. 你喜欢吴敬梓的《儒林外史》吗？请你做出选择并具体说明你选择该项的理由。（单选题）

A. 非常喜欢＿＿＿＿＿＿＿＿＿＿＿＿＿＿＿＿＿＿＿＿＿＿

B. 比较喜欢＿＿＿＿＿＿＿＿＿＿＿＿＿＿＿＿＿＿＿＿＿＿

C. 一般＿＿＿＿＿＿＿＿＿＿＿＿＿＿＿＿＿＿＿＿＿＿＿＿

D. 不太喜欢

E. 非常不喜欢＿＿＿＿＿＿＿＿＿＿＿＿＿＿＿＿＿＿＿＿

3. 你能概括出自己阅读《儒林外史》后的感受吗？请你做出选择并填空说明你选择该项的理由。（多选题）

A. 枯燥乏味＿＿＿＿＿＿＿＿＿＿＿＿＿＿＿＿＿＿＿＿＿＿

B. 诙谐幽默＿＿＿＿＿＿＿＿＿＿＿＿＿＿＿＿＿＿＿＿＿＿

C. 压抑＿＿＿＿＿＿＿＿＿＿＿＿＿＿＿＿＿＿＿＿＿＿＿＿

D. 悲哀＿＿＿＿＿＿＿＿＿＿＿＿＿＿＿＿＿＿＿＿＿＿＿＿

E. 耐人寻味＿＿＿＿＿＿＿＿＿＿＿＿＿＿＿＿＿＿＿＿＿＿

F. 其他＿＿＿＿＿＿＿＿＿＿＿＿＿＿＿＿＿＿＿＿＿＿＿＿

4. 你认识下面《儒林外史》中哪些人物？能用几个词形容一下他们吗？（多选题）

A. 王冕＿＿＿＿＿＿＿＿＿＿＿＿＿＿＿＿＿＿＿＿＿＿＿＿

B. 周进＿＿＿＿＿＿＿＿＿＿＿＿＿＿＿＿＿＿＿＿＿＿＿＿

C. 范进＿＿＿＿＿＿＿＿＿＿＿＿＿＿＿＿＿＿＿＿＿＿＿＿

D. 严监生＿＿＿＿＿＿＿＿＿＿＿＿＿＿＿＿＿＿＿＿＿＿＿

E. 杜少卿＿＿＿＿＿＿＿＿＿＿＿＿＿＿＿＿＿＿＿＿＿＿＿

F. 其他＿＿＿＿＿＿＿＿＿＿＿＿＿＿＿＿＿＿＿＿＿＿＿＿

5. 你期待在阅读中参加哪项活动？（多选题）

A. 制作"儒林档案"　　B. 人物群像画展　　C. 儒林主题辩论会

D. 阅读感悟分享会　　E. 日常阅读线上讨论　　F. 儒林"名场面"展演

G. 我有更好的建议＿＿＿＿＿＿＿＿＿＿＿＿＿＿＿＿＿＿＿＿

勇敢坚定，书写人生精彩
跨界穿越，巧读外国小说

——《简·爱》融合式大单元教学设计

北京市第八中学　李凯旋

一、推荐版本

《简·爱》自 1847 年问世以来被译成几十种语言、几百种版本，发行了数以亿计的书籍和研究论著，并通过各种媒介传播至世界各国，为广大读者观众所喜爱。由原著衍生出来的各种简写本和改写本也数不胜数，改编而成的电影、电视剧、音乐剧、广播剧等更是形成了绚丽夺目的传播景观。由此可见《简·爱》的文学和艺术魅力，以及中学生在众多译本中选择一个好译本的重要性。

本册书的推荐版本为人民文学出版社 2018 版的《简·爱》，译者为吴钧燮先生。《简·爱》中那些充满个性与力量的生动对白，每一句都发自灵魂深处，令人震撼。而吴先生的译文忠实原文、流畅、优美，不脱离原著的整体思路，立足于再现每一个鲜活立体的人物形象。更重要的是，这个版本生动地传递了原著中蕴含的某种特质——人物精神的力量与美。学子们在吴先生的译文中畅快徜徉，定能感受到这种极具辨识力的风格，进而领略外国小说《简·爱》的独特魅力。

二、内容简介

（一）作品简介

《简·爱》是英国女作家夏洛蒂·勃朗特以自身生平经历为基础写作的一部半自传体小说，因其成功塑造了英国文学史上第一个对爱情、生活、社会、宗教都采取独立自主态度、敢于争取自由平等地位的女性形象，从而成为英国文学史上一部经典传世之作。

《简·爱》的故事发生在 19 世纪的英国，孤女简·爱自幼寄养在舅母家，备受虐待，后被送至洛伍德慈善学校。简·爱在恶劣的环境中接受了教育，毕业后，决定应聘家庭教师谋生。男主人罗切斯特性情忧郁、喜怒无常，但经过长时间接触，简·爱发现他为人正直刚毅，二人互生好感。在教堂举行婚礼时，简·爱得知罗切斯特隐瞒了自己有一个疯妻的事实。再三思索后，简·爱悲伤离去，机缘巧合暂住于沼泽山庄，与表兄圣约翰一家相认。后来，与之离散多年的叔父病故，遗赠给她巨额财产。因不能忘情于罗切斯特，简·爱重回故地，得知数月前的一场大火已将桑菲尔德烧毁，疯女人去世，罗切斯特也被严重烧伤。简·爱寻至芬丁庄园，二人终缔良缘。

（二）阅读价值

首先，于文学价值而言，小说以简·爱和罗切斯特之间反复曲折的爱情经历为主线，以几次空间转换为线索，以第一人称视角，娓娓道来而又极具代入感地讲述了一位女性的成长。跌宕起伏的情节将读者引入一个个充满张力的故事中，人物心理的精彩刻画也让小说的人物形象更加立体鲜活。作为一部自传色彩浓厚的现实主义文学作品，小说充满了浪漫主义的味道。

其次，从思想价值上看，小说也反映了一定的社会现实和时代精神。作者能对主人公为反抗压迫和社会偏见、为争取独立的人格和尊严、为追求幸福生活所作的顽强斗争加以热情歌颂，这在当时的文学作品中是难能可贵的。

最后，作为统编初中语文教材中的最后一部名著，《简·爱》这部外国小说对中学生而言也具有特殊的阅读价值。将小说放回创作时代，学生能了解小说的创作背景，进而体会简·爱的形象对于其所处时代的颠覆性意义；在具体的历史时刻中，理解小说中的人物抉择，学生能思考爱的真谛，思考什么是真正的爱情；探究小说的文化内涵，进而感知作者的人文素养，探寻一个民族的文学作品根植的文化土壤。

《简·爱》问世百年来，多次被搬上舞台和银幕，成为世界文学经典，也为英国乃至世界其他各国青年了解英国文学和世界文学打开了一扇窗。

三、学情分析

《简·爱》是统编教材九年级下册的最后一部必读书目，历经三年的阅读训练，学生已经具备了一定的小说阅读方法。七年级上册的神魔小说《西游记》，学生借精读和跳读相结合之法迈入古典小说的殿堂；七年级下册的《骆驼祥子》，学生在圈点批注法中，借小人物祥子的命运一窥当时北京的时代风貌；八年级上册的《红星照耀中国》，学生通过问题引导和任务驱动的方式了解了纪实性文学作品的写作风格；八年级下册的《钢铁是怎样炼成的》，学生在摘抄和做笔记中，跟随保尔一同成长，深入阅读自传体小说；九年级上册的《水浒传》，学生进一步阅读古典小说，领略一百单八将的英雄豪情；九年级下册的《儒林外史》，学生深入探讨讽刺手法与小说主题之间的关系。由此，九年级的学生已经熟悉了小说，也具备一定的小说整本书阅读经验，对《简·爱》故事内容的理解并不会感觉有太大困难。

那么，对于九年级学生而言，什么才是阅读《简·爱》的难点呢？

在《简·爱》读前学情问卷第四题"是什么原因导致你至今未读《简·爱》或中途放弃阅读"的统计中，25.44％的同学选择"篇幅太长，不会做阅读规划，难以坚持读"，31.58％的同学选择"不熟悉故事的时代背景和文化背景，很难进入状态"，还有24.56％的同学表示"小说情节、人物都不吸引我，没什么阅读兴趣"；在问卷第三题"是什么原因驱使着你读完了《简·爱》这部外国小说"的统计中，高达44.68％的同学选择"老师或家长要求读"；在问卷第五题"你是否读过与《简·爱》同时期的欧洲文学作品"的统计中，61.41％的同学选择"没读过"。

而在问卷第一题"你是否喜欢阅读外国小说"的统计中，35.92％的同学表示"喜欢，比起读书，更爱看外国小说改编的电影、话剧"；在第七题"你渴望通过怎样的方式深入阅读一部外国小说"的统计中，高达77.19％的同学都愿意"借助电影、话剧、音乐、美术等跨媒介资源，与小说形成互读"。

对数据进行分析，我们发现，由于外国小说的时代、文化背景差异，学生不仅很难对《简·爱》提起阅读兴趣，而且他们对欧洲同时期外国小说的认知也较少。对他们而言，深入品味外国小说文化内涵的难度就大大增加了。

综上所述，九年级学生更需要的是系统深入解读外国小说的方法和能力，以及借助小说相关的各种跨媒介资源进行趣味互读的读书活动。在趣味性强的共读活动情境中，学生能对小说创作的时代背景和文化背景有进一步了解，感受跌宕起伏的故事情节，理解小说中的人物精神，深入品味小说的写作技法、文化内涵。

四、阅读策略

(一)思维导图法

思维导图旨在解决学生认为作品"篇幅太长，不会做阅读规划，难以坚持读"的问题。导图将图像、文字、线条、颜色相结合，模拟人的思维过程，将思维形象化。学生在绘图过程中，需确立导图分支和关键词，这不仅能将信息全面概括、分类储存，方便系统阅读书目，梳理小说的人物情节，更能锻炼其善用左右脑功能，借助颜色、图像、符号等加深记忆，激发其文本鉴赏与解读的创造力。

(二)批注阅读法

批注阅读法引导学生对文本进行多角度的创造性解读，鼓励学生与文本、作者展开深层次的对话。小说类文本的批注阅读需要关注环境、情节、人物、主题等。对社会环境的批注可以获悉故事发生时期的社会状况，对自然景观的批注可以从气氛渲染、人物命运的预示、情节发展的推动等角度切入；对情节的批注要关注故事的开端、发展、高潮、结局以及事件的详略安排，以情节线索梳理故事的发展脉络；对人物的批注要抓住人物的独特个性，注意肖像、语言、动作、心理、神态等人物描写方法对人物塑造的作用；对主题的批注需观照时代背景和作者流露出的主观态度。

(三)"跨界"阅读法

顾名思义，"跨界"即跨越语文阅读的学科边界。生活处处皆语文，文学与其"姊妹艺术"间也有密不可分的联系。由一部文学小说演变的丰富多样的存在形态及其流传，无疑帮助了它在百年间屹立于文学长廊而不倒。因此，在阅读中借助小说相关的多样文本开展趣味活动或许值得尝试。在绘画中塑造自己心目中的主人公，在朗读中体会人物的复杂心理，在电影与小说的比较中体会导演的改编用意，在脚本的撰写和话剧的演绎中感受情节张力、理解人物的内心抉择，在创意写作中驰骋想象，在辩论中刻绘青春的锋芒……

跨界的阅读活动创造了有亲历感和个性化的阅读体验，在融会贯通的大视野中，锻炼了学生的跨界思维，激发了学生的阅读兴趣，在语言、思维、审美、文化等多层面培养了学生的语文学科素养。

五、大单元教学设计

(一)本册书基本问题

如何借"跨界"与"穿越"，读懂外国小说的文化内涵。

(二)阅读目标

1. 整体感知《简·爱》在创作背景、语言特点、叙事视角上的独特性，初步梳理阅读外国小说的方法。

2. 在共读情境中，借助"跨界"阅读法，梳理小说情节，分析精彩人物，品味创作手法。

3. 在共读情境中，借助"穿越"阅读法，探究小说文化内涵。

4. 进一步品味《简·爱》作为外国小说的文化内涵，结合当下时代背景对《简·爱》的人物精神有自己的思索与表达。

(三)大单元教学设计框架图

勇敢坚定，书写人生精彩　跨界穿越，巧读外国小说
——《简·爱》大单元教学设计

	读前指导（1课时）	读中指导·交流分享·专题探究（3课时）			读后专题汇报（1课时）
基本问题	如何借"跨界"与"穿越"，读懂外国小说的文化内涵				
学习进程	读前指导（1课时）	读中指导·交流分享·专题探究（3课时）			读后专题汇报（1课时）
学习目标	1.讨论导入，唤起学生的感性认知，梳理艰难，引发共鸣。2.比较思考，梳理阅读外国小说的独特方法。3.统观全书，学会整体高效地阅读一部长篇外国小说。	（第一课时）布置必做过程性任务：通过重拟目录、绘制简单的思维导图，整体把握小说的人物、情节。	（第二课时）布置选做过程性任务：在社团共读语境中，借助丰富的"跨界"活动分析、理解人物形象。	（第三课时）1.展示贯通性任务和阶段性任务的阅读成果，激发学生阅读成就感和探究欲。2.探究小说中象征、隐喻等创作手法，开展"穿越"创意阅读活动，培养学生创造性思维和辩证思维，进一步探究《简·爱》文化内涵。	1.交流心理社、写作社、辩论社的探究成果，深入思考小说的写作技法和文化内涵。2.迁移运用跨界和穿越的阅读方法，对同类型爱情题材作品或外国小说形成自主制订阅读计划和阅读活动的想法。
典型任务	线上：1.学生完成《简·爱》读前调查问卷。2.听线上微课导读，自主阅读，自主检测。 线下：1.交流《简·爱》印象，借助影视片段进入阅读情境。2.比较不同时代读者对《简·爱》的评论差异，引发读外国小说的问题意识。3.统观全书，归纳整体高效阅读外国小说的阅读方法。	线上：1.听线上微课导读，自主阅读，自主检测。2.课后及时分享交流。 线下：1.讨论与小结《简·爱》目录卡任务的制定方法及评价标准。2.讨论与小结《简·爱》整本书思维导图的画法和评价标准。3.统观全书，归纳整体高效阅读外国小说的阅读方法。	线上：1.听线上微课导读，自主阅读，自主检测。2.每日打卡《简·爱》目录卡，在微信群小组互评。 线下：在"跨越时空的简·爱"共读情境中，借助多种艺术间的跨界互读趣味，分析外国小说的人物情节。1.绘画社、影音俱乐部、广播站分别发布每日任务，提供活动提示或任务示例，明确评价标准。2.学生三选二，结组讨论。	线上：1.听线上微课导读，自主阅读，自主检测。2.线上观摩绘画社作品、影视片段与文字的比读记录卡、广播站台词演读视频。 线下：1.学生展示思维导图成果。2.各社团进行阶段性汇报展演，共享。3.发布专题探究任务：心理社的写法探究为必做任务，写作社和辩论社任选一加入。借助穿越情境，增强学生探究代入感，品味小说写作手法，品味小说文化内涵。	线上：1.听线上微课，自主阅读，自主检测。2.在读书平台观摩心理社、写作社、辩论社的探究成果。 线下：1.心理社交流《简·爱》写作手法探究成果，对创意写作社的作品进行评教，观摩辩论视频，并结合时代背景对小说中的人物选择展开讨论。2.师生互荐延伸阅读书目，学生小组讨论填写小组自主共读记录卡。
学习评价	1.能说出阅读一部外国小说应关注哪些独特要素。2.能概括阅读外国小说的独特方法。3.能大胆猜想作者使用第一人称叙述视角的用意。4.课上能搜集整理《简·爱》创作背景。	1.能真实观察"重拟目录卡"思维导图绘制的示例、积极参与画法与评价标准。2.能独立完成并按时提交每日章节目录卡。3.能小组合作参与《简·爱》思维导图的绘制。	1.能认真聆听各社团发布的任务要求，选择两个心仪社团，结组后积极参与讨论。2.积极参与各社团的课后讨论，按要求完成各社团布置的任务，按时上传至相关平台。	1.认真观看思维导图汇报、各社团的探究成果，填写评价量表。2.选择社团后，积极参与各社团课后讨论，完成各社团布置的任务，按时上传至相关平台。	1.对隐喻、象征等小说艺术表现手法的作用有进一步认识；创意改写后的情节设定合理，能围绕中心有一定的想象空间；能以辩证思维理解小说中的人物选择。2.能积极分享自己的书单，在小组讨论中提供自主阅读计划的建设性意见。
作业设计	查阅相关文字或影视资料，了解小说的创作背景（作者所处时代英国的社会背景、女性地位等）和作者夏洛蒂·勃朗特的生平经历，上传至微信群互评。	1.重拟《简·爱》目录标题，读完当日章节，及时在微信群提交，积极参与组内讨论。2.补充绘制整本书思维导图。思维导图的展示将在下一阶段的"交流分享"课上进行。	从绘画社、广播社、影音社中任选两个社团，完成《简·爱》共读任务。	1.必做：完成心理社《简·爱》写法探究任务记录卡。以第一人称视角探索小说中的神秘场景及作用。2.选做：创意写作与辩论二选一，完成相应任务并上传相关平台。	1.对男女主人公的爱情选择，你怎么看？什么才是真正的爱情？结合本课讨论，谈谈你的看法。2.小组确定迁移阅读的书目，填写"小组共读记录卡"。

图1　大单元教学设计框架图

六、课时教学设计

表1　阅读任务一

课堂学习	1. 讨论导入，唤起学生的感性认知，梳理疑难，引发共鸣。		
	2. 比较思考，梳理阅读外国小说的独特方法。		
	3. 统观全书，学会整体高效地阅读一部外国长篇小说。		
线上学习＋ 自主阅读	时间	线上课程	线下自主阅读
	第1天	总体介绍	1—4章 P1—P44
	第2天	叙述视角：小说的自传色彩	5—9章 P45—P102

读前指导课教学设计

环节一：《简·爱》印象谈

1.《简·爱》初印象

问题导入，学生自由发言，教师板书记录关键词，讨论完毕做归类整理。

(1)针对已读过此书的同学：你喜欢读《简·爱》吗？列出书中两个关键词，说明理由。

(2)针对未读过此书或中途放弃的同学：是什么原因导致至今仍未读？阅读过程中有哪些障碍、壁垒？

(3)针对全体：我们从哪些渠道获取过《简·爱》的相关信息？

2. 观看影视片段，再谈《简·爱》

播放《简·爱》电影的三个小片段，请学生思考：作为一部外国小说，《简·爱》中的哪些独特要素值得我们关注？

(1)展现英国自然风景的片段；

(2)贵族们在桑菲尔德宴饮的场景；

(3)简·爱与罗切斯特的对白片段。

设计意图：

1. 问题导入，让学生敞开心扉，唤起学生对《简·爱》的感性认知；同时，初步梳理学生阅读外国小说的疑难，引起学生共鸣，引发学生的问题意识。

2. 快速进入阅读情境，影视片段的截取分别指向小说的自然环境、社会环境、人物对白，让学生初步感知小说的创作背景，感性观影也为环节二的理性对比思考做铺垫。

环节二：评论差异中的问题意识——如何阅读外国小说《简·爱》

阅读下列材料并思考：不同时代的读者对《简·爱》的评论有着巨大的差异。文中的哪些表述引发了你的关注？由此再次梳理，作为一部外国小说，

《简·爱》中的哪些独特要素值得我们关注？

……

放在1800—1830年的摄政时代，像简·爱和罗切斯特这样的人物不大可能成为一部爱情小说的主人公，标准的主人公是贵族纨绔子弟以及对他们充满爱恋的资产阶级小姐们，例如简·奥斯丁发表于1813年的小说《傲慢与偏见》。

实际上，当1847年《简·爱》出版时，立刻引起了早已习惯于以高雅人物为主人公的小说模式的评论家和读者的责怪。伦敦《评论季刊》发表文章，说此书"语言粗糙、趣味低下"，将"力量与一种可怕的趣味"混合在一起，把"一个不值一提的人物描绘得兴趣盎然"。"多么奇怪的一本书啊。"《伦敦杂志》则评论说，"想象一下吧，该小说将一个又矮又黑的家庭女教师当作女主人公，将一个年届中年的粗暴汉子当作男主人公。"连对该书持温和态度的《都柏林杂志》在承认它"创造了一种新的小说写法""所包含的思想和想象力，即便把半打左右装模作样的平庸之作加在一起，也比不上它时"，也不忘提醒年轻人不要读这本小说。

尽管有这些评论，但《简·爱》在中产阶级读者中还是迅速流行开来，以致不少中产阶级青年男女都开始模仿罗切斯特和简·爱的腔调说话①。

……

明确：不同时代的读者对《简·爱》的评价差异恰恰提示了我们阅读这部外国小说的关注点。

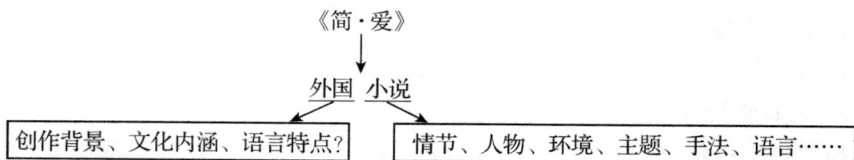

设计意图：

阅读外国小说，当然要关注小说的基本元素，如故事情节、人物形象、主题表现等。除此之外，学生在阅读前应对外国小说的独特性有感性认知：不同时代的读者群对《简·爱》的评价差异提示学生应将小说放回原时代的重要性，由此方能跨越时代背景与文化背景的鸿沟，熟悉翻译作品的语言特点，进而方能深入品味外国小说的文化内涵。

环节三：统观全书——如何高效阅读外国小说《简·爱》

1. 观察《简·爱》目次，对比与其他小说目录（以章回小说《水浒传》为例）的差异。

2. 快速翻阅小说，查看章节结构的划分。

---

① 程巍：《维多利亚时代"男子汉"观念的建构与帝国的事业》，《中国图书评论》，2012年第1期。

3. 快速浏览某一章节，查看小说的叙述人称。

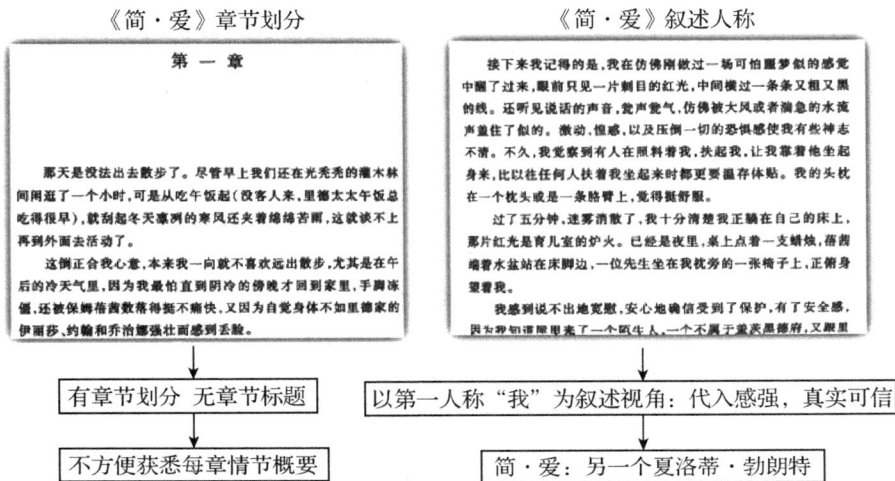

《简·爱》章节划分

第一章

那天是没法出去散步了。尽管早上我们还在光秃秃的灌木林间闲逛了一个小时，可是从吃午饭起(没客人来，里德太太午饭总吃得很早)，就刮起冬天凛冽的寒风还夹着绵绵苦雨，这就谈不上再到外面去活动了。

这倒正合我心意，本来我一向就不喜欢远出散步，尤其是在午后的冷天气里，冬天我最怕直到阴冷的傍晚才回到家里，手脚冻僵，还被保姆蓓茜数落得挺不痛快，又因为自觉身体不如里德家的伊丽莎、约翰和乔治娜强壮而感到丢脸。

《简·爱》叙述人称

接下来我记得的是，我在仿佛刚做过一场可怕噩梦似的感觉中醒了过来，眼前只见一片刺目的红光，中间横过一条条又粗又黑的线。还听见说话的声音，瓮声瓮气，仿佛被大风或者湍急的水流声盖住了似的。激动、惶惑，以及压倒一切的恐惧感使我有些神志不清。不久，我觉察到有人在照料着我，扶起我，让我靠着他坐起身来，比以往任何人扶着我坐起来时都更要温存体贴。我的头枕在一个枕头或是一条胳臂上，觉得挺舒服。

过了五分钟，迷雾消散了，我十分清楚地知道我正躺在自己的床上，那片红光是育儿室的炉火。已经是夜里，桌上点着一支蜡烛，蓓茜端着水盆站在床脚边，一位先生坐在我枕旁的一张椅子上，正俯身望着我。

我感到说不出地宽慰，安心地觉得自己受到了保护，有了安全感，因为我知道屋里来了一个陌生人，一个不属于盖茨黑德府，又跟里德……

有章节划分　无章节标题

不方便获悉每章情节概要

以第一人称"我"为叙述视角：代入感强，真实可信

简·爱：另一个夏洛蒂·勃朗特

图 2 　《简·爱》章节划分与叙述人称示意图

4. 整体感知全书结构后，回顾问题：如何高效阅读外国小说《简·爱》。小组讨论，提出自己的阅读建议、阅读猜想。

教师明确：提出三个可以贯穿阅读始终的策略(具体说明见"读中指导课教学设计")。

1. 重新拟定目录：梳理小说情节，定位关键信息。

2. 绘制思维导图：串联人物情节，整体把握全书。

3. 提供阅读支架：走进"真实的简·爱"，参阅《夏洛蒂·勃朗特书信》。

设计意图：

"重拟目录"和"绘制思维导图"有助于学生熟悉全书结构，整体把握情节；《夏洛蒂·勃朗特书信》作为《简·爱》的重要辅助阅读材料，有助于学生体会小说第一人称的叙述视角和自传特色，可作参阅。这三项都属于"过程性"任务，需在读书过程中完成，因此放在读前指导课末尾提示学生，便于开展下一阶段的阅读。

环节四：拓展训练，预热单元任务

1. 本课时作业：以小组为单位，查阅相关文字或影视资料，了解小说的创作背景(作者所处时代英国的社会背景、女性地位等)和作者夏洛蒂·勃朗特的生平经历。在班级微信群分享小组作业成果，形式自定，包括但不限于文档、PPT、影视片段，这些需配以文字或语音说明。作业上传完毕，同学互评，在微信群针对某一组的作业发表评论。

填写同学互评卡：_____组的作业对我帮助最大，从中我了解到彼时

代的英国_____，女性社会地位_____；作者的生平经历中，_____给我印象最深，因为_____。这些资料提示我，读书时应关注_____/可能会解答我_____方面的疑惑。（也可对作业的图文排版等形式方面进行评价）

2. 单元任务介绍：同学们需跟随微课导读，用 12 天的时间完成线上各专题的学习和线下书籍的阅读。阅读过程中，我们会开展"跨越时空的《简·爱》"共读活动，届时各社团会举办异彩纷呈的活动，帮助大家细致深入地完成《简·爱》阅读。

学习评价

表 2 　《简·爱》读前指导课学习评价表

评价内容	评价方式
在"《简·爱》印象谈"环节，是否发表自己真实的阅读体验，是否认真观看影视片段，说出阅读外国小说的独特关注点。	教师点评
在"评论差异中的问题意识——如何阅读外国小说《简·爱》"环节，是否认真阅读文字资料，积极表达资料中引发的问题意识，是否能归纳梳理阅读外国小说的独特方法。	教师点评
在"统观全书——如何高效阅读外国小说《简·爱》"环节，是否能积极参与讨论，给出对"高效把握小说情节人物"的建议，大胆猜想作者使用第一人称叙事视角的用意。	教师点评
是否搜集并整理了《简·爱》和夏洛蒂·勃朗特的背景资料，并形成成果，在微信群中展示。	学生互评

作业展示

一、社会背景

《简·爱》的创作时代属于维多利亚时代，这个时代被认为是英国工业革命的巅峰时期，但英国妇女的地位并没有改变，依然处于从属、依附的地位。这一点从当时的女性服装中便可窥视一二。

维多利亚时代的服装华美精致，然而，从样式来说，依旧是长及脚踝，身体被裹得密不透风。束腰的流行更是从上流社会普及至普通百姓，女性腰越细，就越美，病态的审美让大多数女性由于过紧束腰而导致身体发育不良，甚至是内脏移位等严重后果。女性因呼吸困难而在大街上晕厥过去在那时时有发生，故而她们会随身携带药瓶，一是为了帮助顺畅呼吸，二是为了展示自己的娇弱。

当时女子的生存目标就是要嫁入豪门，即便不能生在富贵人家，也要努力通过婚姻获得财富和地位，女性职业的唯一选择是当个好妻子、好母亲。以写作为职业的女性会被认为是违背了正当女性气质，会受到当时社会的激烈攻击，从作者夏洛蒂姐妹的作品当初都假托男性化的笔名一事，可以想见当时的女性作家面临着怎样的困境。而《简·爱》就是在这一背景下写成的。

二、作者生平

夏洛蒂·勃朗特，1816年生于英国北部约克郡的一个乡村牧师家庭。夏洛蒂家境贫困，5岁时，母亲患癌症去世。8岁的夏洛蒂被送进一所专收神职人员孤女的寄宿学校。由于条件恶劣，第二年学校里就流行伤寒，夏洛蒂的两个姐姐都染病死了。这之后，夏洛蒂被父亲接回家。15岁时她进学校读书，几年后为了维持生计又在这个学校当教师。后来她曾做过家庭教师，但因不能忍受贵妇人、阔小姐对家庭教师的歧视和刻薄而放弃了这项职业。之后她还曾经想自己办学，但因为招不到学生只能放弃。最终她投身于文学创作的道路。

三、我的收获

可以看出，作者自身独立强大的人格以及她对社会平等的期望都在《简·爱》中反映出来，作者将简·爱塑造为一个性格坚强、独立自由、积极进取的女性，在当时的女性群体中是一个超乎寻常的存在，在文坛引起了很大的轰动。

（北京市第八中学2019级初中8班　王雅菲）

表3　阅读任务二

课堂学习	1. 布置必做过程性任务：通过重拟目录、绘制简单的思维导图，整体把握小说的人物、情节。（第一课时） 2. 布置选做过程性任务：在社团共读语境中，借助丰富的"跨界"活动分析、理解人物形象。（第二课时）		
线上学习＋自主阅读	时间	线上课程	线下自主阅读
	第3天	了解配角：里德太太、勃洛克斯特、海伦、谭波尔	10—12章 P103—P149
	第4天	关注主角（一）罗切斯特	13—16章 P150—P205
	第5天	关注主角（二）简·爱	17—18章 P206—P248
	第6天	倾听心声：品味人物内心独白	19—21章 P249—P306
	第7天	抓住环境：隐形环境、自然环境、特别场景	22—24章 P307—P353
	第8天	互融互通：情节、环境、人物之间	25—27章 P354—P414

读中指导课教学设计

第一课时

环节一：重拟《简·爱》目录 提供方法示例 梳理人物情节

1. 学生讨论：①目录的作用。②《简·爱》的理想目录应该具备哪些标准。

明确：体现在目录中的章节标题，应如提纲般简明、准确地概括这一章的主要内容，因此完成当天阅读任务时可以先进行内容概括，再提炼章节标题，有必要时也可对标题稍加润饰。

2. 提供目录卡示例，共同研讨《简·爱》目录卡任务评价标准。

表 4　《简·爱》目录卡

章节	内容概括	标题	页码
1	父母双亡的简·爱寄居于舅妈里德太太家中，备受欺侮。一日，于窗边阅读的简·爱与表哥约翰展开了对峙。	寄人篱下 对峙约翰	1—8
2	因反抗表哥的殴打，简·爱被关进"红房子"，大病一场。	红房子事件	9—16
……	……	……	……

表 5　《简·爱》目录卡小组互评量表

项目及评价标准	评分
章节标题简明准确，或能概括本章的主要内容，或选取本章有典型性的地点、意象等标志词。	☆☆☆☆☆
在简明准确的基础上，章节标题具有文学性，如有悬念感、韵律感、选词优美等。	☆☆☆☆☆
读完当日章节，能及时在微信群提交自己的目录标题，积极参与组内讨论。小组选出并记录最佳标题，在交流分享课中展示。	☆☆☆☆☆

环节二：绘制《简·爱》整本书思维导图

1. 学生讨论：①导图的作用。②《简·爱》的理想思维导图应该具备哪些标准。

作为一部外国长篇小说，《简·爱》中有大量人物（主角、配角），重要的情节关系也比较复杂，读完容易遗忘，甚至张冠李戴。如果有一种方法，能将小说中相对重要的人物、情节及二者间互动关系清晰而直观地呈现在一起，会让我们的阅读更加便利、高效。推荐大家使用思维导图法记录阅读《简·爱》的个性化之旅。那么，如何绘制思维导图呢？

2. 提供思维导图画法示例，共同研讨《简·爱》思维导图任务评价标准。

（1）绘制主题图像：在画面中央绘制一个关于阅读主题的中心图像，大小适中。

（2）确立分支及关键词：由中心图像或主题词引发导图分支，在分支上配以关键词说明，由关键词再引出数条分支，以求呈现出作品要点。文字说明以关键词为主，尽量简明准确，让阅读者迅速回忆起书目内容。

（3）线条与颜色：善用线条的粗细虚实表明导图内容的关联性和层次性；善

用线条颜色区分、对比，增强大脑辨识度；文字颜色可相对统一，确保易识别。

下面我们将以前两天的阅读内容为例，绘制一个简单的思维导图。

首先是主题图像及主题词的确定，图像一般以书名为中心元素，我们可以画一个简·爱人物头像，居中放置。（也可以自主归纳主题词，如"成长"。）

其次是分支和关键词的确定。在前两天的阅读中，故事发生场景由"盖茨黑德府"（舅妈里德太太家）转换至洛伍德学校，后续会不会"解锁"新的阅读场景呢？这个空间转换的线索提示了我们：可以用地点的转换作为主支干及关键词。

每个地点又有怎样的故事发生？接着我们就要将主要的人物、情节及其生发的关键词（人物事件特点、你的感受等）补充在图中。

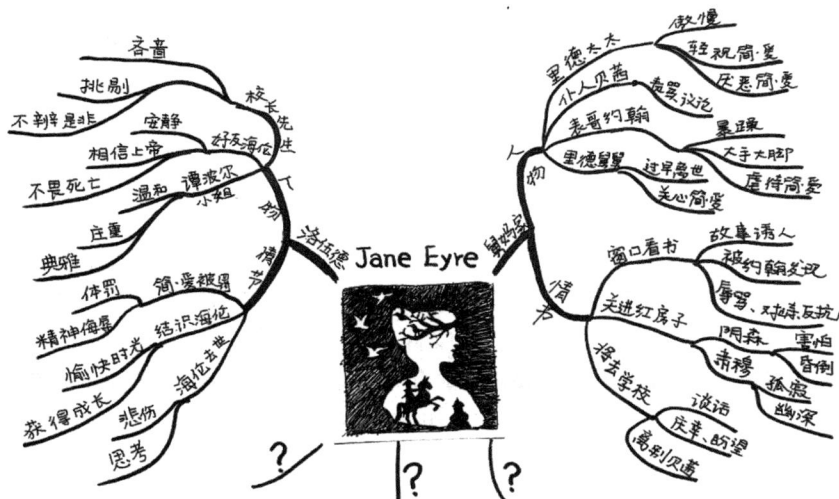

图3　《简·爱》思维导图画法示例

在接下来的阅读中，请同学们解锁更多的场景、人物、情节，以小组为单位，补充绘制整本书思维导图。思维导图的展示将在下一阶段的"交流分享"课上进行。

表6　《简·爱》思维导图小组展示评价量表

项目	评价标准	评分
中心图像/主题词	主题图像居中，清晰易辨认； 主题图/主题词具有概括性和延展性。	☆☆☆☆☆
分支及关键词	分支由主题词/中心词引发； 分支上有关键词说明； 文字说明简洁、准确，能让读者迅速回忆起书目内容。	☆☆☆☆☆

续表

项目	评价标准	评分
线条与颜色	线条有粗细、虚实的区分，能表明导图内容的关联性和层次性； 线条及文字有颜色区分，对比鲜明； 颜色搭配美观和谐。	☆☆☆☆☆
小组展示	组内分工明确，声音洪亮清晰； 讲清中心图像/中心词设计的用意，及导图每部分间的联系，力求达到整体与局部的统一。	☆☆☆☆☆

学习评价

表 7　《简·爱》读中指导课（一）学习评价表

评价内容	评价方式	备注
在"重拟目录卡"和"绘制思维导图"环节，能认真观察任务示例，积极参与讨论；课后每日按时提交当日"目录卡"标题，积极参与组内互评。	教师点评、学生互评	"目录卡"任务评价标准见表6，"思维导图"任务评价标准见表6

第二课时

课前导语：代入社团共读情境　借"跨界"资源助力外国小说的趣味阅读

社团共读导语：近日，听闻九年级正在阅读《简·爱》，学校各社团准备联合起来，承办本次以"跨越时空的《简·爱》"为主题的共读活动。目前，各部门正在出谋划策，设计既符合本社团特色，又能帮助同学们深入阅读《简·爱》的趣味活动。结合本阶段阅读目标——借助"跨界"的阅读方法，在精彩的故事情节中，重点分析小说的人物形象。绘画社、影音俱乐部、广播站的社员们最先有了活动创意。请同学们认真阅读他们的"会员招募令"和活动提示，任选两个社团加入其中，继续你的《简·爱》阅读之旅。

环节一：绘画社发布任务

人物是小说的灵魂，故事的讲述离不开人物的塑造，简·爱和罗切斯特正是本书的灵魂人物。假如你是简·爱或罗切斯特本人，你心目中的他或她是什么样子？请你结合书中相关人物描写，揣摩人物心理，用画笔展现心中的人物肖像。如果你热爱绘画，诚邀你的加入！活动结束后，我们将投票选出"我心中的最佳主角简·爱/罗切斯特"哦！

活动提示：

1. 人物形象忠于原著：在阅读时，务必用圈点批注法关注书中对两位主角的人物描写，外貌、语言描写最为直观，但大量内心独白、细微的动作、神态亦不可忽略。

2. 可以有自我发挥空间：我们也可以结合人物的所作所为，感受人物性格，大胆而合理地以主角的视角进行想象，将对人物的性格认识体现在人物肖像中。

3. 于特定情节中细品人物：在小说的不同阶段，男女主人公在对方眼里的画像可能会有所变化。因此，务必将画像置于某一情节阶段中，结合书中人物描写，进行绘画创作。

4. 绘画形式不限：电子画、简笔画、水彩、素描、国画、漫画……

图 4　《简·爱》"我心中的最佳主角简·爱/罗切斯特"投票卡

环节二：影音俱乐部发布任务

百年间，《简·爱》的故事曾多次被搬上荧幕。电影与文学本是互融互通的"姊妹"艺术，观影或许可以成为我们深入解读小说文本的另一途径。如果你想借助看电影这一轻松有趣的活动深入理解《简·爱》中的人物形象，影音俱乐部一定不会让你失望。

活动提示：

在众多版本的《简·爱》电影中，我们将投票选出社员最想看的那个版本。届时我们会建立线上放映室，邀请大家线上观影。观影后组织经典情节交流讨论：反复观赏罗切斯特在果园试探简·爱并向她求婚的影视片段，对比阅读小说第二十三章，思考：就表现力和精彩性而言，影视与文字哪个更为精彩，更能表现男女主人公的人物形象？为什么？请在影视与文字充分比读后，完成"影视与原作比读卡——以第二十三章'试探求婚'情节为例"。

设计意图：

本活动旨在通过影视与文字的对比，体会文字带给读者的无限想象空间。简·爱走入果园欣赏美景时的愉悦，与罗切斯特相遇的疑惑，被要求离开桑菲尔德的惶恐，被挽留时的愤怒，以及被表白时她从幸福到不安再到坚定……人物一系列的复杂情绪难以在短时间的影视片段中完美呈现，但文字可以。观影活动，让阅读兴趣在跨界的阅读中得到激发，对人物内心的揣摩、人物形象的分析也在影视与文字的对比中深入展开。

表8　影视与原作比读卡——以第二十三章"试探求婚"情节为例的设计表

比较角度	影视片段如何呈现	语言文字如何呈现
果园美景及其作用		
简·爱形象		
罗切斯特形象		
比较结论	就表现力和精彩性而言，影视与文字哪个更为精彩？为什么？声画影视与语言文字的优势与特色分别是什么？	

学生作业示例

表9　影视与原作比读卡——以第二十三章"试探求婚"情节为例的学生作业表

比较角度	影视片段如何呈现	语言文字如何呈现
果园美景及其作用	花园里一片生机盎然，明明是傍晚却透露出生命的活力与雀跃，霞光万道，为万物包括这对彼此敞开心扉的恋人镀上了一层金色的光边，没有簇锦团花的壮美，没有云蒸霞蔚的辉煌，只有尺树寸泓，只有茵茵绿草，见证着接下来要发生的故事。（影视画面色彩鲜明，但对美景展示的时间较短。）	①露水清凉地降落在喘不过气来的平原和烤焦了的山顶上。在那落日没有伴随着绚丽的云彩，而只是朴实无华地沉默下去的地方，展现着一派壮丽的紫色……东方却有它自己湛蓝悦目的美，有它自己那不大炫耀的宝石，一颗独自徐徐升起的星。它不久就要以月亮来自豪……（运用多感官、比喻、拟人等修辞手法展现黄昏时刻的壮丽，推进后文二人相遇后的情节。）②这里树木繁茂，花儿盛开，一边有高墙同院子隔开；另一边一条长满山毛榉的路，像屏障一般，把它和草坪分开。底下是一道矮篱，是它与孤寂的田野唯一的分界。一条蜿蜒的小径通向篱笆。路边长着月桂树，路的尽头是一棵巨大无比的七叶树，树底下围着一排座位。（简·爱歇脚之处的幽静，与后文二人内心的对白给人的震撼形成对比。）

续表

比较角度	影视片段如何呈现	语言文字如何呈现
简·爱形象	简·爱自尊自立自爱自强，面对自己所爱之人的挽留，依旧坚守自己的立场，维护自己的尊严和信念，没有被爱情冲昏头脑。	简·爱的悲伤之情表现得更加强烈，并且在这种悲伤之情的烘托下，简·爱的独立与自尊更加溢于言表，更能让人感受到简·爱此时的痛苦和坚定。
罗切斯特形象	影视中的罗切斯特对简·爱饱含爱意，面对简·爱振聋发聩的宣言，吐露了自己的内心，表现出他是一个不浮于表面，有真正的追求和恋爱观的人。	文字中的罗切斯特用英格拉姆来引导简·爱说出爱意的篇幅比影视剧的篇幅较多，二人的对白更充实，情节更迂回，更能表现出他的浓浓爱意，这使人物形象更加丰盈。
比较结论	就表现力而言，我认为影视剧的表现力更强，声光影画对环境的渲染使感情表达得更加酣畅淋漓，给人美的感受。 就精彩性而言，文字略胜一筹，影视剧受摄像机拍摄角度和时长的限制，不如文字给人的想象空间大。 声画影视可以调动人的多感官，给人以美的视听感受。语言文字可以将影视拍不出来的东西传递给读者，让读者回味悠长。	

（北京市第八中学 2019 级初中 4 班　秦川阳）

表 10　影视与原作比读任务评价量表

项目	评价标准	评分
果园美景及其作用	能关注到影视片段中的多种语言手段，如音效、构图、运用镜头等；能关注到书中对景色的具体描写；能对果园美景在本情节中的作用做出分析。	☆☆☆☆☆
简·爱形象	能关注到影视片段中刻画人物的镜头语言，如特写、人物细微表情等；能关注到书中的人物描写，揣摩人物心理情感；对人物形象有恰切的定位。	☆☆☆☆☆
罗切斯特形象	能关注到影视片段中刻画人物的镜头语言，如特写、人物细微表情等；能关注到书中的人物描写，揣摩人物心理情感；对人物形象有恰切的定位。	☆☆☆☆☆
比较结论	能辩证看待影视作品与语言文字各自的魅力；能借助影视与文学互通的方式，帮助阅读外国小说。	☆☆☆☆☆

环节三：广播站发布任务

导言：《简·爱》原作中的大量经典台词，让我们颇为震撼的同时，也渐渐走入了人物的内心。如果你热爱诵读（中英文皆可），想用富含情感的声音呈现你对人物形象的理解，请加入广播站！（下列海报中为小说第二十三章简·

爱的经典台词）

☆广播站

"我跟你说，我非走不可！"我有点发火了似的反驳说，"你以为我会留下来，做一个对你来说无足轻重的人吗？你以为我是个机器人？——是一架没有感情的机器？能受得了别人把我仅有的一小口面包从我嘴里抢走，把仅有的一滴活命水从我的杯子里泼掉吗？你以为，就因为我贫穷、低微、不美、矮小，我就既没有灵魂，也没有心吗？——你想错了！我跟你一样有灵魂，——也完全一样有一颗心！要是上帝曾赐予我一点美貌、大量财富的话，我也会让你难以离开我，就像我现在难以离开你一样。我现在不是全凭习俗、常规，甚至也不是凭着血肉之躯跟你讲话，——这是我的心灵在跟你的心灵说话，就仿佛我们都已经离开了人世，两人一同站立在上帝的跟前，彼此平等，——就像我们本来就是的那样！"

活动提示：

1. 目标情节的选定：以小说第二十三章简·爱与罗切斯特在果园中的精彩对白为例。

2. 社员共同研读台词：由翻译版台词的语言特点等汉语信息，揣摩人物在特定情境下的神态、心理，进而决定演读台词的语调、重音、音量、情感变化等，完成"《简·爱》台词演读记录卡"。

3. 借助英文原作或相关影视片段：体会同样的台词在英语和汉语演读下的不同特色。

4. 活动成果形式：录制演读音频或视频，在"交流分享"课上播放。

Jane Eyre 《简·爱》台词演读记录卡

1. 所选情节 _____

2. 台词研读

台词信息	人物神态/心理/情感	演读技巧 语调、重音、语速、音量……	人物形象

3. 比较学习英文原作或影视片段中这段台词的不同效果，记录体会。

_____
_____

4. 如何看待外国文学作品在翻译中的得与失？

_____
_____

图 5 《简·爱》台词演读记录卡

表 11　《简·爱》台词演读任务评价量表

项目	评价标准	评分
组内分工明确（5分）	1人录制演读音视频（1分），1人介绍台词研读成果（1分），1人介绍中英文台词的比较（1分），1—2人谈外国文学作品在翻译中的技巧，体会外国小说的语言特点（2分）。	
台词研读及演读音视频（5分）	台词研读记录表以书中台词信息为依据（1分），合理揣摩人物神态、心理（1分），合理设计演读技巧（1分），对人物形象进行准确的关键词定位（1分），演读音视频中的表现与表格记录相联系、相统一（1分）。	
中英文台词比较（3分）	针对同一段台词，能概括出其在英文原作/英文影视片段中的特色（1分），能概括出其在中文翻译作品中的语言特色（1分），能对比出英文原作和汉语翻译作品的差异，得出浅近的结论（1分）。	
小说语言在英译汉中的得失（2分）	对外国小说翻译成汉语后的得与失有自己的思考（1分），能提出相关建议帮助读者适应、体会外国小说的语言特点（如选择好的译本、查阅原作、借助外文影视片段等）（1分）。	

学生作业示例

学生作业篇幅较长，详见"八、附录二"。

读中指导课两课时设计意图：

在时间安排上，第二阶段的阅读用时较长，共计 6 天；从小说情节发展而言，本阶段的故事发生在桑菲尔德庄园，身为家庭教师的简·爱与男主人公罗切斯特间的爱恨纠葛集中体现了两位主角的形象特点。因此，读中指导课首先借助重拟标题和绘制思维导图提示学生梳理小说的人物情节；其次，社团共读的阅读情境、"社员招募令"、活动提示旨在借"跨界"的丰富形式，引导学生用自己喜爱的方式深入分析、理解人物形象。同时，这些"跨界"阅读活动既融合了文学与美术、配音、影视等多种艺术鉴赏间的互融互通，也关注到了《简·爱》作为一部外国小说阅读方法的独特性——需关注翻译作品的语言特点。借助与本书相关的跨媒介资源，让学生体会声画光影与文字的各自优势与特色，让跨界的资源助读外国小说。

此外，从任务布置的角度而言，"过程性"任务区别于"探究性"任务，可以在阅读前期布置。"贯通性"任务可以督促学生养成良好的阅读习惯，"阶段性"任务的成果可以作为下一阶段的教学资源，分享交流的喜悦和收获也会成为学生继续阅读的兴趣和动力。

环节四：拓展训练

从绘画社、影音俱乐部、广播站中任选两个社团，完成《简·爱》共读任务。

学习评价

表12 《简·爱》读中指导课（二）学习评价表

评价内容	评价方式
在"跨越时空的《简·爱》"各社团任务发布环节，能认真聆听各社团要求，选择自己心仪的两个社团；找到社员结组后，积极参与小组讨论。	教师点评
积极参与各社团线下的讨论（如具体问题的商议，影音俱乐部观影活动等），按要求完成各社团布置的任务。	学生互评

表13 阅读任务三

前期准备：将绘画社作品、影音片段与文字的比读记录卡、广播站台词演读音视频上传至读书平台。			
课堂学习	1. 展示"贯通性"任务和"阶段性"任务的阅读成果，激发学生阅读成就感和探究欲。 2. 探究小说中象征、隐喻等创作手法，开展"穿越"创意阅读活动，培养学生创造性思维和辩证思维，进一步探究《简·爱》文化内涵。		
线上学习＋自主阅读	时间	线上课程	线下自主阅读
	第9天	跨界阅读：从小说到电影	28—30章 P415—P460
	第10天	主题探究：爱情·成长·社会之"镜"	31—33章 P461—P501
	第11天	跨越时空："简·爱精神"的当代意义	34—35章 P502—P556
	第12天	思维导图：回顾《简·爱》整本书阅读	36—38章 P557—P587

交流分享·专题探究课教学设计

环节一：思维导图大展

1. 学生分小组展示思维导图，回顾小说情节。

2. 其余学生聆听，按照评价量表进行评价。（详见表6《简·爱》思维导图小组展示评价量表）

环节二：社团阶段性汇报展演

1. 绘画社：展示得票最高的人物肖像，由作画者阐述创作理念。

2. 影音俱乐部：影音俱乐部成员为全班同学播放影视片段，小组汇报影视与原作片段比读的过程与结论，其余同学认真聆听，按表10影视与原作比读任务评价量表进行评价。

3. 广播站：广播站成员汇报小组研读台词的过程，播放小组台词演读的音视频，其余同学认真聆听，按表11《简·爱》台词演读任务评价量表进行打分。

4. 展演小结：如何借跨界形式，让各社团交流活动后对书中人物有新认识。

几个社团的阅读活动，充分借助美术、配音、影视等超越文学本身的跨媒介资源，在一次次跨界阅读中，我们对外国小说《简·爱》有了更深的认识。绘画社的人物肖像绘制，让我们化身男女主人公，借书中相关人物描写，呈现我们对角色的理解；广播站的配音活动，我们研读书中人物台词，回归英文语境，在原作与英文影视的原声中，体会简·爱对自尊自爱、灵魂平等的追寻，也在一定程度上，消解了我们对翻译语言的不适感；影音俱乐部对影视片段与文字的比读，让我们体会到不同媒介语言的特色，让影视片段带我们走进简·爱的时代，走近英国的文化。

环节三：专题探究

在本次共读活动的后期，我校心理社、写作社、辩论社立足小说整体，提出了几个探究性共读活动。带有思维含金量的阅读无疑会激发学生强烈的成就感。心理社的写法探究为必做任务，写作社和辩论社任选其一加入。

1. 心理社·写法探究

《简·爱》中神秘场景的几条线索

1.《简·爱》中的色彩象征：令人毛骨悚然的"红房子"、洛伍德学校壁炉中的红色火光、大婚前夜的红色月亮、灰白色的云雾和风暴、灰色与紫色的服饰……

2.《简·爱》中的恐怖意象：富丽堂皇却阴森寂寥的"红房子"、阁楼上的疯女人、如监狱般严苛的洛伍德学校……

3.《简·爱》中的"自然"意象：此处的"自然"一方面指主人公目之所及的自然环境，如第一章在冬日午后，简·爱在窗边看书时所见："远处，只见云遮雾罩，白茫茫一片。近处，呈现的是湿漉漉的草地和风吹雨打的树丛，一阵持续的凄厉寒风，把连绵的冬雨刮得横扫而过（P2）。"再如大婚前突如其来的凄风苦雨（第二十五章）。另一方面，这类"自然"意象也有可能出现在简·爱的脑海、梦境或画作中，如与罗切斯特初识时简·爱所画的三幅画作（P159），舅妈里德太太去世前，简·爱重回盖茨黑德府所作的画（P297），结婚前夕压在简·爱心头的沉重梦境……这些该作何解读？

……

阅读小说或许无须储备专业的心理学知识，但与这种探索神秘的奥义相通，捕捉小说中那些别有深意的神秘场景无疑是必要的。《简·爱》中有很多

这样的特别场景，它们往往与象征、隐喻、联想等文学创作手法相关，成为我们探索人物性格心理、思索情节发展、把握小说主题的又一扇明窗。在此，我们为大家提供几条线索，请同学们跳读重要章节，“按图索骥”，完成“《简·爱》写法探究任务记录卡”。假设你穿越回小说中的这些神秘场景，以第一人称视角探索，你一定会产生丰富的联想与想象，进而发现这些神秘场景的深意。

Jane Eyre《简·爱》写法探究任务记录卡（示例）

1.探究方向 《简·爱》中的色彩象征

2.意象分析

颜色意象及书中位置	我的联想	颜色意象的作用（对人物塑造/情节发展/小说主题……）
①红房子（第2章）……	恐怖、阴森、寂寥……	年幼的简·爱被关在这里，红房子意象有助于展现小简·爱的恐惧与孤单。……

3.探究结论

____

4.本次写法探究对我阅读或写作的启示

____

图 6　《简·爱》写法探究任务记录卡

表 14　《简·爱》写法探究任务评价量表

项目	评价标准	评分
组内分工明确(5 分)	1 人介绍本组探究方向的选定过程(1 分)，2 人介绍本组的意象分析(2 分)，1 人小结本组探究结论(1 分)，1 人谈本次写法探究给小组带来的启示(1 分)。	
学生填写并交流“收获卡”	________组对________的探究给我带来的收获最大。这类意象会给人以________的联想，在小说的________方面都有重要作用，这提示我在阅读中/写作中要________。	

2. 写作社·创意表达

写作社紧密贴合共读主题——跨越时空的《简·爱》，设计了让同学们驰骋想象的创意写作活动：某日醒来，你穿越到《简·爱》的故事场景中，成为简·爱或罗切斯特。你惊喜地发现自己拥有了后悔药，可以改变小说中一个关键情节的走向。你会选择成为谁？又会将这个宝贵的权利行使在何处？故事发生了怎样精彩的变化？请你以第一人称改写一个故事片段。

活动提示：写完后上传微信小管家小程序，或发布在读书平台的公共论坛区，所有学生可见。学生在课余时间阅读自己感兴趣的作品，作相关标记，在下一阶段的“专题汇报”课上会有讨论和评奖环节。

3. 辩论社·辩证思维

纵论古今千年春秋，横辩中外万里经纬。辩证地思考小说中的人物抉择和作者的情节设置，不仅能在 19 世纪中叶的背景下理解《简·爱》的多重主题，更为"简·爱精神"注入了当下时代的新鲜活力。从这一角度看，本次辩论活动也是一次时代与精神上的"穿越"之旅。请针对下列辩题展开自由辩论："简·爱回到罗切斯特身边是/不是合理的选择"。

一方面，简·爱一直渴望建立平等的爱情，小说结尾，简·爱获得亲叔叔遗产后获得了经济独立，此时一场大火让罗切斯特失去了财产和光明，二人间也不复存在疯女人伯莎的障碍，二者在一定意义上实现了"平等"，灵魂之爱让双方对彼此思念，这也召唤着简·爱回到了罗切斯特身边，此举在人物意愿和情节走向上具备合理性……

另一方面，在事业上简·爱一直是有追求的独立女性，此时重回罗切斯特身边，如何权衡事业、爱情、家庭、精神追求等方面是一大难题；二人身份的"天平"虽实现了一定意义的平等，但环境和经历的差异无疑会让人物性格发生改变，二人的关系能否破镜重圆？向来以罗切斯特为"主人"的简·爱，回归罗切斯特身边，其出走与反抗的意义何在……

那么在新时代的你看来，简·爱回到罗切斯特身边是不是合理的选择呢？

活动提示：学生需先撰写并组内打磨辩论稿（可约线上会议室），全程录像正式辩论的过程。赛后学生将视频资料及各辩手稿件上传至读书平台，提示学生提前观赛。进一步讨论在下一阶段的"专题汇报"课上进行。

交流分享·专题探究设计意图：

1. 展示"贯通性"任务和"阶段性"任务的阅读成果，激发学生阅读成就感和探究欲，为下一阶段任务的布置打下基础。

2."探究性"任务立足小说整体，用穿越的情境，提示学生用第一人称的研究视角，增强阅读的代入感，启发学生探究思路。心理社的活动提示学生关注《简·爱》中神秘的特别场景，探究小说中象征、隐喻等创作手法；写作社的活动旨在激发学生的创造性思维，进行创意表达；辩论赛通过写稿、辩论等环节培养学生的辩证思维，有助于理解人物精神、探究小说多重主题、解读新时代的"简·爱精神"。这些具有穿越色彩的阅读活动，让学生在时代与文化的差异间收获思维的碰撞，从而进一步深入探究外国小说《简·爱》的文化内涵。

学生作业示例

1. 探究方向：《简·爱》中的色彩象征

2. 意象分析

（1）颜色意象和书中位置：

☆意象：各种各样颜色的天气。

☆红色虽是本书多处涉及的一种色调，但是除此之外作者还用各种斑斓的色彩对自然事物进行相应的描述，其中最具有象征意义的是其使用白色、灰色和紫色、青色等相搭配，对不同天气进行描绘。在此主要介绍其中一种：青色的闪电。

☆书中位置：在第二十三章，罗切斯特向简·爱求婚后出现的闪电。原文："一道耀眼的青色闪电突然从我正在望着的云堆里迸发出来，一声刺耳的霹雳，接着是很近的地方一阵轰隆隆的雷声，我赶紧把弄花了的眼睛贴在罗切斯特先生的肩头上藏起来，别的什么也顾不上了。"

（2）我的联想：我认为，面对罗切斯特向简·爱突然求婚这一举动，简·爱无法表达惊喜之情，在没有办法表达自己激动心情的情况下，简·爱借助对周边天气的描述来表达自己无法抑制的喜悦与兴奋。闪电之前，书中有大篇幅的瑰丽的傍晚美景描写；闪电之后，是倾盆而下的酣畅大雨。天气的剧烈变化，更是男女主人公跌宕的心理变化。在情节的推动上，闪电后的大雨使得二人回到屋中，这段果园密谈的情节宣告结束。

（3）颜色意象的作用：从这里来看，作者借助颜色意象暗示了作者本人或文中人物用言语难以表达的情感与体会。这种写法在巧妙地展露了情感的同时，也丰富了小说的写作手法与读者的阅读体验，更灵活、多面、准确地表达了作者真正想传递给读者的情感，有言有尽意无穷之感。因此，天气描写中的颜色隐喻手法，能从另一个侧面塑造人物性格特点，表达人物在那个特定时间的情感，很自然地推动情节发展。在特定环境下甚至可以起到与小说主题相互呼应的作用。

3. 探究结论

不管从全书来看，还是从特定的情节来看，运用色彩隐喻能巧妙表达人物各种各样的情感，读来自然恰切，给人以丰富联想，还能自然合理地推动故事发展，增加读者的阅读兴趣。书中各处颜色隐喻形成一条独立的探究线索，与故事主线相辅相成，相得益彰，因此这确实是本书值得探究的写作技法之一。

4. 本次写法探究对我阅读或写作的启示（见图6）

我通过这次对颜色特征的探究，学会了在阅读中寻找细节性的信息来理解作者与主人公真正想表达的情感或心理。写作方面，这样的手法易懂且简单易学，能够表达一些难以用言语表达的情感。因此我在日后的写作中也要多试着合理运用这种写作方式，让我的文章更余味悠长。

（北京市第八中学 2019 级初中 4 班　赵桓磊）

学习评价

表 15　《简·爱》交流分享·专题探究课学习评价表

评价内容	评价方式
在"思维导图大展"环节，能认真观看小组汇报成果，填写评价量表，积极参与讨论。	教师点评/学生互评
在各社团阶段性汇报展演环节，能认真观看小组汇报成果，填写评价量表，积极参与讨论。	学生互评
在心理社、写作社、辩论社任务发布环节，能认真聆听各社团要求，选择自己心仪的两个社团；找到社员结组后，积极参与小组讨论。	教师点评
积极参与各社团线下的讨论，按要求完成各社团布置的任务，上传至相关平台。	教师点评

表 16　阅读任务四

前期准备	在读书平台观摩心理社、写作社、辩论社的探究成果。
课堂学习	1. 交流心理社、写作社、辩论赛的探究成果，引导学生深入思考小说的写作技法和文化内涵。 2. 能迁移运用跨界和穿越的阅读方法，对同类爱情题材作品或外国小说形成自主制订阅读计划和阅读活动的想法。

读后专题汇报课教学设计

环节一：心理社成果展示

学生的探究成果可以以幻灯片为载体、小组代表汇报阅读记录卡的形式呈现，各专题幻灯片提前上传至读书平台，教师提示学生查阅观摩，最后在班内进行专题汇报。其余学生填写表14《简·爱》写法探究任务评价量表。

专题汇报后，教师可组织讨论，先请其余各组发表对本研究成果的看法，再请专题探究组成员谈谈对这一完整探究过程的感想和收获，教师最后总结专题探究的意义：有深度的阅读是一个发现问题、提出问题、解决问题的过程，其意义并不在于问题的答案是否能水落石出，我们在参与过程中的收获往往已经大于最后的结果。明确分工，梳理情节，查阅资料，讨论交流，汇总成果，得出结论，汇报展示，总结反思……在整个过程中，同学们已经初步具备了科研探究的思路和方法。在日后的阅读中，依靠自己的力量解决阅读中的问题，定会让你收获更大的阅读成就感。

环节二：写作社展示创意改写片段

写作社的活动主题为"跨越时空的《简·爱》"，实质是一次想象作文训练，旨在激发学生的创造性思维，进行创意表达。题目回顾：

某日醒来，你穿越到《简·爱》的故事场景中，成为简·爱或罗切斯特。你惊喜地发现自己拥有了后悔药，可以改变小说中一个关键情节的走向。你会选择成为谁？又会将这个宝贵的权利行使在何处？故事发生了怎样精彩的变化？请你以第一人称改写一个故事片段。

汇报展示课前，教师提示学生将文章以文档形式上传至读书平台，提示学生提前欣赏，对自己感兴趣的创意改写做标记。

汇报展示课中可设置"讨论＋评奖"环节。

1. 讨论：学生自由发言，对自己做标记的文章中的某一具体问题发表看法。例如，先找到自己欣赏/有所质疑之处，并说明自己的理由。

2. 评奖：标准见下表。

表 17　写作社创意改写任务评奖评价量表

项目	评价标准	获奖理由/颁奖词
自创奖项 （对某一作品）	注：奖项命名需有一核心点，如最佳情节反转奖、最佳人物塑造奖……	
自创颁奖词	贴合作品的创意改写内容，生动有趣。	

活动后，教师可引导学生思考：如此改写，人物形象、情节发展都发生了哪些改变。从"读小说"到"品小说"，从"品小说"到"写小说"，再从"写小说"回归"品小说"，以读带写，读写结合，让学生从多角度品味小说中的关键要素。另外，"颁奖"活动给予学生更多的创意展示空间，极大地活跃了课堂气氛，既能让更多同学参与进来，也能让对活动的反思与评价贯穿其中。

环节三：辩论社成果展示

辩论活动旨在通过写稿、辩论等环节培养学生的辩证思维，有助于理解人物精神、探究小说多重主题、解读新时代的"简·爱精神"。

辩论赛于课下进行，全程录像。赛后教师将视频资料及各辩手稿件上传至读书平台，提示学生提前观赛。

展示课中，教师可任选以下活动组织讨论，讨论后学生完成"我观辩论赛收获卡"：

1. 观赛：课上播放辩论赛中交锋激烈的片段（如自由辩环节），请同学评价双方辩手表现及其观点合理性。

2. 研读：细读正反两方立论稿，提炼出稿件的逻辑链。也可从议论文写作角度评析辩论稿件的形式与内容。

3. 讨论：就本辩题而言，结合小说主题，思考正反方的优势和难点分别在哪里？

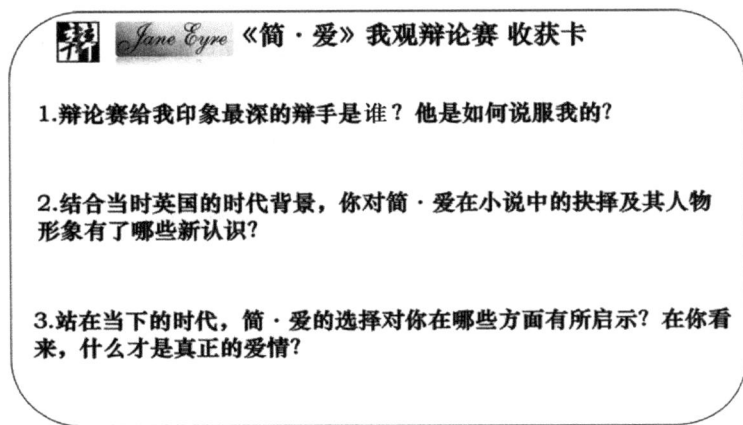

图7　我观辩论赛收获卡

辩论赛同样是一个锻炼学生多方面能力的活动，围绕辩论赛进行的课堂活动既可聚焦于学生的活动表现，又可关注写作，但都应该紧贴《简·爱》主题，让学生在辩论及观赛中，结合外国小说的创作背景，打破文化和时代壁垒，思索作者对于人物安排的用意及其与当时社会风尚间的联系。

环节四：延伸阅读

1. 学生自主推荐阅读书目。

2. 提供小组共读卡，小组自行选定书目、阅读方法、阅读计划、阅读成果形式，自行商议阅读时间，完成自主阅读。

表18　小组自主共读记录卡

阅读书目	
阅读计划	计划阅读时间： 如何划分每日阅读内容：
阅读方法	最好结合与本书相关的阅读方法，进行迁移：若选择外国小说阅读，可使用"跨界"的方法充分利用与书籍相关的跨媒介资源，拉近古今时代与中外文化间的距离；亦可选择"穿越"的方法，以第一人称视角进行专题探究，增强代入感。
阅读成果形式	

环节五：拓展训练

1. 本课的专题汇报围绕简·爱与罗切斯特的爱情故事展开，对这两个人物的爱情选择，你怎么看？什么才是真正的爱情？结合本课讨论，谈谈你的看法。

2. 小组确定迁移阅读的书目，填写"小组自主共读记录卡"。

学习评价

表 19 《简·爱》专题汇报课学习评价表

评价内容	评价方式	备注
心理社探究成果展示能对书中相关意象进行梳理与分析，对隐喻、象征等小说艺术表现手法的作用有进一步认识，探究结论能对自己的写作有指导作用。	学生互评/教师点评	写法探究任务评价标准见表 14
写作社创意改写任务能以第一人称展开，情节设定合理，能展开一定的想象，后悔药的功效所改变的情节走向能为改写的中心服务。	学生互评/教师点评	创意改写任务评价标准见表 17
观辩论赛过程中认真聆听，对辩手表现发表自己的看法，能分析正反双方立场的优势与难点，能结合时代背景和文化背景理解小说中的人物选择。	学生互评/教师点评	辩论赛任务评价标准见图 7
师生互荐书目环节能积极分享自己的书单，能在小组讨论中提供自主阅读计划的建设性意见。	学生互评/教师点评	小组自主共读计划评价标准见表 18

作业展示

我观《简·爱》中的人物抉择与女性意识

简·爱回到罗切斯特的身边，看似是"有情人终成眷属"的美好结局，也就是我们通常所说的 happy ending。然而勃朗特这样的情节安排也不无道理，无论是在女性地位仍然较低、依门第缔结婚姻的维多利亚时代，还是在女性完全与男性处于平等地位的今天，简·爱的选择尽管后续挑战重重，但真正向读者——尤其是不同时代的女性，诠释了"我生来本是高山而非溪流"的女性力量。

从剧情看，简·爱在正式向罗切斯特先生表明心意时，她那段著名的自白正是勃朗特向时代发出的铿锵宣言。在她的身后或许还有许多有思想有感情、想要和心上人打破门第的观念而拥有真正的爱情走入婚姻的女性。简·爱的勇气证明了在爱情中男女本应该拥有同等的地位，女性无须被动等待，同样，遭受伤害时也无须忍气吞声。简·爱和罗切斯特的相爱，不难看出是灵魂上的相爱，然而因为罗切斯特向简·爱隐瞒了他和疯女人伯莎的婚姻关系，二者灵魂上的契合和相爱因此而出现裂缝，简·爱并没有因罗切斯特的陈述而心软，即使她深爱着罗切斯特，她依然选择了离去。这是由于她的自尊、自立、自强的人格，使她不甘受辱，敢于抗争。

简·爱由爱牵引着回到罗切斯特身边，尽管罗切斯特有种种精神或身体上的缺陷，但真正的爱情或许并不因此而受到影响。因此简·爱听从内心的选择，走向灵魂的欢愉——这也是罗切斯特爱着简·爱的原因，她有思想、独立清醒。他们二者的爱情是建立在平等基础上的两颗心的契合，简·爱的勇气和逐渐觉醒的女性意识让她敢于追求爱情，敢于面对爱情所带来的挑战，因此选择回到罗切斯特身边正好能够反映勃朗特在小说中所蕴含的主题——女性独立生存的愿望和女权意识的觉醒。

有人质疑简·爱的选择是否正确，放在女性地位已然大大提升、婚姻恋爱自由的今天，我认为这种质疑并不完全错误——在当今的时代，投身事业而选择放弃爱情的女性大有人在，然而女性受到的质疑却依然存在，过去在男性社会中所残余的观念，仍然或多或少左右着女孩子的选择。如果是这样的话，建议你看看《简·爱》，因为这本书赋予了女性新的思想和意识，为女性追求平等与自由提供了勇气。

（北京市第八中学 2019 级初中 4 班　李卓萱）

七、自主阅读迁移指导

（一）阅读策略

1."跨界"资源，融会贯通，拓展研究视野

以上对《简·爱》的共读充分利用了与小说文本相关的跨媒介资源：在绘画中塑造自己心目中的主人公，在朗读中体会人物的复杂心理，在影视与小说的比较中体会导演的改编用意，在创意写作中驰骋想象，在辩论中闪耀青春的光芒……充分利用这些"跨界"资源，一方面让学生从多种路径走进了一部外国小说，丰富其对多种文本阅读的感受力；另一方面，多种媒介资源带来的文本感性认知，也能在一定程度上消解因时代、文化背景造成的隔膜，进而帮助学生进入阅读状态。因此，在正式阅读前，可以提前进行与书籍相关的资源检索，并对其充分利用，在多种资源的碰撞中，引发问题意识，拓展研究视野。

2."穿越"情境，亲历代入，引发探究兴趣

碍于时代与文化背景的差异，学生在阅读外国小说时往往很难对书中观点、情感、技法等产生共鸣或思辨。因此，若想深入理解外国小说的人物精神、人文内涵、多元主题等，主体"我"的参与格外重要。当学生以第一人称视角，置身于小说的场景，转变为书中某个角色，拥有某种"特权"可以改变某一情节或某个人的命运……这种主体意识让学生在亲历感与代入感中，获得极大的研究兴趣，在某种"权利"的斟酌与行使中，便能对特定情境下的人物抉择与心理、作者安排人物命运的用意有所体会，进而促进自主阅读的生成。

3. 小组合作，整体规划，碰撞阅读火花

学生个体之间存在阅读能力与兴趣上的差异，有效的小组合作可以极大地提升整本书的阅读效率。首先，整体感知，规划时长。小组可以对某本书进行整体规划，如翻阅书籍目录、篇章结构，计划好完成阅读的时间。其次，目标明确，有的放矢。商议每一阶段的阅读主题，以及围绕主题可以开展的趣味阅读活动。再次，合理分工，高效团结。组内成员各展所长，互帮互助，预测可能遇到的困惑以及切实可行的解决方式。最后，成果展示与珍藏，记录成长点滴。商议阅读成果的呈现形式，采用多元的方式互相评价，对本次自主阅读的收获进行交流分享。

（二）推荐书目

1.《契诃夫短篇小说选》（契诃夫）

契诃夫一生创作了七八百篇短篇小说，被誉为"世界短篇小说之王"。他的小说，描绘了19世纪俄国社会的众生相，有小人物的心酸无奈，有贵族官吏的虚伪贪暴，有下层官吏的奴颜婢膝、见风使舵，还有知识分子的彷徨与摇摆。这些小说没有情节上的大起大落，没有激烈的矛盾冲突，作者只是截取平凡的日常生活片段，凭借精巧的艺术细节对生活和人物作真实描绘和刻画，从中展现着俄国大地上的芸芸众生，感受着他们的痛苦与孤独，慨叹着他们的软弱与不幸。

2.《巴黎圣母院》（雨果）

《巴黎圣母院》是法国作家雨果创作的浪漫主义小说，故事曲折跌宕、情调诡奇幽昧、气势雄浑磅礴，携带着史诗般的风格，是一部愤怒而悲壮的命运交响曲。作者将奇异的故事和生动丰富的戏剧性场面巧妙地结合起来，使小说具有超强的可读性。小说艺术地再现了15世纪法兰西国王路易十一统治时期的真实历史，刻画了中世纪法国社会的真实生活。丰富的想象，怪诞的情节，奇特的结构，构成了这部小说的艺术特色。

3.《致橡树》（舒婷）

《致橡树》是中国诗人舒婷1977年创作的一首现代诗歌。诗人借多种意象热情而坦诚地书写了自己理想的爱情观，情感细腻而具有理性的思辨色彩。读罢外国小说《简·爱》，再读中国现代诗《致橡树》，国别文化的差异和文学体裁的差异不仅会催生更多的阅读思考，还会促使我们在古今中外的文学、艺术、科学等各界寻找"橡树—木棉式"的佳偶故事，探寻他们的爱情故事，感受其中传递出的坚定力量。

八、附录

附录一：《简·爱》读前调查问卷

《简·爱》读前调查问卷

亲爱的同学：

你好！

《简·爱》是统编语文教材中推荐的必读书目之一。在开展阅读前，老师想了解大家对这本书的阅读前情和实际需要。本问卷有 8 道选择题，预计调查时间 2 分钟。请你根据自己的真实想法，客观、认真地填写，本问卷不记名，仅供研究参考，谢谢你的配合！

1. 你是否喜欢阅读外国小说？

A. 喜欢，并读过一些外国小说

B. 喜欢，比起读书，更爱看外国小说改编的电影、话剧

C. 一般，没怎么看过外国小说

D. 不喜欢

2. 你是否读过外国小说《简·爱》？

A. 读过，读完了　　　　　　　B. 读过，没读完

C. 没读过，听说过　　　　　　D. 没读过，也没听说过

3. 是什么原因驱使着你读完了《简·爱》这部外国小说？（多选）

A. 多样的异域文化风情

B. 引人入胜的故事情节

C. 丰满立体的人物形象

D. 精彩优美的语言文字

E. 老师或家长要求读

F. 朋友或同学推荐读

G. 被其他资源（影视等）吸引，主动阅读书籍

H. 其他

4. 是什么原因导致你至今未读《简·爱》或中途放弃阅读？（多选）

A. 篇幅太长，不会做阅读规划，难以坚持读

B. 不熟悉故事的时代背景和文化背景，很难进入状态

C. 不习惯阅读翻译成中文的外国文学作品

D. 小说情节、人物都不吸引我，没什么阅读兴趣

E. 其他

5. 你是否读过与《简·爱》同时期的欧洲文学作品？

A. 读过（列出书名）

B. 没读过

C. 没读过，但听说过一些同时期作品（列出书名）

6. 你认为赏析外国小说需要关注些什么？（多选）

A. 了解小说所处时代的背景和文化背景

B. 了解作者的生平经历和创作风格

C. 分析小说的基本元素（情节、人物、环境、主题、语言等）

D. 探究小说中的写作手法

E. 多角度理解小说主题

F. 其他

7. 你渴望通过怎样的方式深入阅读一部外国小说？（多选）

A. 选择好的译本

B. 读前或读中主动查阅相关背景资料

C. 借助电影、话剧、音乐、美术等跨媒介资源，与小说形成互读

D. 开展一些趣味读书活动，阅读时充分发挥想象力、创造性

E. 能和同伴一起交流读书感受，碰撞出读书火花

F. 其他

8. 如果开展《简·爱》共读，你最希望从这本书中获得什么？（多选）

A. 对小说创作的时代背景和文化背景有进一步了解

B. 感受跌宕起伏的故事，理解小说中的人物精神

C. 深入品味小说的写作技法、文化内涵

D. 能引发我阅读其他外国小说的兴趣

E. 学习一些阅读外国小说的基本方法

F. 其他

附录二：《简·爱》台词研读记录卡

1. 所选情节：小说第二十三章简·爱与罗切斯特在果园中的精彩对白
2. 台词研读：

台词信息	人物神态	人物心理	人物情感	语调	重读	语速	音量	人物形象
我跟你说，我非走不可！	眼中带着怀疑和气愤的泪光，嘴唇微微颤抖				"走"字重读		逐渐增大	这段简·爱的独白振聋发聩，掷地有声。不仅体现出简·爱自尊、自立、自强、坚强成熟的人格魅力，同时也展现了她对独立的追求，不论是否拥有美貌和财富，不把地位高低和习俗影响，男女在爱情方面都是平等的，都有追求爱情的权利，更有在爱情中坚守自尊自立人格的权利。
你以为我会留下来，做一个对你来说无足轻重的人吗？	不相信罗切斯特竟会说出如此有感情的话。眼睛上下打量罗切斯特，那个她深爱着的男人。	难过、气愤，怀疑	对罗切斯特的话感到伤心和气愤	前低后高，语气上扬	"以为""留"重读	逐渐加快	疑问语气，逐渐弱化减小	
能受得了别人把我从我嘴里的一小口面包从我命里夺走，把仅有的一滴活命水从我的杯子里泼掉吗？					"以为"重读	速度偏快	逐渐增大	
你以为，就因为我穷、微，卑微、矮小，我就既没有灵魂，也没有心肉吗？	眼睛直视罗切斯特，仿佛要穿过这层层肉体之躯，看到他的灵魂。	逐渐冷静，明晰自己的追求	深知自己对罗切斯特的感情，但也坚定自己对平等爱情的追求	基本不变	"仅有""抢""泼掉"重读	逐渐加快	基本不变	
你想错了！我跟你一样有灵魂，也完全一样有一颗心！				基本不变	"即""也"重读；"一样""完全一样"重读	基本不变	基本不变	

续表

台词信息	人物神态	人物心理	人物情感	语调	重读	语速	音量	人物形象
要是上帝曾赋予我一点美貌，大量的财富的话，我也会让你难以离开我，就像我现在难以离开你一样。	眼神中的愤怒，悲伤与坚定，被所替代，再次上下打量罗切斯特，微微皱眉。	将自己的想法直接讲述出来		前高后低，语气下沉	"难以"重读	基本不变	基本不变	
我现在不是全凭习俗，常规，甚至也不是凭着血肉之躯跟你说话，——这是我的心灵在跟你的心灵说话。		在爱情中我们都是平等的，在这个世界上我和你没有什么不同			"全凭""凭""心灵"重读	由慢至快再到慢	逐渐增大	
就仿佛我们都已经离开了人世，两人一同站立在上帝跟前，彼此平等——就像我们本来就是的那样！				前低后高，语气上扬	"就像我们本来的那样"重读	逐渐加快	逐渐增大	

3. 比较学习英文原作或影视片段中这段台词的不同效果，记录体会（加括号的为 2011 版电影中删除部分）

■ I tell you I must go!

■ 我跟你说，我非走不可！

■ Do you think I can stay to become nothing to you?（Do you think I am an automaton? —a machine without feelings?）

■ 你以为我会留下来，做一个对你来说无足轻重的人吗？（你以为我是个机器人？——是一架没有感情的机器？）

■（And can bear to have my morsel of bread snatched from my lips, and my drop of living water dashed from my cup? ）

■（能受得了别人把我仅有的一小口面包从我嘴里抢走，把仅有的一滴活命水从我的杯子里泼掉吗？）

■ Do you think, because I am poor, obscure, plain and little, I am soulless and heartless?

■ 你以为，就因为贫穷、卑微、普通、矮小，我就既没有灵魂，也没有心吗？

■（You think wrong! ）

■（你想错了！）

■ I have as much soul as you, —and full as much heart!

■ 我跟你一样有灵魂，——也完全一样有一颗心！

■ And if God had gifted me with some beauty and much wealth, I should have made it as hard for you to leave me, as it is now for me to leave you.

■ 要是上帝曾赐予我一点美貌、大量的财富的话，我也会让你难以离开我，就像我现在难以离开你一样。

■ I am not talking to you now through（the medium of custom, conventionalities）nor even of mortal flesh; it is my spirit that addresses your spirit; just as if both had passed through the grave, and we stood at God's feet, equal, —as we are!

■ 我现在不是凭（习俗、常规）甚至也不是凭着血肉之躯跟你讲话，——这是我的心灵在跟你的心灵说话，就仿佛我们都已经离开了人世，两人一同站立在上帝的跟前，彼此平等，——就像我们本来就是的那样！

英文原作中这段台词充分体现了原作的浪漫主义色彩和富有诗意的语言特色。这一段简·爱激情澎湃的独白，展现出她丰富的情感世界，不但具备敢于反抗的坚韧精神，而且还勇于追求在爱情中的平等地位，在追求独立自主与反抗世俗中，也体现出作者对现实世界的呼吁。简·爱的独白不是单纯地以枯燥的语言来堆砌，而是出现了《圣经》中的"上帝"一词，在上帝面前，简·爱与罗切斯特是平等的，其中一个词"spirit"其实本意也是"灵魂"，涉及来自《圣经》中的灵魂学说等内容，更能体现出英文小说的文化内涵。由此也对简·爱敢于反抗、自尊自爱的人格精神再一次进行了升华。

影视片段中这段台词展现了电影多维度的"语言"手段。电影中简·爱的独白删去了几句原文，虽然语言内容减少了，但是通过镜头机位、造型、光和色彩等因素的组合，进一步丰富了这段独白的内涵与饱满的情感。例如此片段的镜头机位位于罗切斯特的旁边，画面中以简·爱为主人公，后续镜头也是根据二人说话的对象均衡转换，体现出他们之间的爱是同样真挚、强烈、平等的。随着简·爱话语内涵的深刻程度加深，配乐也进行了变化，视听结合的手段使观众更直观地感受到简·爱的情感态度与对平等爱情的强烈追求。

中文翻译在内容中富有诗的韵味，而且在形式上也有诗的韵律，同时这段独白中情感的流露也十分鲜明，情绪的起伏不仅能在字词句中展现出来，本段还多次运用"！"，符号语言同样也能体现出人物强烈的情绪。与英文原作对比，中文翻译的用语稍显柔和，描述和形容词更加具体，不像英文原作那样抽象，因为用语习惯和文化内涵的不同，翻译作品自然与原作有些许的不同。

4. 如何看待外国文学作品在翻译中的得与失

翻译的实质是两个语言系统之间的转换。翻译是离不开原作的，理想的翻译是让原文与译文做到结构相似、意义相似，最终做到神似。但翻译不是简单的对译，它同样也反映出了译者对原文的理解和语言的表达能力，只有尽力重现原文的语言特点，才能更好地展现出原文细腻的情感、所渲染的气氛和丰富的内涵。

中文翻译作品可帮助国人更好地阅读外国文学作品，促进外国名著更广泛地在中国传播，让更多的人有机会去学习外国文学作品。但同样因为每个国家都有自己独特的民族风格和时代风格，不同的作者也有着不同的个人风格，这些都不可通过翻译作品所完全传达出来。

为了促进阅读的有效性，在我们阅读外国文学作品时，可以提前了解相关时代和作者生平经历资料，知人论世方可了解其写作意义与内涵；选择好契合自己阅读习惯的译本可以更好地提高阅读体验；部分经典片段可以适当查看原作，不仅能帮助我们进行理解，有些时候也可提高我们的英文水平；影视是最直观的视听结合产物，借助影视作品，能有效帮助我们理解原文的文化内涵，展现出鲜明的人物特点。

（北京市第八中学 2019 级初中 4 班　习尹晰）